Ihre Arbeitshilfen zum Download:

Die folgenden Arbeitshilfen stehen für Sie zum Download bereit:

- Checklisten
- Gesprächsleitfäden
- Material für den Arbeitgeber als auch den/die Arbeitnehmer/in

Den Link sowie Ihren Zugangscode finden Sie am Buchende.

Elternzeit, Elterngeld Plus und beruflicher Wiedereinstieg

Silke Mekat

Elternzeit, Elterngeld Plus und beruflicher Wiedereinstieg

Fachkräfte begleiten und binden

1. Auflage

2016
Haufe Gruppe
Freiburg · München · Stuttgart

Bibliografische Information der Deutschen Nationalbibliothek
Die Deutsche Nationalbibliothek verzeichnet diese Publikation in der Deutschen Nationalbibliografie; detaillierte bibliografische Daten sind im Internet über http://dnb.dnb.de abrufbar.

Print ISBN: 978-3-648-07095-6 Bestell-Nr. 14013-0001
EPUB ISBN: 978-3-648-07096-3 Bestell-Nr. 14013-0100
EPDF ISBN: 978-3-648-07097-0 Bestell-Nr. 14013-0150

Silke Mekat
Elternzeit, Elterngeld Plus und beruflicher Wiedereinstieg
1. Auflage 2016

www.haufe.de
info@haufe.de
Produktmanagement: Jutta Thyssen

Lektorat: Helmut Haunreiter, Marktl
Satz: Reemers Publishing Services GmbH, Krefeld
Umschlag: RED GmbH, Krailling
Druck: Schätzl Druck & Medien GmbH & Co. KG, Donauwörth

Inhaltsverzeichnis

1 Einleitung

Anstelle eines Vorworts möchte ich Ihnen gerne etwas über mich erzählen und Ihnen anschließend eine kleine »Gebrauchsanweisung« für dieses Buch an die Hand geben.

1.1 Wer schreibt solch ein Buch?

Ein solches Buch schreibt eine Frau, die Unternehmen zeigen möchte, dass wir es uns als Gesellschaft nicht leisten können, auf die am besten ausgebildete Frauengeneration aller Zeiten zu verzichten; die aber auch kleinen und mittelständischen Unternehmen die Hand reichen möchte, um ihnen zu helfen, die Elternzeit und den beruflichen Wiedereinstieg strukturiert zu gestalten, zum Gewinn für beide Seiten. Ich bin Diplom Betriebswirten mit mehr als 20 Jahren Berufserfahrung in verschiedenen Unternehmen. Zuletzt war ich 10 Jahre im weltgrößten Buchkonzern als Key-Accounterin für den Versandbuchhandel tätig. Damit hatte ich Einblick in die ganz unterschiedlichen Strukturen und Abläufe. Als Beraterin, Trainerin, Autorin, Coach und Mutter einer Tochter weiß ich aus eigener Erfahrung wie anspruchsvoll, aber auch machbar es ist, Kind und Karriere unter einen Hut zu bekommen.

Als Betriebswirtin schaue ich auch auf die Zahlen. Es geht in diesem Buch daher nicht darum, große Summen in die Hand zu nehmen, einen eigenen Kindergarten aufzubauen oder teure Audits zu machen. Vielmehr geht es um die kleinen Dinge, die Unternehmen tun können, um gute Mitarbeiter an sich zu binden, sie zu motivieren und möglichst früh aus der Elternzeit zurückzuholen. Da Sie in ein Buch investiert haben, gehe ich davon aus, dass Ihnen Ihre Mitarbeiter oder »diese eine besondere« Mitarbeiterin wichtig sind. Herzlichen Glückwunsch, genau um diese geht es in dem Buch — um die qualifizierten Mitarbeiter mit langjähriger Erfahrung und wichtigen Kontakten; die, deren Ausscheiden uns richtig wehtun würde, die nur schwer oder gar nicht zu ersetzen wären.

1.2 Wie Sie dieses Buch nutzen

Im Idealfall halten Sie dieses Buch in den Händen, kurz nachdem eine Mitarbeiterin ihre Schwangerschaft bekannt gegeben hat. Nun können Sie mithilfe des Buchs den Weg mit ihr gemeinsam gehen.

Ihre Mitarbeiterin kehrt schon bald zurück in die Firma? Wunderbar. Auch dann finden Sie Unterstützung in diesem Buch. Denn Sie müssen es nicht von vorne bis hinten wie einen Roman lesen. Beginnen Sie dort, wo Ihre Mitarbeiterin oder Ihr Mitarbeiter (im Weiteren werde ich die Bezeichnung Mitarbeiterin zumeist für beide Geschlechter verwenden) gerade steht. Zwischen den einzelnen Themenblöcken gibt es immer wieder inhaltliche Überschneidungen. Damit Ihnen dann, wenn Sie lediglich einzelne Kapitel durcharbeiten möchten, keine wichtigen Informationen verloren gehen, habe ich häufig zentrale Aspekte, die an anderer Stelle bereits ausführlich beschrieben wurden, dort, wo sie ebenfalls wichtig sind, nochmals in knapper Form wiederholt.

Wenn Sie eine schnelle Hilfe wünschen, etwas nachschlagen möchten oder z.B. Unterstützung für ein Mitarbeitergespräch brauchen, dann schlagen Sie das Buch an dieser Stelle auf. Nehmen Sie die Lösungsvorschläge und schauen Sie, wie sie sich auf Ihre Situation anpassen lassen.

Anhand des im Folgenden ausführlich beschriebenen Vierstufenplans lässt sich schnell auf einzelne Themen zugreifen. Nutzen Sie bitte auch die Arbeitshilfen online: Dort finden Sie zahlreiche Checklisten, Übungen und weitere Texte zum Download.

Und nun legen Sie los. Schritt für Schritt.

Viel Vergnügen!

2 Familienfreundlichkeit als Standortfaktor — mehr als ein Schönwetterthema

Eine Ihrer weiblichen Führungs- oder Fachkräfte ist schwanger und will ihre Erziehungszeit beantragen? Als Unternehmer oder Geschäftsführer, als Mitarbeiter der Personalabteilung oder als Vorgesetzter bricht damit nicht nur eine Leistungsträgerin weg, der Aufbau einer Nachfolgerin oder eines Nachfolgers wird zudem meist sehr kosten- und zeitintensiv.
Gute Mitarbeiter langfristig an das Unternehmen zu binden und so deren Wissen, Erfahrung und guten Kontakte für das Unternehmen zu nutzen, gleichzeitig hohe Kosten der Personalsuche und -einarbeitung zu vermeiden, das sollte im Interesse eines Unternehmens sein.
Bereits heute können sich mehr als zwei Drittel der Arbeitnehmer vorstellen, für eine bessere Vereinbarkeit von Beruf und Familie den Arbeitgeber zu wechseln, mehr als jeder Vierte hat dies bereits getan (GfK Nürnberg: »Personalmarketingstudie«, im Auftrag des BMFSFJ (09/2010). Bieten Sie Ihren Mitarbeitern also gute Gründe, zu bleiben bzw. wiederzukehren.
Nach nur 10 Wochen Auszeit kehrte 2010 die damalige Bundesfamilienministerin Kristina Schröder an ihren Arbeitsplatz zurück. Das ist aber keinesfalls die Regel. Fast 60 Prozent der Mütter gehen zwei Jahre und länger in Elternzeit und kehren danach meist nur in Teilzeit an ihren Arbeitsplatz zurück. Mit dem neuen Elterngeld Plus wird diese Zeitspanne für Arbeitgeber noch unkalkulierbarer. Fast die Hälfte der Beschäftigten in Unternehmen (46 Prozent) sind Frauen, doch ein Drittel von ihnen kehrt nach der Elternzeit nicht zurück ins Unternehmen.
Das sind Zahlen, denen Firmen in Zeiten des demografischen Wandels und des immer öfter spürbaren Fachkräftemangels entgegensteuern müssen.

2.1 Mitarbeiterbindung in der Elternzeit

Die Mehrheit der Mütter nimmt nach der Geburt Elternzeit in Anspruch. Doch der Weg zurück in den Beruf ist für viele oft mit Hürden verbunden. Dass es auch anders geht, möchte dieses Buch aufzeigen.

Denn laut einer Untersuchung der Frauenzeitschrift Brigitte aus dem Jahr 2013 wünschen sich zwar 90 Prozent aller Frauen Kinder, gleichzeitig wollen sie aber finanziell unabhängig bleiben und auch für ihr Alter vorsorgen.

Schon nach wenigen Wochen Babypause können sich einige Frauen aber kaum noch vorstellen, wie sie früher ihr Arbeitspensum schaffen konnten. Manchmal werden schon alltägliche Dinge – wie rechtzeitig zu einem Termin beim Kinderarzt zu erscheinen – mit Baby zu einer Herausforderung. Hinzu kommen die ganz alltäglichen Probleme, die mit einer Rückkehr in den Beruf einhergehen. Wer betreut das Kind? Wie organisiere ich den Alltag? Entscheidend für einen gelungenen Wiedereinstieg ist, wie überzeugend die Antworten sind, die auf diese Fragen gefunden werden.

Die wirksamste Hilfe ist hierbei die Unterstützung durch den Arbeitgeber für die baldige Rückkehr an den Arbeitsplatz.

2.2 Betriebswirtschaftliche Effekte familienfreundlicher Maßnahmen

Studien belegen, dass mit der Dauer der Betriebsabwesenheit die daraus resultierenden Kosten signifikant steigen. Aufgrund der mangelnden Praxis, der fehlenden Routine, der geänderten Methoden, Arbeitsmittel und der Änderungen in den Betriebsabläufen oder aufgrund der technischen Neuerungen entwertet sich das Fachwissen der Mitarbeiter immer mehr, je länger sie fehlen. Dem Unternehmen können so Kosten für Qualifizierung, Einarbeitung oder Minderleistung zwischen 2.000 und 12.000 Euro entstehen (Prognos AG 2003). Das sind gute Gründe, um den Kontakt zu halten und den Wiedereinstieg ins Unternehmen strukturiert anzugehen.

Daher sollten **Arbeitgeber ein Interesse daran haben, schon bei Bekanntgabe einer Schwangerschaft gemeinsam mit der Mitarbeiterin die Elternzeit und den Wiedereinstieg zu planen.** So vermeiden Unternehmen lange Fehl- und Ausfallzeiten und machen das Know-how der Mitarbeiterin schnell wieder nutzbar. Eine gut vorbereitete Elternzeit und ein begleiteter Wiedereinstieg bieten dem Arbeitgeber mehr Planungssicherheit. Kosten für langjährige Vertretungen und die mit der Länge der Elternzeit immer stärker wachsenden Wiedereinarbeitungskosten lassen sich senken und Fachkräfte lassen sich dauerhaft ans Unternehmen binden.

Eine langfristige Bindung erfahrener Fachkräfte und der damit verbundene Wissenserhalt im Betrieb wird von der Mehrheit der Befragten des aktuellen Hays HR Report 2015 (61 Prozent der Befragten in 665 Unternehmen in DACH) als entscheidender Erfolgsfaktor für ihr Unternehmen angesehen. Vor dem Hintergrund des demografischen Wandels und des steigenden Fachkräftebedarfs wird die Bindung guter Mitarbeiter noch wichtiger. Es lohnt sich also, in den Wiedereinstieg nach der Elternzeit zu investieren und diesen zu fördern. Familienfreundliche Maßnahmen sind für Mitarbeiter mit Familie eine große Entlastung und stärken gleichzeitig die Bindung zum Arbeitgeber.

Dabei gilt: Je besser Auszeit und Wiedereinstieg gemeinsam geplant werden, desto früher kehren die Beschäftigten motiviert und leistungsfähig aus der Elternzeit zurück.

Begünstigt durch das 2007 eingeführte Elterngeld nehmen auch immer mehr Männer eine berufliche Auszeit. Das seit Juli 2015 geltende Elterngeld Plus wird diese Zahlen weiter steigen lassen. In manchen Branchen und Betrieben werden Väter in Elternzeit noch als ungewöhnlich empfunden, doch immer mehr Männer wollen mehr Zeit mit ihren Kindern verbringen und sich aktiv in die Erziehung und Betreuung einbringen, sodass familienbedingte Pausen zukünftig eher die Regel, denn eine Ausnahme sein werden.

Der Wunsch oder die Notwendigkeit, sich aus familiären Gründen beurlauben zu lassen, ist im beruflichen Alltag kein Einzelfall. Weder für Männer noch für Frauen. Umso wichtiger ist ein Unternehmensleitfaden zur Bindung dieser Mitarbeiter.

Beschäftigte während der Elternzeit kompetent zu begleiten lohnt sich für Unternehmen nicht nur, weil sie Kosten sparen, Know-how und Mitarbeiter in Zeiten knapper werdender Fachkräfte binden, sie sichern zudem langjährige Kundenbeziehungen.

Wichtig: Auszeit planen !

Je besser die Auszeit vom Job und der Wiedereinstieg geplant werden, desto schneller und unkomplizierter gelingt die Rückkehr und wertvolles Firmenwissen bleibt erhalten. Eine gut geplante und begleitete Elternzeit hilft, die Mitarbeiter möglichst reibungslos wieder in den Arbeitsablauf zu integrieren.

Fehlende Betreuungsplätze, traditionelle Rollenmuster und sich schnell verändernde Gesetze und Arbeitsabläufe in den Firmen erschweren vielen Eltern die Rückkehr in den Beruf. Deshalb ist es umso wichtiger, den Kontakt auch während der Beurlaubung zu halten, den Mitarbeiter zu integrieren, Möglichkeiten aufzuzeigen, auch während der Elternzeit für die Firma tätig zu werden, um lange Abwesenheiten zu verhindern und das Wissen auf dem aktuellen Stand zu halten.

Was bis hierher nur allgemein formuliert wurde, lässt sich in konkrete Zahlen fassen: Bereits 2002 konnte die Prognos AG in ihrer Studie die »Betriebswirtschaftlichen Effekte familienfreundlicher Maßnahmen« den wirtschaftlichen Nutzen familienfreundlicher Angebote belegen: Investitionen für familienfreundliche Maßnahmen verzinsen sich im Regelfall zu 25 Prozent. Unternehmen, die in solche Maßnahmen investieren, können somit einen durchschnittlichen Return on Investment (ROI) von 25 Prozent erwarten.

Hier noch ein paar weitere interessante Zahlen aus der Prognos Studie. Familienbewusste Arbeitgeber verzeichnen gegenüber Arbeitgebern mit einem geringen Familienbewusstsein deutlich bessere Kennzahlen:

- Fehlzeitenquote -41 Prozent
- Krankheitsquote -39 Prozent
- Motivation der Beschäftigten +32 Prozent
- Produktivität der Beschäftigten +23 Prozent
- Bewerberqualität +26 Prozent

Es bedarf jedoch geeigneter Strukturen, um eine schnelle Rückkehr nach einer Elternzeit zu ermöglichen. Viele Unternehmen haben die Vorteile erkannt, die sich daraus ergeben, qualifizierte Beschäftigte über eine familienbedingte Auszeit hinaus an das Unternehmen zu binden und bieten vielfältige Möglichkeiten, die Arbeitszeit individuell zu organisieren. Je gründlicher die Familienzeit vorbereitet wird, desto besser wird der Übergang gelingen. Das gilt sowohl für den Ausstieg als auch für den Wiedereinstieg.

Geht es um die Förderung von Frauen und die Vereinbarkeit von Familie und Beruf, sehen sich kleine und mittlere Unternehmen im wachsenden Wettbewerb um die besten Köpfe gegenüber Großunternehmen an attraktiven Standorten oft unterlegen. Jedoch können auch kleine und mittelständische Unternehmen eine Reihe von Maßnahmen für eine familienfreundliche Personalpolitik umsetzen, die keine großen Investitionen erfordern.

So können z.B. familienfreundliche Arbeitszeitmodelle, Möglichkeiten zur persönlichen Weiterentwicklung und Zufriedenheit im Job Mitarbeiter mit Kindern langfristig an das Unternehmen binden.

Und nicht nur die Arbeitgeber, sondern auch die betroffenen Frauen haben ein grundsätzliches Interesse daran, wieder in den Beruf zurückzukehren: Was geschieht z.B., wenn sich die Partner trennen? Das neue Unterhaltsrecht ist kompliziert. Der nacheheliche Unterhalt hängt von vielen verschiedenen Faktoren ab. Der Bundesgerichtshof hat entschieden, dass in jedem Einzelfall zu klären ist, ob Ansprüche des eventuell unterhaltsberechtigten Ehepartners vorliegen und falls ja, für welchen Zeitraum dies der Fall ist. Beruflich am Ball zu bleiben und nicht lange auszusetzen, lautet die eindeutige Empfehlung des Arbeitsgerichts.

Zudem ist die Rente für die Generation derer, die heute unter vierzig sind, nicht mehr sicher. Es ist also umso wichtiger, dass Mütter und Väter unabhängig bleiben und sich um ihr Einkommen und ihre Altersversorgung selbst kümmern.

Die heutige Frauengeneration ist besser ausgebildet als je zuvor und aus diesem Grund wie auch aus den bereits erwähnten Gründen der Alterssicherung und des geänderten Unterhaltsrechts erhält die eigene Berufstätigkeit eine größere Bedeutung als früher. Gleichzeitig verabschieden sich immer mehr Paare von den traditionellen Rollenmustern mit dem Mann als Alleinverdiener und der Mutter, die für die Familie zu Hause bleibt. Auch immer mehr Männer sehen sich nicht mehr in der Rolle, die vielleicht noch ihre Väter hatten, und wollen sich aktiv in die Kinderbetreuung einbringen, Erziehungsaufgaben übernehmen und sind bereit, beruflich dafür kürzerzutreten.

2.3 Auf die Unternehmen kommen ganz neue Anforderungen zu

Aus unternehmerischer Sicht ist aus den bereits ausführlich erwähnten Gründen eine kurze Elternzeit und eine frühzeitige Rückkehr die betriebswirtschaftlich beste Lösung. Kurz gesagt: Je länger die Auszeit vom Beruf dauert, umso höher sind die Kosten für das Unternehmen. Diese Tatsache stellt die Unternehmen vor ganz neue Herausforderungen.

Wie Unternehmen und betroffene Arbeitnehmer gemeinsam und Schritt für Schritt dafür sorgen können, dass der Wiedereinstieg in den Beruf und somit die Vereinbarkeit von Beruf und Familie gelingt, darum soll es in diesem Buch gehen.

2.4 Konzepte zur Elternzeit, zum Wiedereinstieg und zur Vereinbarkeit von Beruf und Familie

Mütter und Väter in Elternzeit fühlen sich wertgeschätzt und unterstützt, wenn während der Auszeit der Kontakt zum Unternehmen aufrechterhalten wird. Dadurch gelingt der Wiedereinstieg in den Job leichter. Gerade die Geburt eines Kindes stellt Frauen und Männer vor ganz neue Herausforderungen. Gut zu wissen, dass einen der Arbeitgeber unterstützt und wertschätzt. Begleiten und unterstützen Sie als Vorgesetzter oder Arbeitgeber also Ihre Mitarbeiter auf dem Weg zurück in den Beruf – von der Vorbereitung des Mutterschutzes über eine Weiterbildung in der Babypause, die Organisation des Alltags, die Wahl der richtigen Kinderbetreuung bis hin zu einer Balance im Alltag. Zudem sollten Sie beachten: Im Sinne von Hilfe zur Selbsthilfe gilt es, die Eigenverantwortung und die Handlungskompetenz Ihrer Mitarbeiter zu stärken.

Denn nur gesunde Mitarbeiter können Leistung bringen, sind motiviert und garantieren so den Erfolg Ihres Unternehmens. Die Zahlen sind dramatisch, alleine durch Krankheitsfälle entstehen den Unternehmen in Deutschland pro Jahr Produktivitätsausfälle in Höhe von rund 129 Milliarden Euro, wie eine Studie der Felix-Burda-Stiftung[1] errechnet hat. Kosten, die durch geeignete Maßnahmen in den Firmen zu 30 bis 40 Prozent vermeidbar gewesen wären, wie die Bundesanstalt für Arbeitsschutz und Arbeitsmedizin herausgefunden hat.

Unternehmen benötigen aus personalentwicklungspolitischen Gründen ein Konzept zur Elternzeit, zum Wiedereinstieg und zur Vereinbarkeit von Beruf und Familie, denn Mitarbeiter sind ein wichtiges und knappes Gut.

Doch nicht jedes Unternehmen ist gleich und auch nicht jeder Mitarbeiter. Flexibilität und eine gute Kommunikation sind gefragt. Die Wünsche und Lebensumstände der Arbeitnehmer sind ein wichtiger Aspekt, den es mit den Anforderungen des Unternehmens in Einklang zu bringen gilt. Insofern sind individuelle Lösungen zu gestalten.

Kurzgefasst: Gründe, warum Arbeitgeber ihre Mitarbeiter beim beruflichen Wiedereinstieg unterstützen sollten

- Ein gutes Elternzeitmanagement stellt sicher, dass eine qualifizierte Mitarbeiterin auch während oder nach einer familienbedingten Pause dem Unternehmen verbindlich zur Verfügung steht.
- Durch ein Kontakthalteprogramm werden die Mitarbeiterinnen regelmäßiger, frühzeitiger und damit für den Arbeitgeber planbarer in das Unternehmen involviert.
- Durch den regelmäßigen Kontakt und die damit entgegengebrachte Wertschätzung wachsen die Motivation und Bereitschaft zur Übernahme von Kranken- oder Urlaubsvertretungen, zu Teilzeittätigkeiten oder zu Weiterbildungen während der Elternzeit.
- Die Abwesenheit vom Beruf wirkt sich aufgrund des regelmäßigen Kontakts nicht negativ auf die berufliche Entwicklung und die unternehmensinternen Abläufe aus.
- Durch individuell zugeschnittene Maßnahmen und Konzepte lassen sich die Kosten des Wiedereinstiegs für den Arbeitgeber minimieren.

1 Quelle: http://bit.ly/1H6lvYG — abgerufen am 10.8.2015.

- Die Kosten für Qualifizierungsmaßnahmen nach der Rückkehr ins Unternehmen reduzieren sich.
- Ferner sinken die Kosten für Vertretungen.
- Langfristig gesehen teure, neue Fachkräfte müssen nicht rekrutiert werden.
- Leistungsfähigkeit und -bereitschaft der Mitarbeiter bleiben erhalten.
- Effiziente, eingespielte Prozesse bleiben erhalten.
- Es entsteht ein Imagegewinn für das Unternehmen, denn durch eine familienfreundliche Personalpolitik wird das Unternehmen als attraktiver Arbeitgeber wahrgenommen, und zwar bei Mitarbeitern und Bewerbern mit und ohne Kindern – wie das Unternehmensprogramm »Erfolgsfaktor Familie« in einer Studie feststellte.
- Firmen, die Mitarbeiter in Elternzeit begleiten, tun aktiv etwas gegen den Fachkräftemangel und gewinnen durch eine familienbewusste Personalpolitik gezielt weibliche Fachkräfte hinzu und binden die vorhandenen.
- Mitarbeiter in Elternzeit fühlen sich wertgeschätzt und bleiben dem Unternehmen erhalten. Fluktuation wird verhindert.
- Auftretende Problemsituationen wie z.B. ein Ausfall der Tagesmutter oder Ferienzeiten werden in einem offenen und wertschätzenden Umfeld viel früher kommuniziert und können so gelöst werden. Das führt zu einer Verkürzung der Elternzeit und einen planbareren Wiedereinstieg in den Beruf, denn nachweislich verringert der Kontakt zum Job und zum Unternehmen die Auszeit deutlich.
- Durch die Elternschaft erwerben Ihre Mitarbeiter neue (Führungs-)Kompetenzen.
- Ihr Unternehmen profitiert von motivierten Mitarbeiterinnen.
- Mithilfe des in den folgenden Kapiteln detailliert beschriebenen vierstufigen Konzepts entwickeln Unternehmen und Mitarbeiter gemeinsame Strategien für eine gelungene Vereinbarkeit von Beruf und Privatleben.

3 Beruflichen Aus- und Wiedereinstieg strukturiert gestalten – ein vierstufiges Konzept

Für die Eltern beginnt mit der Geburt eine ganz neue Lebensphase. Alles ist neu und ungewohnt. Vieles gilt es zu bedenken. Gut, wer von seinem Arbeitgeber in dieser Situation nicht allein gelassen wird. Denn der Umgang mit dem Thema Elternzeit ist gerade für viele Fachkräfte von großer Bedeutung und wird auch für die nachrückenden Generationen immer wichtiger.

3.1 Häufig fehlen standardisierte Prozesse zum Wiedereinstieg

Konkrete Maßnahmen für den beruflichen Wiedereinstieg nach der Babypause bieten bisher nur wenige Unternehmen an, wie die Studie »Wiedereinstieg nach der Elternzeit« des Bundesfamilienministeriums und der Deutschen Gesellschaft für Personalführung aus dem Jahr 2013 zeigt. Rund 130 Personaler nahmen an der Studie teil, doch nur ein Drittel der Arbeitgeber plant schon vor Beginn der Elternzeit den beruflichen Wiedereinstieg zusammen mit den Mitarbeitern, so die Ergebnisse der Umfrage.

In diesem Kapitel stelle ich Ihnen mein vierstufiges Konzept für einen gelungenen beruflichen Aus- und Wiedereinstieg vor. Dieses Konzept, das sich in der Praxis bestens bewährt hat, ist gewissermaßen Ihr Leitfaden. Beginnend mit der Bekanntgabe der Schwangerschaft, über die Vorbereitung des Mutterschutzes, die Weiterbildung während der Babypause, die Organisation des Alltags, die Wahl der richtigen Kinderbetreuung, die Balance im Alltag bis hin zur Rückkehr in das Unternehmen – der vierstufige Leitfaden umfasst auf strukturierte Weise alles, was zu tun ist, wenn es um das Thema Elternzeit geht. Jeder der vier Stufen ist ein eigenes Kapitel gewidmet. Zahlreiche Checklisten, Gesprächsleitfäden, Tests, Tipps und Tricks sowie spezielle Materialien für die Beschäftigten runden die jeweiligen Kapitel ab.

Um das neue Elterngeld Plus geht es in einem Extrakapitel. Eltern, deren Kinder ab dem 01. Juli 2015 geboren wurden, profitieren von besseren Möglichkeiten, in Teilzeit zu arbeiten und dennoch staatliche Unterstützung zu erhalten. Arbeitgeber müssen dafür jedoch besonders flexibel auf die Bedürfnisse berufstätiger Eltern eingehen. »Mehr Zeit für die Familie, und zwar für Mütter und Väter: Das ist das Ziel dieses Gesetzes. Mit dem neuen Elterngeld Plus und einer flexibleren Elternzeit ermöglichen wir Eltern, Familie und Beruf gemeinsam zu managen –

durch eine längere Förderung und bessere und individuellere Möglichkeiten, die Anforderungen partnerschaftlich aufzuteilen. Das bringt eine neue Qualität in die Familienpolitik — und dafür gibt es große Zustimmung in den Familien und in der Gesellschaft«, so Bundesfamilienministerin Manuela Schwesig bei der Vorstellung des Gesetzes.

Umso wichtiger ist es, gut darauf vorbereitet zu sein, um für Firma und Mitarbeiter eine für beide Seiten gewinnbringende Lösung zu finden.

Die meisten Wiedereinsteiger sind sehr motiviert und leistungsbereit. In der Elternzeit haben sie einige neue Qualifikationen (Schlüsselqualifikationen) erworben, die auch für den Beruf wichtig sind. Für Ausreden wie keine Lust, zu müde, krank, keine Zeit ist im Leben von Eltern kein Platz. Gerade in den ersten Lebensjahren des Kindes sind die Eltern meist fremd bestimmt. Den Alltag müssen sie trotzdem gestalten, sich organisieren, entscheidungsfreudig, verantwortungsbewusst, zielstrebig, führungsstark und teamfähig sein.

Es gibt bereits einige Firmen, die die Elternzeit als Karrierebaustein anrechnen. So wird bei der Robert Bosch GmbH in Stuttgart der Zeitraum, in dem Beschäftigte Kinder betreuen oder Angehörige pflegen, als sogenannte »Familienzeit« gewürdigt. Zum Erreichen der nächsten Hierarchieebene sind bestimmte Karrierebausteine nötig, die Familienzeit können die Mitarbeiterinnen als einen Baustein einbringen. Das Unternehmen schätzt Familien- und Pflegeaufgaben als wertvolle Lebenserfahrung. Beschäftigte erwerben laut Bosch in dieser Zeit neue Sozialkompetenzen und Managementfähigkeiten.

Doch bis es so weit ist, gilt es, auf beiden Seiten die Herausforderungen zu meistern. Viele Klippen lassen sich durch Kontakt und Planung umschiffen.

Kurzgefasst: Der Wiedereinstieg beginnt mit dem Ausstieg
Durch einen frühzeitig und gut geplanten Wiedereinstieg vermeiden Sie lange Ausfallzeiten und Qualifikationsverluste. Wichtig ist es deshalb, gemeinsam mit der Mitarbeiterin früh die Rückkehr in den Job zu besprechen. Bieten Sie Ihre Unterstützung für die Auszeit vom Beruf an.

3.2 Die vier Stufen im Überblick

Ich möchte Ihnen in diesem Abschnitt zunächst einen kurzen Überblick darüber geben, worum es bei den einzelnen Stufen des bereits erwähnten vierstufigen Konzepts geht, bevor ich dann in den folgenden Kapiteln jede Stufe detailliert beschreibe.

3.2.1 Stufe 1: Wir bleiben in Kontakt – Maßnahmen vor der familienbedingten Auszeit

Auf beiden Seiten besteht in dieser ersten Phase ein erhöhter Informationsbedarf. Für die Unternehmen ist es wichtig zu erfahren, wie die Mitarbeiterin sich die Auszeit vorstellt und ebenso ist es für die Mitarbeiterin wichtig, möglichst viel über die neue Situation und das auf sie Zukommende zu erfahren. Gegenseitige Erwartungen müssen abgefragt werden und eine erste Planung muss angesprochen werden. Diese frühe und gemeinsame Besprechung der beruflichen Auszeit legt die Grundlage für eine langfristige Mitarbeiterbindung und eine frühere Rückkehr in den Beruf.

Nach Bekanntgabe der Schwangerschaft durch den Mitarbeiter jedoch spätestens einen Monat vor Beginn des Mutterschutzes bzw. der Elternzeit des Vaters sollte ein Gespräch geführt werden. Darin geht es um Informationen für den Mitarbeiter rund um den Mutterschutz, die Elternzeit und erste Informationen zum Wiedereinstieg

In diesem persönlichen Gespräch zur Information und Planung können

- die beruflichen Wünsche und Ziele der Mitarbeiterin, des Mitarbeiters erfragt werden,
- Vorstellungen, Wünsche und Erwartungen des Arbeitgebers besprochen werden,
- rechtliche und betriebliche Rahmenbedingungen des Mutterschutzes, der Elternzeit, des Elterngelds und des beruflichen Wiedereinstiegs angesprochen werden,
- Ansprechpartner benannt werden,
- Möglichkeiten des Kontakts und der Informationsweitergabe geklärt werden,
- Vertretungspläne erstellt werden,
- Qualifizierungsmaßnahmen zum Erhalt des Fachwissens und auch Teilzeitbeschäftigungsmöglichkeiten während der Elternzeit angesprochen werden,
- erste Überlegungen angeregt werden, wie lang die Auszeit dauern soll, welche Vertretungsmöglichkeiten es gibt, wie die Übergabe der bisherigen Aufgaben gestaltet werden soll etc.
- Und nicht zuletzt können auch die Vorstellungen über die Zeit des Wiedereinstiegs gemeinsam besprochen werden.

3.2.2 Stufe 2: Aus den Augen, doch im Sinn — Maßnahmen während der Auszeit

In dieser Phase ist die Mitarbeiterin zwar nicht physisch im Unternehmen, doch es muss nicht heißen: aus den Augen, aus dem Sinn. Vielmehr kann die Elternzeit aktiv zur Mitarbeiterbindung genutzt werden. Jetzt greifen die bereits in der ersten Stufe besprochenen Maßnahmen. Durch einen regelmäßigen Kontakt bleiben Mitarbeiter auch außerhalb des Unternehmens auf dem Laufenden, haben die Möglichkeit, sich weiter zu qualifizieren und ggf. einige Stunden im Unternehmen zu arbeiten.

Mögliche Maßnahmen sind z.B.:

- Seminare, Fortbildungen, Trainings, die entweder auf den bevorstehenden Wiedereinstieg vorbereiten oder das fachliche Wissen vertiefen und auf dem aktuellen Stand halten.
- Einladung zu betrieblichen Veranstaltungen (Betriebsausflüge, Weihnachtsfeier, Abteilungsfeiern, Meetings, Produktpräsentationen etc.).
- Übernahme von Urlaubs- und Krankheitsvertretungen sowie Teilzeitbeschäftigung (bis zu 30 Wochenstunden sind möglich) etc.
- Zusendung von Infomaterial, Fachzeitschriften, Newsletter für Mitarbeiter etc.
- Aufrechterhaltung des Intranet Zugangs auch von zu Hause aus.
- Ein fester Ansprechpartner für alle Mitarbeiter, die sich in Elternzeit befinden (z.B. innerhalb der Personalabteilung), hält den Kontakt und stellt zudem den Kontakt der Eltern untereinander her, um z.B. voneinander zu profitieren, sich auszutauschen und Netzwerke aufzubauen.
- In der Abteilung wird ein Pate/eine Patin bestimmt, der oder die abteilungsinterne Informationen weitergibt und Ansprechpartner ist, z.B. um den Mitarbeitern in Elternzeit regelmäßige Protokolle von Teamsitzungen, Termine von Workshops, Produktpräsentationen etc. zuzusenden.

3.2.3 Stufe 3: Fit für den Wiedereinstieg

Die Vorbereitungen sind getan, jetzt geht es an den Wiedereinstieg nach der Auszeit vom Beruf. Unternehmen, die gute Mitarbeiter binden möchten und ihnen den Wiedereinstieg nach der Elternzeit erleichtern wollen, müssen keine neuen personalpolitischen Konzepte erfinden. Vieles haben andere Firmen bereits erfolgreich ausprobiert und Sie können davon profitieren.

Die beste Unterstützung für junge Familien bieten meist flexible Arbeitszeitmodelle, eine Leistungsorientierung und die prinzipielle Bereitschaft, familienorientierte Lösungen zu finden. Denken Sie auch an die vielen Widrigkeiten, mit denen Familien im Alltag zu kämpfen haben. Damit Abläufe im Betrieb auch dann funktionieren, ist eine Vorbereitung wichtig. Schnell fällt die Kinderbetreuung wegen Krankheit oder Streik aus und allein 14 Wochen Schulferien stellen ungeahnte Herausforderungen an Eltern und Arbeitgeber. Reagieren Sie verständnisvoll und bieten Sie flexible Lösungen an, statt Ihre Mitarbeiter allein vor den Problemen stehen zu lassen.

Mögliche Maßnahmen sind:
- Flexible Arbeitszeitmodelle
- Flexible Pausenregelungen
- Gleitzeitregelungen mit möglichst großem Zeitfenster
- Stufenweise Erhöhung der Arbeitszeit (abgestufte Teilzeit)
- Homeoffice
- Informationen zur Kinderbetreuung in Arbeitsplatznähe anbieten
- Betriebliche Kinderbetreuung auch oder gerade in den Ferien oder ein Eltern-Kind-Büro
- Zuschüsse zur Kinderbetreuung
- Kooperation mit externen Dienstleistern z.B. für eine Notfallbetreuung
- Sonderurlaub in dringenden Fällen
- Vorausschauende Personal- und Urlaubsplanung, die familiäre Belange berücksichtigt

Mit konkreten Maßnahmen zum Wiedereinstieg nach der Elternzeit verfolgen Arbeitgeber vor allem zwei Ziele: Sie wollen qualifizierte Mitarbeiter binden und damit Wissen, Erfahrungen und Kontakte erhalten sowie die Motivation fördern für eine frühere Rückkehr.

Wenn Arbeitgeber Ihre Mitarbeiter unterstützen und die Elternzeit der Beschäftigten aktiv mitgestalten können, bleibt die Bindung ans Unternehmen erhalten und die Fachkräfte kehren schneller und planbarer an den Arbeitsplatz zurück.

3.2.4 Stufe 4: Nach dem Wiedereinstieg — gut sein, besser werden, Mitarbeiter erfolgreich binden

Wichtig ist, auch nach einer beruflichen Auszeit eine positive Haltung gegenüber dem Thema Familie einzunehmen, was eben Mitarbeiter, die Familienverpflichtungen haben, im Unternehmen mit einschließt. Führungskräfte müssen diesen positiven Ansatz leben.

Mögliche Maßnahmen nach dem Wiedereinstieg sind beispielsweise.:

- Eine Einarbeitungsphase anbieten und Veränderungen in der Einarbeitung ermöglichen, sofern es erforderlich ist.
- Am Ende der Einarbeitungsphase steht ein Abschlussgespräch. Ziel ist es, die Erfahrungen aller Beteiligten zusammenzutragen, das Elternzeitprogramm weiterzuentwickeln und zu nutzen.
- Lebensphasenorientierte Mitarbeitergespräche führen.
- Mitarbeiter starkmachen gegen Stress und Belastungen.

3.2.5 Fazit: 6 Tipps, damit Ihre Fachkräfte schnell aus der Babypause zurückkehren

Mit den folgenden Maßnahmen halten Sie die familienbedingte Auszeit überschaubar und gestalten den Wiedereinstieg möglichst reibungslos.

1. Lassen Sie Ihre Mitarbeiterin vor dem Mutterschutz nicht einfach gehen. Laden Sie sie zu einem Gespräch ein, in dem Sie Perspektiven für die Zeit nach der Babypause besprechen und den Wiedereinstieg grob planen.
2. Halten Sie während der Elternzeit Kontakt. Informieren Sie regelmäßig über aktuelle interne Entwicklungen wie z.B. neu Produkte, neue Abteilungsstrukturen oder -leitungen. Benennen Sie einen Paten als Ansprechpartner und laden Sie die Elternzeitler zu Firmenfesten, Produktvorstellungen und sonstigen betrieblichen Ereignissen ein.
3. Bieten Sie an, dass die Mitarbeiterin auch während der Elternzeit einer Teilzeitbeschäftigung nachgehen kann. Während der Elternzeit ist es erlaubt, bis zu 30 Wochenstunden zu arbeiten. Setzen Sie diese Eltern z.B. auch als Krankheits- oder Urlaubsvertretungen ein.
4. Ermöglichen Sie Ihren Mitarbeitern auch während der Elternzeit, an allen Weiterbildungen teilzunehmen. So sorgen Sie für ein aktualisiertes Know-how und der Wiedereinstieg verläuft später reibungsloser.
5. Bieten Sie flexible Arbeitszeitmodelle und die Möglichkeit, auch von zu Hause aus zu arbeiten (Telearbeit, Homeoffice). Bieten Sie das vor allem in Ferienzeiten oder bei Krankheit des Kindes an.
6. Das Wichtigste für eine planbare Rückkehr an den Arbeitsplatz ist eine zuverlässige und gute Kinderbetreuung. Sie müssen nicht gleich eine eigene Betriebskita bauen. Geben Sie z.B. einen Zuschuss zur Kinderbetreuung, der in unbegrenzter Höhe steuerfrei ist. Aber auch eine Liste mit Möglichkeiten zur Kinderbetreuung z.B. in den Ferien ist eine erste sinnvolle Hilfe. Ein Eltern-Kind-Zimmer hilft im Notfall, Beruf und Betreuung des Kindes zu vereinbaren. Und auch Kooperationen mit Tagesmüttern oder leicht zu nehmender (unbezahlter) Sonderurlaub nehmen viel Druck von den Eltern, wenn sie berufliche Verpflichtungen eingehen.

4 Stufe 1: Maßnahmen vor der familienbedingten Auszeit

Wie Sie bereits erfahren haben, lassen sich durch einen frühzeitig und gut geplanten Wiedereinstieg Sie lange Ausfallzeiten und Qualifikationsverluste vermeiden. Wichtig ist es deshalb, gemeinsam mit der Mitarbeiterin früh die Rückkehr in den Job zu besprechen. Bieten Sie Ihre Unterstützung für die Auszeit vom Beruf an. Und zwar bevor die Mitarbeiterin in Elternzeit geht.

4.1 Die Schwangerschaft bekannt geben

Eine Mitarbeiterin hat ihre Schwangerschaft bekannt gegeben. Da Sie dieses Buch in den Händen halten, handelt es sich sehr wahrscheinlich um eine Fachkraft, die Sie gerne an Ihr Unternehmen binden möchten. Dann nehmen Sie diese Elternzeit als Chance, sich und Ihre Firma als attraktiven Arbeitgeber zu positionieren.

4.1.1 Die Elternzeit gemeinsam planen

Der Grundstein für einen erfolgreichen Wiedereinstieg sollte gelegt werden, **bevor** die Mitarbeiterin oder der Mitarbeiter in Elternzeit geht. Dem verständlichen Wunsch nach einer möglichst sicheren Planung der Rückkehr an den Arbeitsplatz steht die Unsicherheit und Ungewissheit der werdenden Eltern gegenüber. Wichtig ist es deshalb, den Kontakt zum Mitarbeiter bereits nach Bekanntgabe einer Schwangerschaft zu suchen und zu halten. Die Unsicherheiten und den großen Bedarf an Informationen aufseiten der werdenden Eltern kann der Arbeitgeber aufgreifen und er kann unterstützend tätig werden. Bereits hier wird die Basis für eine gelungene Mitarbeiterbindung gelegt. So können rechtliche und betriebliche Rahmenbedingungen besprochen, betriebliche Unterstützungsmöglichkeiten aufgezeigt und erste Vorstellungen über die Elternzeit und den beruflichen Wiedereinstieg in einem gemeinsamen Gespräch entwickelt werden. Durch eine frühzeitige und offene Kommunikation auf beiden Seiten kann die berufliche Auszeit gemeinsam geplant werden. So klappt ein reibungsloser Übergang mit einer guten Übergabe an eine Vertretung am besten.

Dabei bietet es sich an, bereits vor der Auszeit schriftlich festzuhalten wann, in welcher Form und wie oft man während der Elternzeit gegenseitig in Kontakt treten möchte.

Um dem Informationsbedarf gerecht zu werden, gibt es die Möglichkeit, Beschäftigten über das Intranet oder per E-Mail relevante Informationen zu rechtlichen und betrieblichen Rahmenbedingungen, zu Ansprechpersonen im Unternehmen, zum geplanten Kontakthalteprogramm und zu betrieblichen Unterstützungsmöglichkeiten zur Verfügung zu stellen.

4.1.2 Ausfallzeiten überbrücken

Geht ein Mitarbeiter in Elternzeit, muss die entstandene Personallücke geschlossen werden. Bei kürzeren Elternzeiten, zum Beispiel Vätermonaten, können Sie durch eine Umorganisation die Arbeit umschichten — entweder durch eine Änderung der Arbeitsabläufe oder die Verteilung der Arbeit auf andere Mitarbeiter. Manchmal lässt sich durch den temporären Einsatz des Elternzeitlers der Arbeitsaufwand abfedern. Auch durch Praktikanten, die Unterstützung durch Zeitarbeitsfirmen oder freie Mitarbeiter ist ein Lückenschluss möglich.

Brauchen Sie eine Ersatzkraft, können Sie diese nach § 21 BEEG mit einem zeitbefristeten Arbeitsvertrag bis zum errechneten Ende der Elternzeit ins Unternehmen holen. Flexibler ist allerdings ein zweckbefristeter Arbeitsvertrag (hier: Vertretung während der Elternzeit) — falls Ihr Mitarbeiter die Elternzeit verlängert oder verkürzt. Eine Kombination beider Vertragsformen ist ebenfalls eine Option.

Wichtig: Die Inanspruchnahme der Elternzeit liegt nicht im Ermessen des Arbeitgebers.

Das Gesetz verlangt vom Arbeitnehmer lediglich, dass er den Arbeitgeber rechtzeitig darüber informiert, für welchen Zeitraum Elternzeit genommen werden soll. Die Mitteilungsfrist beträgt hierbei sieben Wochen vor Antritt der Elternzeit. Den Zeitraum der beruflichen Auszeit kann der Mitarbeiter selber bestimmen. Er muss diesen aber dem Arbeitgeber im Antrag mitteilen.

Durch eine schriftliche Erklärung des elternzeitberechtigten Arbeitnehmers gegenüber seinem Arbeitgeber erfolgt der Antrag auf Elternzeit. Die Zustimmung des Arbeitgebers ist nicht erforderlich, da es sich um ein alleiniges Gestaltungsrecht des Arbeitnehmers handelt (§ 16 BEEG).

!

Tipps: Was Sie bereits nach Bekanntgabe der Schwangerschaft tun können

- **Den Kontakt zur Firma zu halten, dass wünschen sich viele werdende Mütter, damit die Elternzeit nicht ganz zur Auszeit wird und der Wiedereinstieg leichter gelingt. Bieten Sie diesen Kontakt von sich aus an. Mehr dazu erfahren Sie im Kapitel 5 »Stufe 2: Maßnahmen während der Elternzeit«.**

- **Treffen Sie vor dem Ausstieg klare Absprachen und zeigen Sie, dass es auch mit Kind für Ihre Mitarbeiter beruflich weitergeht. Damit nehmen Sie Ihren Mitarbeiterinnen und Mitarbeitern die Sorge um den Verlust des Arbeitsplatzes und das Ende der beruflichen Karriere.**
- **Mindestens ein Planungsgespräch sollten Sie mit Ihrer schwangeren Mitarbeiterin oder dem werdenden Vater rechtzeitig vor der Elternzeit führen.**
- **Nicht nur Mütter nehmen Elternzeit. Wichtig ist auch, dass Väter in Elternzeit von den Kollegen, der Geschäftsleitung und den Führungskräften akzeptiert werden.**

4.2 Die neuen Väter ticken anders: Väter wollen auch Vater sein

Beim Thema Elternzeit, stehen in den meisten Firmen immer noch die werdenden Mütter im Fokus. Wurde früher die Elternzeit für Väter oft belächelt, so ist diese mittlerweile salonfähig geworden. Immer mehr Männer wollen mehr sein als nur der »Ernährer« und nutzen die Möglichkeit, in Elternzeit zu gehen. Familie und Vaterrolle rücken stärker in den Vordergrund. Wird aus einem Paar eine Familie, treten zwar immer noch mehrheitlich die Frauen beruflich kürzer und arbeiten weniger, um sich um die Kinder zu kümmern. Doch die Zahl der Männer, die eine Auszeit vom Job nehmen und den Nachwuchs betreuen, steigt stetig an. Vereinbarkeit von Beruf und Familie wird nach der Gründung einer Familie auch für männliche Mitarbeiter immer wichtiger.

Das Bundesministerium für Familie, Senioren, Frauen und Jugend hatte eine Studie der Zeitschrift ELTERN veröffentlicht. Das Ergebnis der Studie: Mehr als jeder zweite Vater hat das Gefühl, zu wenig Zeit für seine Kinder zu haben. Auf die Frage: »Finden Sie die Zeit, die Sie mit Ihrem Kind/Ihren Kindern unter der Woche verbringen, ausreichend?« hatten 54 Prozent der Befragten mit »Eher nicht« oder »Nein, überhaupt nicht« geantwortet[1].

Wie verbinden Väter Beruf und Familie?

Die Ergebnisse der dritten 361° A.T. Kearney-Familienstudie »Vereinbarkeit wagen« vom September 2015 bestätigen die eben getroffenen Aussagen[2]: Immer mehr Männer wollen mehr sein als nur der »Ernährer« ihrer Familie. Sie möchten für ihre Partnerin und vor allem für ihren Nachwuchs aktiv am Familienleben teilnehmen.

1 Quelle: ELTERN-Studie »Väter 2014 — zwischen Wunsch und Wirklichkeit in Deutschland«, Väter zwischen 20 und 55 Jahren, deren Kind im gleichen Haushalt wohnt.

2 Quelle: https://www.atkearney.com/web/361-grad — abgerufen am 15.06.2015.

Die Haupterkenntnisse der Trendstudie lauten:

- Vatersein liegt im Trend.
- Die Vaterrolle wird facettenreicher.
- Berufstätige Väter rücken in den Fokus von Gesellschaft, Wirtschaft und Politik.
- »Moderne Väter« planen die Karriere rund ums Kind. Neben dem Vorankommen im Beruf wollen sie auch ihrer Verantwortung für die Kindererziehung und für den Familienalltag gerecht werden.
- 93 Prozent der Väter halten laut der Studie für ihr persönliches Wohlbefinden eine gute Vereinbarkeit von Beruf und Familie für wichtig.
- Väterfreundlichkeit wird somit zum wichtigen Wettbewerbsfaktor für Firmen.

Firmen können also einen Wettbewerbsvorteil gegenüber anderen Unternehmen erreichen, wenn sie auf die Bedürfnisse werdender Väter eingehen. Wer nicht nur auf Mütter setzt, sondern auf Familienfreundlichkeit allgemein, der kann gute Mitarbeiter finden und binden. Auch Väter wünschen sich eine Abkehr von der Präsenzkultur und mehr Freiraum zur flexiblen Gestaltung ihrer Arbeitszeit. Dabei werden flexible Tages- und Wochenarbeitszeiten, Auszeiten und Sonderurlaub sowie Lebens- und Arbeitszeitkonten von Vätern am häufigsten genutzt. 81 Prozent der von A.T. Kearney befragten Väter bezeichneten diese Möglichkeiten als sehr hilfreich.

Inzwischen bieten einige Firmen auch eigene Programme für Väter an. Und das wird von den Mitarbeitern auch wahrgenommen. So gaben 28 Prozent der von A.T. Kearney befragten Väter an, die Familienfreundlichkeit im Betrieb hätte sich in den vergangenen zwölf Monaten verbessert. Eine Verschlechterung empfinden lediglich 9 Prozent. Aus diesem Grund würden Väter ihren Arbeitgeber auch deutlich häufiger weiterempfehlen als Mütter (75 gegenüber nur 58 Prozent der Mütter). Durch unterstützende Programme wird die Bindung zwischen Unternehmen und Beschäftigten gefestigt, was sich letztendlich nicht nur in Krisensituationen auszahlt.

Firmen sollten sich diesem Trend, dass werdende Väter immer öfter nach Elternzeit fragen und sie auch immer häufiger in Anspruch nehmen, nicht entgegenstellen. Sie sollten ihn vielmehr aufgreifen und als Chance begreifen, um sich für die »neuen« Väter, die Zeit mit ihren Kindern verbringen wollen, attraktiv zu machen.

Wichtiger als Status, Karriere und Geld sind heute die weichen Faktoren. Glück, Sinn und Gesundheit stehen ganz oben auf der Wunschliste der Menschen.

!

Wichtig: Fristen

Auch für Väter gilt die Frist von sieben Wochen vor dem Beginn der geplanten Elternzeit, um einen entsprechenden Antrag zu stellen. Gilt bei Frauen das Ende des Mutterschutzes als Beginn der Elternzeit, so greift die Mutterschutzregelung bei Männern bei der Beantragung der Elternzeit nicht. Werden die Fristen nicht eingehalten, kann der Arbeitgeber entsprechende Maßnahmen bis hin zur Kündigung ergreifen. Der Sonderkündigungsschutz beginnt acht Wochen vor dem Start der Elternzeit. Der Arbeitgeber muss sieben Wochen vor deren Beginn Bescheid wissen.

Weiter Informationen finden Sie in der neuen A.T. Kearney-Familienstudie »Vereinbarkeit wagen«[3].

Die folgende Checkliste gibt Ihnen zunächst einen groben Überblick über die wichtigsten Punkte, die Sie in Verbindung mit dem Thema Elternzeit im Auge behalten sollten.

Checkliste: Elternzeit

Nr.	Was ist zu tun?	Inhalte	Bis wann?
1	Anmeldung der Elternzeit durch die Mutter/den Vater	Beginn der Elternzeit und deren voraussichtliches Ende	7 Wochen vorher
2	Einladung zum 1. Mitarbeitergespräch	Zur Planung der Arbeit bis zum Beginn der Elternzeit. Austausch erster Vorstellungen über Elternzeit und Wiedereinstieg	Etwa 2 bis 4 Wochen nach Kenntnis der Schwangerschaft
3	Gespräch vor Beginn der Elternzeit	Konkretisierung der Übergabe, Vertretung und des Wiedereinstiegs: Wer übernimmt welche Aufgaben? Einarbeitung der Kollegen, Hinweis auf Kontakthaltemöglichkeiten	Ca. 3 Wochen vor Beginn der Elternzeit
4	Verabschiedung	Verabschiedung der Kollegin	Am letzten Arbeitstag
5	Bekanntgabe der Geburt	Kopie der Geburtsurkunde für die Personalabteilung	Nach der Geburt
6	Erster Kontakt nach Geburt	Glückwunschkarte zur Geburt des Kindes	Zur Geburt
7	Unterbrechungsmeldung an die zuständige Krankenkasse	Dauer der Elternzeit	Beginn der Elternzeit

3 https://www.atkearney.com/web/361-grad

4.3 Das Auszeitgespräch: Berufliche Pläne nach der Elternzeit besprechen

Der erste Schritt zurück an den Arbeitsplatz beginnt bereits mit dem Auszeitgespräch. Sehen Sie dieses erste Gespräch als einen eher lockeren, aber wichtigen Termin. Ihre Mitarbeiterin oder Ihr Mitarbeiter ist beruflich noch eingespannt und Teil der Abteilung. Spätestens einen Monat vor der Beurlaubung sollte das erste Gespräch zwischen der schwangeren Mitarbeiterin/dem werdenden Vater und dem Vorgesetzten bzw. der Personalabteilung stattfinden. Hier werden Informationen ausgetauscht, rechtliches rund um den Mutterschutz, die Elternzeit und den Wiedereinstieg kann besprochen werden. Dieses erste Gespräch bietet auch die Möglichkeit, bereits zu einem frühen Zeitpunkt die Vorstellungen des Mitarbeiters zu erfragen, und es gibt ihm die Gelegenheit, seine eigenen Ideen für die weitere Zusammenarbeit darzulegen. Wünsche und Erwartungen beider Seiten können besprochen werden.

Wichtig ist auch, schon jetzt der Angestellten den Ablauf des Kontakthalteprogramms zu erläutern. Wann wird sich der Arbeitgeber melden und in welcher Form. Gut ist es, einen Ansprechpartner in der Abteilung oder Firma zu benennen, der den Kontakt aufrecht hält und über Veranstaltungen, Neuerungen, Aktuelles und dergleichen informiert. Weitere wichtige Themen sind die Weiterbildung bzw. Teilzeittätigkeiten während der Elternzeit.

Ob Sie ein Gespräch führen oder mehrfach ins Gespräch kommen, bleibt dabei Ihnen überlassen. Wichtig ist, überhaupt ins Gespräch zu kommen und im Gespräch zu bleiben.

Bereits in diesem frühen Stadium ist es zudem wichtig, die ersten Weichen für die Rückkehr ins Unternehmen zu stellen. Denn schon kurz nach der Geburt verlagern sich häufig die Prioritäten, die Firma und das Aufgabengebiet rücken aus dem Fokus. Hinzu kommt, dass zum Zeitpunkt des ersten Gesprächs das Kind noch nicht auf der Welt ist und niemand genau absehen kann, welche Bedürfnisse es haben wird. Auch ist die Kinderbetreuung in den seltensten Fällen abschließend gelöst. Nutzen Sie die Möglichkeit, das Unternehmen als familienfreundlich zu präsentieren, in dem auch Mitarbeiter mit familiären Verpflichtungen gern gesehen sind und es beruflich für sie weitergeht.

Idealerweise bereitet sich Ihre Mitarbeiterin auf das Gespräch vor. Tipps dazu gibt es im Kapitel 5.8 »Für die Mitarbeiterin: Die Babypause richtig nutzen.« und dort im Abschnitt »Der Wiedereinstieg in den Job: Das Gespräch mit dem Chef vorbereiten«. Beide Seiten können sich so vorab schon konkret Gedanken über die Übergabe, die Vertretung, Beschäftigungsmöglichkeiten während der beruflichen Auszeit und den möglichen Wiedereinstieg machen.

In dem gemeinsamen Gespräch loten Sie als Vorgesetzter die Wünsche und Vorstellungen der werdenden Eltern aus und bringen diese mit Ihren eigenen Vorstellungen sowie denen der Firma in Einklang.

Bitte nehmen Sie sich Zeit für diese Besprechung der beruflichen Auszeit und warten Sie nicht zu lange damit. Meist haben die werdenden Mütter (und Väter) noch Urlaubsansprüche, sodass die Zeit bis zur beruflichen Auszeit sehr schnell vergehen kann. Warten Sie nicht, bis Ihre Mitarbeiterin zu Ihnen kommt, und führen Sie ein solches Gespräch nicht zwischen »Tür und Angel«. Werden Sie aktiv! So haben Sie das Zepter in der Hand und erhalten wichtige Informationen über die geplante Länge der Elternzeit sowie die ersten Vorstellungen über den Wiedereinstieg. Machen Sie deutlich, wie viel Ihnen an einer weiteren Zusammenarbeit liegt.

Wie Sie bereits wissen: Lange Auszeiten vom Beruf erschweren die Rückkehr. Der Wiedereinstieg verteuert und verlängert sich dadurch. Wie wichtig es ist, beruflich am Ball zu bleiben, lässt sich mit dem Beispiel der Smartphones am besten verdeutlichen. Vor wenigen Jahren hatte sie kaum jemand. Heute haben sie die klassischen Handys fast vom Markt verdrängt. Gerade die technischen Entwicklungen erfordern es, dass wir uns immer weiterbilden und nicht vom beruflichen Geschehen ausklinken. Sprechen Sie deshalb ruhig das Thema Weiterbildung und Beschäftigung während der Elternzeit an.

Fragen Sie auch nach den Plänen des Partners. Bedenken Sie dabei: Auch Väter nehmen Elternzeit bzw. Mütter steigen früher wieder ein, sodass sich immer mehr Paare die berufliche Auszeit teilen. Welche Pläne hat Ihre Mitarbeiterin?

Tipp: Gehen Sie auf die Mitarbeiterin zu !

Ergreifen Sie die Initiative und bieten Sie Unterstützung an. Nicht jeder traut sich nach Möglichkeiten zur gelungenen Vereinbarkeit von Beruf und Kind zu fragen oder hat sich bereits Gedanken darüber gemacht. Schön ist es, wenn Sie schriftliche Informationen über familienfreundliche Maßnahmen haben, die Sie Ihrer Mitarbeiterin mit nach Hause geben können.

Checklisten oder Gesprächsleitfäden sind eine gute Möglichkeit der Vorbereitung und des Ablaufs solcher Gespräche. Auch ein Merkblatt, das das Angebot familienfreundlicher Maßnahmen und unterstützender Angebote enthält, hat sich in vielen Firmen bewährt.

Darüber hinaus hat sich auch ein sogenannter »**Infoordner**« bewährt, in dem verschiedene Materialien sowie ein »Leitfaden Elternzeit« enthalten sind. So fangen Sie nicht jedes Mal neu damit an, Materialien zu sammeln, sondern können entspannt auf die Neuigkeit reagieren.

!

Praxisbeispiel: Stadt Stuttgart

Die Stadt Stuttgart bereitet die Rückkehr ins Erwerbsleben gezielt vor. Den Wiedereinstieg hat man dort bereits im Blick, bevor die Mitarbeiter in Elternzeit gehen. Durch verschiedene Angebote soll ein reibungsloser Aus- und Wiedereinstieg möglich werden. Währen der familienbedingten Auszeit werden die Mitarbeitenden kontinuierlich begleitet. Das Angebot ist in vier Phasen eingeteilt: »Schwangerschaft«, »während der Beurlaubung«, »Wiedereinstiegsplanung«, »Wiedereinstieg«.

Kurzgefasst: Was Sie im Auszeitgespräch beachten sollten

In einem Gespräch zwischen Vorgesetztem und Mitarbeiter sollten bereits vor der beruflichen Auszeit die Rückkehr und die weitere Personalentwicklung angesprochen werden.

Folgende Inhalte sollte das Gespräch haben:

- Rechte und Pflichten bei Inanspruchnahme von Elternzeit sollten erläutert werden.
- Sprechen Sie über die geplante Länge der Elternzeit.
- Verdeutlichen Sie, dass Sie daran interessiert sind, den Kontakt zu halten.
- Stellen Sie die Kontakthaltemöglichkeiten vor. Definieren Sie gemeinsam Art und Umfang des Kontakts während der Elternzeit und benennen Sie die Kontakt haltende Patin, den Paten.
- Erfragen Sie die Bereitschaft zur Teilzeit während der Elternzeit und stellen Sie denkbare Beschäftigungsmöglichkeiten z.B. im Rahmen von Urlaubs- oder Krankheitsvertretungen vor.
- Bieten Sie Weiterbildung während der Elternzeit an und fragen Sie nach der Bereitschaft dazu.
- Bieten Sie Informationen zu familienfreundlichen Arbeitszeiten und unterstützenden Maßnahmen des Unternehmens.
- Besprechen Sie den Urlaubsanspruch des laufenden Jahres.
- Klären Sie den angedachten Wiedereinstieg: Gibt es schon grobe Vorstellungen darüber, wie sie oder er nach der Elternzeit weiterarbeiten möchte?
- Wobei kann die Firma unterstützen? Welche Möglichkeiten bietet der Arbeitgeber, um Familie und Beruf zu vereinbaren?

- Ebenso sollte ein Austausch der gegenseitigen Erwartungen stattfinden
- Bereiten Sie eine Vertretung vor:
  - Welche Tätigkeiten stehen regelmäßig an?
  - Wie ist die Vertretung im Moment geregelt? Wer könnte die Vertretung in der Elternzeit übernehmen?
  - Gibt es Aufgaben oder Projekte, die vor dem Mutterschutz nicht mehr erledigt werden können?
  - Wie könnte eine Vertretung eingearbeitet werden, wie lange würde die Einarbeitung dauern?
  - Wie ist die Arbeit organisiert? Kann eine andere Person sich jederzeit zurechtfinden?

Praxisbeispiel: Weleda AG !

Miteinander durch die Elternzeit: Von der Bekanntgabe der Schwangerschaft bis zum gelungenen Wiedereinstieg werden Mitarbeiterinnen und Mitarbeiter begleitet. Damit will die Weleda AG den Kontakt zu Mitarbeitenden in Elternzeit halten, mit dem Ziel sie dauerhaft ins Unternehmen einzubinden. Dafür hat das Personalmanagement einen Informationsordner zum Themenspektrum Schwangerschaft, Mutterschutz, Elternzeit und Wiedereinstieg zusammengestellt. Dieser enthält auch Merkblätter für die Führungskräfte und bereitet die Gespräche zwischen Beschäftigter und Vorgesetztem vor. Für Schwangere gibt es firmeninterne Workshops, in der Elternzeit dann die Möglichkeit Urlaubs- oder Krankheitsvertretungen zu übernehmen.

Vorlage: Das Auszeitgespräch !

Auszeitgespräch zwischen:

Vorgesetztem/Vorgesetzter ______________________________
Name, Vorname/Abteilung
Mitarbeiterin/Mitarbeiter ______________________________
Name, Vorname/Abteilung

Grund der Beurlaubung: ____
voraussichtlicher Geburtstermin: _____._____.__________
voraussichtlicher Auszeitbeginn: _____._____.__________
Bestehen noch Urlaubsansprüche? _________ Tage/Vorjahr/laufendes Jahr
Geplante Inanspruchnahme: ______________________
Angedachter Zeitpunkt des Wiedereinstiegs:

- nach dem Mutterschutz
- innerhalb von 1 Jahr
- innerhalb von 3 Jahren, mit Teilzeitbeschäftigung in der Elternzeit
- in 3 Jahren

- anderer Zeitraum ________________

Als Patin/Pate (Kontakthalteperson) wird benannt: ______________________________

Die/der Beschäftigte möchte durch die/den Vorgesetzte/n bzw. die/den Pate/n auf folgendem Weg informiert werden:

(* Bitte ggf. Kontaktdaten oben eintragen)

- telefonisch (*) ▪ E-Mail (*) ▪ schriftlich (*)

Besteht Interesse an Teilzeitarbeit während der Elternzeit? Wenn ja, in welcher Form:

- dauerhaft, ab ___________________
- Urlaubs- u. Krankheitsvertretung
- projektbezogen
- maximal _____ Std./Woche
- andere Vorstellungen (z.B. nur an bestimmten Wochentagen)?

____

____

Um bei Urlaubs- und Krankheitsvertretungen, bei personellen Umstrukturierungsmaßnahmen und bei Fortbildungsangeboten berücksichtigt werden zu können, erhalten mein/e derzeitige/r Vorgesetzte/r und die Personalabteilung je eine Kopie dieser Checkliste.

Besteht grundsätzlich auch Interesse an einem anderen Arbeitsfeld während oder nach der Elternzeit? Wenn ja, an welchem? Warum an diesem?

____

____

Das erste Kontakthaltegespräch ist geplant für:

______.______.____________ (im Zeitraum von 3 Monaten nach der Geburt)

Selbstverständlich werden die Gesprächsinhalte vertraulich behandelt!

______.______.____________ Datum

Unterschriften:

Werdende Mutter: ___________________________

Direkter Vorgesetzter: ________________________

4.4 Zeitpunkt, Ort und Umfang der geplanten Rückkehr

»Nach der Geburt gehe ich doch in Elternzeit« – ganz so einfach ist es nicht, eine Auszeit vom Beruf zu nehmen. Mutterschutz und Elternzeit kommen nicht ohne Vorschriften und Fristen aus, die zu beachten sind. Unternehmen und werdende Eltern tun gut daran, die Formvorschriften zu kennen und zu beachten.

4.4.1 Inanspruchnahme der Elternzeit

Für beide Eltern besteht ein Anspruch auf Elternzeit bis zur Vollendung des dritten Lebensjahres eines Kindes. Verbindlich muss sich die Mutter oder der Vater nach bisherigem Elterngeldgesetz nur für die ersten zwei Jahre der Elternzeit festlegen. Innerhalb dieser Zeit bedarf die Auszeit nicht der Zustimmung des Arbeitgebers.

Mit Zustimmung des Arbeitgebers ist eine Aufteilung auf maximal zwei Abschnitte möglich. Dabei kann der zweite Abschnitt auch nach dem dritten Lebensjahr bis zur Vollendung des achten Lebensjahres des Kindes genommen werden. Die maximale Länge dieser Auszeit beträgt 12 Monate. Wird während der Elternzeit ein weiteres Kind geboren, kann die zweite Elternzeit an die erste Elternzeit angehängt werden. Während der Elternzeit besteht Kündigungsschutz.

Elternzeit und Elterngeld (Lohnersatzleistung während der Elternzeit für maximal 14 Monate nach bisherigem Recht bzw. gemäß der Neuregelungen zum Elterngeld Plus) sind nicht dasselbe. Detaillierte Informationen zum neuen Elterngeld Plus finden Sie im Kapitel 8.

Aus den genannten Gründen ist es wichtig, den Kontakt zu halten und frühzeitig eine verbindliche Vereinbarung treffen!

Während der Elternzeit ist es möglich, bis zu 30 Wochenstunden erwerbstätig zu sein. Hat eine Mitarbeiterin einen befristeten Arbeitsvertrag, so verlängert sich dieser durch Inanspruchnahme der Elternzeit grundsätzlich nicht.

4.4.2 Wichtige Fristen und Regelungen im Überblick

Die Elternzeit muss spätestens 7 Wochen vor Antritt schriftlich beantragt werden, und zwar durch ein formloses Schreiben an die Personalabteilung/den Arbeitgeber.

Ebenfalls spätestens 7 Wochen vor Ablauf der Elternzeit muss eine Verlängerung mitgeteilt werden.

Ein Antrag auf »Teilzeit in Elternzeit« muss auch mit einer siebenwöchigen Frist vor Antritt gestellt werden.

Bei Zustimmung des Arbeitgebers bzw. der Arbeitgeberin können 12 Monate der Elternzeit auch bis zur Vollendung des achten Lebensjahres des Kindes in

Anspruch genommen werden. So können Studierende zum Beispiel Elterngeld beziehen, ohne in Elternzeit zu sein.

4.5 Gesetzliche Vorgaben zum Mutterschutz

Neben den mitarbeiterbindenden Maßnahmen und den Regelungen zur Elternzeit haben Schwangere auch besondere Rechte. Diese sind im Mutterschaftsgesetz geregelt. Sie betreffen den Arbeitgeber und die werdende Mutter bereits vor der beruflichen Auszeit, was eine frühzeitige Auseinandersetzung mit ihnen unumgänglich macht. In Verbindung mit dem Mutterschaftsgesetz ergeben sich aber nicht nur bestimmte Pflichten für den Arbeitgeber, auch die schwangere Mitarbeiterin hat die rechtlichen Vorgaben zu beachten.

Das Mutterschutzgesetz (MuSchG) und die darin enthaltenen Richtlinien gelten für alle schwangeren Frauen, die in einem Arbeitsverhältnis stehen, unabhängig von der Nationalität oder dem Familienstand. Das Vorliegen einer Schwangerschaft sollte dem Arbeitgeber so früh wie möglich mitgeteilt werden, damit die Schutzmaßnahmen berücksichtigt werden können. Der Arbeitgeber ist verpflichtet, die Mitteilung der Schwangerschaft an die Aufsichtsbehörde für den Mutterschutz zu melden.

Die Mutterschutzfrist beginnt **6 Wochen vor dem errechneten voraussichtlichen Entbindungstermin und endet 8 Wochen nach dem Entbindungstag** (bei Früh- und Mehrlingsgeburten sind es 12 Wochen). Kommt das Baby erst nach dem errechneten Geburtstermin zur Welt, hat die Frau trotzdem Anspruch auf volle 8 Wochen Mutterschutz ab dem Tag der Geburt des Kindes. Kommt dagegen das Kind vor dem errechneten Termin auf die Welt, so werden die nicht in Anspruch genommenen Tage an die Schutzfrist nach der Geburt angehängt.

Es ist möglich, in den 6 Wochen vor dem errechneten Geburtstermin zu arbeiten, dies muss von der Mitarbeiterin schriftlich erklärt werden und ist jederzeit widerrufbar.

Nach der Geburt besteht ein Beschäftigungsverbot bis zum Ablauf von 8 (bzw. 12) Wochen nach der Entbindung. Die Mitarbeiterin darf in dieser Zeit nicht für den Arbeitgeber tätig werden.

Kommt es aufgrund von mutterschutzrechtlichen Beschäftigungsverboten oder den Mutterschutzfristen zu Fehlzeiten, so gelten diese als Beschäftigungszeiten. In dieser Zeit entstehen auch Urlaubsansprüche.

Es besteht ein besonderer Kündigungsschutz während der Schwangerschaft und bis 4 Monate nach der Entbindung. Wird anschließend Elternzeit in Anspruch genommen, so besteht in dieser Zeit ebenfalls ein besonderer Kündigungsschutz. Eine Kündigung ist nur mit Zustimmung der für den Arbeitsschutz zuständigen obersten Landesbehörde oder der von ihr bestimmte Stelle zulässig.

Mitarbeiterinnen sind für Untersuchungen, die während der Schwangerschaft im Rahmen der gesetzlichen und privaten Krankenversicherung in Anspruch genommen werden, ohne Entgeltausfall freizustellen.

4.5.1 Mutterschaftsgeld und Zuschuss zum Mutterschaftsgeld

Mütter, die in einem Arbeitsverhältnis (auch geringfügig Beschäftigte) stehen, erhalten das sogenannte Mutterschaftsgeld und vom Arbeitgeber einen Zuschuss zum Mutterschaftsgeld. Dies jedoch nicht bei freiberuflichen Honorartätigkeiten. Das Mutterschaftsgeld wird in der Regel von der jeweiligen Krankenkasse berechnet und gezahlt. Frauen, die nicht Mitglied einer gesetzlichen Krankenkasse sind, erhalten das Mutterschaftsgeld auf Antrag vom Bundesversicherungsamt.

Während der Zeit des Mutterschutzes sowie 8 Wochen ab dem Tag der Entbindung wird das Mutterschaftsgeld gezahlt, mindestens jedoch für insgesamt 14 Wochen.

Das Mutterschaftsgeld gilt als Ersatz für den entgangenen Verdienst während der Schutzfrist. Dabei wird das Mutterschaftsgeld auf das Elterngeld angerechnet. Die Mutter erhält in den acht Wochen nach der Geburt kein Elterngeld, sondern Mutterschaftsgeld. Dementsprechend verringert sich der Elterngeldanspruch um den Betrag des erhaltenen Mutterschaftsgeldes.

Die gesetzliche Krankenkasse zahlt regelhaft bis zu 13 Euro Mutterschaftsgeld pro Tag in Abhängigkeit vom Nettoverdienst der letzten 3 Monate vor dem Mutterschutz.

Wichtig: Arbeitgeber gleicht den Einkommensverlust aus !

Wahrscheinlich verdiente Ihre Mitarbeiterin mehr als 13 Euro pro Tag. Dies würde einen Einkommensverlust der Arbeitnehmerin darstellen. Diesen Einkommensverlust zwischen dem Mutterschaftsgeld und dem kalendertäglichen Arbeitsentgelt gleicht der Arbeitgeber aus (§ 14 Mutterschutzgesetz).

4.5.2 Arbeitshilfen und Übersichten: Gesetzliche Vorgaben zum Mutterschutz

Die folgenden Arbeitshilfen sollen Ihnen dabei helfen, die »Hürde« der rechtlichen Bestimmungen zum Thema Mutterschutz erfolgreich zu meistern:

1. Checkliste: Schwangerschaft und Mutterschutz
2. Übersicht: Mitteilung über die Beschäftigung werdender Mütter
3. Kurzgefasst: Zuschuss zum Mutterschaftsgeld
4. Übersicht: Anspruchsberechtigte für Mutterschaftsgeld
5. Checkliste: Beschäftigungsverbote im Mutterschutz
6. Kurzgefasst: Fristen in Mutterschutz und Elternzeit
7. Kurzgefasst: Kündigungsschutz

Checkliste: Schwangerschaft und Mutterschutz
(alle Angaben ohne Gewähr)
Rechte und Pflichten: Bis wann? An was muss ich denken?

Checkliste für Arbeitgeber: Schwangerschaft			
Nr.	**Was ist zu tun?**	**Inhalte**	**Bis wann?**
1	Mitarbeiterin teilt Schwangerschaft mit	Glückwunsch an die Arbeitnehmerin Checkliste: Schwangerschaft zur Hand nehmen	Bei Kenntnis der Schwangerschaft
2	Voraussichtlicher Tag der Entbindung	Hintergrund: Gesetzliche Schutzfristen vor und nach der Geburt sind einzuhalten. Bescheinigung vom Arzt oder der Hebamme	Bei Kenntnis der Schwangerschaft – kurz danach
3	Mitteilung an die Aufsichtsbehörde		Bei Kenntnis der Schwangerschaft
4	Mutterschutzfristen errechnen und einhalten	Hat die Mitarbeiterin noch Anspruch auf Urlaub oder Überstundenausgleich? Diese kommen zum gesetzlichen Mutterschutz vor und nach der Geburt dann noch hinzu	Nach Kenntnis der Schwangerschaft
5	Anpassung der Arbeitszeiten und/oder Arbeitsbedingungen; Arbeitsverbot feststellen	Das Mutterschutzgesetz verbietet oder schränkt bestimmte Tätigkeiten ein.	Bei Kenntnis der Schwangerschaft

Checkliste für Arbeitgeber: Schwangerschaft			
Nr.	**Was ist zu tun?**	**Inhalte**	**Bis wann?**
6	Zuschuss zum Mutterschaftsgeld berechnen	Die Arbeitnehmerin erhält einen Zuschuss zum Mutterschaftsgeld, den der Arbeitgeber erstattet bekommt	Vor Beginn der Schutzfrist
6a	Dessen Erstattung beantragen	Bei der Krankenkasse der Arbeitnehmerin	
7	Einladung zum Mitarbeitergespräch	Zur Planung der Arbeit bis zum Mutterschutz. Austausch über erste Vorstellungen zu Elternzeit und Wiedereinstieg: Frage nach Wünschen der Arbeitnehmerin, Abgleich mit betrieblichen Möglichkeiten	Etwa 2 bis 4 Wochen nach Kenntnis der Schwangerschaft
8	Gespräch vor Beginn des Mutterschutzes	Konkretisierung der Übergabe, Vertretung und des Wiedereinstiegs: Wer übernimmt welche Aufgaben? Einarbeitung der Kollegen, Hinweis auf Kontakthaltemöglichkeiten	Ca. 3 Wochen vor voraussichtlichem Mutterschutzbeginn
9	Verabschiedung	Verabschiedung der Kollegin	Am/um letzten Arbeitstag
10	Erster Kontakt nach Geburt	Glückwunschkarte zur Geburt des Kindes	Zur Geburt

Übersicht: Mitteilung über die Beschäftigung werdender Mütter an das Gewerbeaufsichtsamt

Sobald eine Schwangerschaft bekannt ist, soll die werdende Mutter ihrem Arbeitgeber den vermutlichen Entbindungstag mitteilen. Dies regelt § 5 Absatz 1 des Mutterschutzgesetzes (MuSchG). Dem Arbeitgeber soll so die Möglichkeit gegeben werden, die erforderlichen Schutzmaßnahmen für seine schwangere Mitarbeiterin einzuleiten. Eine frühzeitige Mitteilung der Schwangerschaft an den Arbeitgeber liegt im eigenen Interesse der werdenden Mütter und im Interesse des ungeborenen Kindes. Nach § 5 Abs. 2 MuSchG kann der Arbeitgeber eine schriftliche Bestätigung des behandelnden Arztes oder der Hebamme mit dem voraussichtlichen Tag der Entbindung verlangen. Die dafür anfallenden Kosten muss er übernehmen, soweit diese nicht von der gesetzlichen Krankenversicherung getragen werden.

Nach Zugang der Mitteilung hat der Arbeitgeber zu prüfen, ob die schwangere Mitarbeiterin in einem angemessenen Arbeitsumfeld tätig ist oder ob weitere Schutzmaßnahmen zu ergreifen sind. Auch etwaige Beschäftigungsverbote sind tätigkeitsbezogen zu prüfen. Außerdem ist der Arbeitgeber nach § 5 Absatz 1 Satz 3 MuSchG zur unverzüglichen Benachrichtigung der zuständigen Aufsichtsbehörde über die Schwangerschaft verpflichtet. In Bayern nehmen die bei den Bezirksregierungen angesiedelten Gewerbeaufsichtsämter die Mitteilungen entgegen. Diese Meldung wird in vielen Betrieben häufig aber nicht beachtet, wobei eine unterlassene Meldung mit einer Geldbuße von bis zu 2.500 Euro geahndet werden kann.

Im Rahmen der Meldung hat der Arbeitgeber auf Verlangen der Aufsichtsbehörde neben Angaben zum Betrieb sowie zur werdenden Mutter auch die Arbeitszeiten der Mitarbeiterin, ihre Tätigkeit vor und nach Bekanntgabe der Schwangerschaft, die Art der Tätigkeiten (im Stehen, Sitzen, Gehen etc.) sowie etwaige gesundheitsgefährdende Einwirkungen (Lärm, Giftstoffe etc.) zu melden. Bei schwangeren Arbeitnehmerinnen in Heil- und Gesundheitsbetrieben sind zudem weitere Mitteilungen zu machen. Die Meldung einer Schwangerschaft muss unverzüglich nachdem der Arbeitgeber von der Arbeitnehmerin über die Schwangerschaft informiert wurde erfolgen.

! **Tipp: Sicherheitsvorkehrungen**

Je nach Berufszweig sind ganz unterschiedliche Sicherheitsvorkehrungen zu treffen.

Denken Sie an die Unterbrechungsmeldung. Für die Zahlung von Mutterschaftsgeld, Elterngeld und den Beginn der Elternzeit ist eine Unterbrechungsmeldung an die Krankenkasse der Mitarbeiterin erforderlich. Voraussetzung ist, dass die versicherungspflichtige Beschäftigung durch Leistungsbezug oder andere Tatbestände für mindestens einen vollen Kalendermonat unterbrochen, aber nicht beendet wird.

Wurde nach der Mutterschutzfrist die ursprüngliche Tätigkeit zunächst wieder aufgenommen, so muss eine erneute Unterbrechungsmeldung erfolgen. Geht die Mitarbeiterin dagegen direkt nach dem Mutterschutz in Elternzeit, so muss keine neue Unterbrechungsmeldung erfolgen. Auch wenn ein Vater in Elternzeit geht, muss eine Unterbrechungsmeldung abgegeben werden. Der Arbeitgeber ist verpflichtet, alle versicherungsrechtlich relevanten Tatbestände bei der zuständigen Krankenkasse zu melden.

Rechtsgrundlage

- § 5 Absatz 1 Mutterschutzgesetz (MuSchG) (Mitteilungspflicht, ärztliches Zeugnis)
- § 19 Absatz 1 Mutterschutzgesetz (MuSchG) (Auskunft)

Kurzgefasst: Zuschuss zum Mutterschaftsgeld

- Mutterschaftsgeld erhalten Arbeitnehmerinnen, die in der gesetzlichen Krankenversicherung versichert sind. In den sechs Wochen vor der Geburt und den acht Wochen nach der Geburt wird das Mutterschaftsgeld von der Krankenkasse gezahlt.
- Pro Tag werden höchstens 13 Euro an Mutterschaftsgeld von der GKV gezahlt (§ 14 MuSchG).
- Als Arbeitgeber müssen Sie die Differenz zum eigentlichen Nettogehalt als Arbeitgeberzuschuss an die Mitarbeiterin zahlen. Damit erhält die Mutter auch während des Mutterschutzes in der Summe ihr reguläres Nettogehalt.
- Der Antrag auf Mutterschaftsgeld und den Zuschuss muss die Mitarbeiterin sowohl beim Arbeitgeber als auch der GKV mit Vorlage eines Attests über den voraussichtlichen Entbindungstermin stellen.
- Bei geringfügig Beschäftigten oder privat versicherten Arbeitnehmerinnen zahlt das Bundesversicherungsamt das reduzierte Mutterschaftsgeld von einmalig bis zu 210 Euro (§ 13 Abs. 2 MuSchG).
- Geringfügig beschäftigte Mitarbeiterinnen erhalten den Arbeitgeberzuschuss nur dann, wenn sie mehr als 390 Euro netto monatlich verdient haben. Der Arbeitgeber zahlt seiner Mitarbeiterin dann pro Tag den regulären Nettolohn abzüglich 13 Euro.
- Ist die Mitarbeiterin privat krankenversichert, erhält sie keinen Tagessatz von der Krankenkasse, sondern stattdessen nur einmal 210 Euro vom Bundesversicherungsamt. Privat versicherte Frauen erhalten im Mutterschutz ihr Nettogehalt minus 13 Euro pro Arbeitstag. Das ist der Betrag, den die gesetzlichen Kassen als Mutterschaftsgeld bezahlen. Der Arbeitgeber berechnet den Zuschuss jedoch so, als wäre die Mitarbeiterin gesetzlich versichert und bekäme den üblichen Kassensatz.
- Ist die Mitarbeiterin über ihren Ehemann familienversichert, so erhält sie von der Krankenkasse kein Mutterschaftsgeld. Sie ist nicht selbst Mitglied der Krankenkasse. Gerade beim zweiten oder dritten Kind taucht diese Frage häufig auf, wenn die Frauen in der Zeit der Kinderbetreuung nicht gearbeitet haben und über ihren Mann familienversichert sind.

!

Beispiel: Berechnung Einkommen während der Schutzfrist

Frau W. ist Mitarbeiterin im Unternehmen und nicht über ihren Mann familienversichert. Sie verdiente in den letzten drei Monaten vor der Mutterschutzfrist 2.850 Euro brutto. Nach Abzügen erhält sie 1.876 Euro ausgezahlt.
Der monatliche Nettolohn der letzten drei Monate wird auf den Kalendertag umgerechnet und beläuft sich auf 62,53 Euro:
(1.876 Euro × 3)/90 = 62,53 Euro.
Während der Schutzfristen erhält Frau W. weiterhin 62,53 Euro am Tag. Diese ergeben sich aus den 13 Euro von der Krankenkasse als Mutterschaftsgeld und 49,53 Euro vom Arbeitgeber als Zuschuss.

Übersicht: Anspruchsberechtigte für Mutterschaftsgeld

Die folgende Übersicht fasst zusammen, wer einen Anspruch auf Mutterschaftsgeld hat, wie hoch dieser ist und wohin Sie sich wenden müssen:

Mutterschaftsgeld		
Wer hat Anspruch?	**In welcher Höhe?**	**Wohin wenden?**
Arbeitnehmerinnen in der GKV	bis zu 13 Euro täglich und Arbeitgeberzuschuss	Krankenkasse und Arbeitgeber
Arbeitnehmerinnen in der PKV	bis zu 210 Euro einmalig und Arbeitgeberzuschuss	Bundesversicherungsamt und Arbeitgeber
Familienversicherte mit geringfügiger Beschäftigung	bis zu 210 Euro einmalig und Arbeitgeberzuschuss	Bundesversicherungsamt und Arbeitgeber
Selbstständige in der PKV	kein Mutterschaftsgeld	
Selbstständige in der GKV, freiwillig versichert ohne Krankengeldanspruch	kein Mutterschaftsgeld	
Selbstständige in der GKV, freiwillig versichert mit Krankengeldanspruch	Mutterschaftsgeld	Krankenkasse
Familienversicherte ohne Beschäftigung	kein Mutterschaftsgeld	

Erstattung der Zuschüsse

Arbeitgeber können sich den während der Mutterschutzfristen gezahlten Zuschuss zum Mutterschaftsgeld von der Krankenkasse über die Umlage U2 zu 100 Prozent erstatten lassen.

Checkliste: Beschäftigungsverbote im Mutterschutz

Der Arbeitgeber trägt die Verantwortung für den Schutz der werdenden Mutter bei der Arbeit. Er hat alle Arbeitsbedingungen rechtzeitig hinsichtlich Art, Ausmaß und Dauer einer möglichen Gefährdung zu beurteilen. Hierbei ist zu beachten, dass eine Schwangere oder stillende Frau so beschäftigt werden muss, dass sie vor Gefahren für Leben und Gesundheit ausreichend geschützt ist. Sollte es gesundheitlich erforderlich sein, muss es auch die Möglichkeit geben, sich hinzulegen und auszuruhen.

Im Folgenden nun die Checkliste über Beurteilungskriterien für Arbeitsplätze werdender Mütter nach dem Mutterschutzgesetz (MuSchG) und der Mutterschutzrichtlinienverordnung (MuSchRiV):

!

Checkliste: Beschäftigungsverbote im Mutterschutz

Bitte beantworten Sie die folgenden Fragen zu der Tätigkeit, die die werdende Mutter vor Kenntnis ihrer Schwangerschaft ausgeführt hat. Bei allen Fragen, die Sie mir Ja beantworten und die in der Tabelle mit BV (= Beschäftigungsverbot) gekennzeichnet sind, sind Maßnahmen laut § 3 Mutterschutzrichtlinienverordnung erforderlich.

Name der/des Vorgesetzten:

Fachbereich/Einrichtung/Einsatzort:

Name der Arbeitnehmerin:

Tätigkeiten:

Tätigkeitsmerkmal	Ja	Nein	Maßnahmen
1. Werden ohne mechanische Hilfsmittel von Hand folgende Lasten gehoben, bewegt oder befördert (§ 4 Abs. 2 Nr. 1 MuSchG):			
a) regelmäßig Lasten von mehr als 5 kg Gewicht	BV		
b) regelmäßig Lasten von mehr als 10 kg Gewicht	BV		
2. Ist die Ausführung der Tätigkeiten mit häufigem, erheblichem Strecken oder Beugen oder dauerndem Hocken oder sich gebückt halten verbunden? (§ 4 Abs. 2 Nr. 3 MuSchG)	BV		
3. Besteht bei der Durchführung der Tätigkeiten eine erhöhte Gefahr auszurutschen, abzustürzen oder zu fallen (z. B. Arbeiten in Nass Bereichen/Schwimmbad oder auf Leitern)? (§ 4 Abs. 2 Nr. 8 MuSchG)	BV		
4. Ist die Ausübung der Tätigkeit verbunden mit schädlichen Einwirkungen (§ 4 Abs. 1 MuSchG) von:			

Tätigkeitsmerkmal	**Ja**	**Nein**	**Maßnahmen**
a) extremer Hitze, Kälte, Nässe (z. B. ständige Arbeitsplatztemperaturen von weniger als 17 Grad oder extreme Nassbereiche)	BV		
b) Erschütterungen oder Lärm (z. B. Bereiche von über 80 dB(A) oder in Bereichen mit mechanischen Schwingungen)	BV		
c) Überdruck (z. B. in Druckkammern, beim Tauchen) (Art. 1 § 4 Abs 1 MuSchRiV i. V. m. Anlage 2 MuSchRiV)	BV		
5. Werden nach Ablauf des dritten Monats der Schwangerschaft Arbeiten auf Beförderungsmitteln durchgeführt? (§ 4 Abs. 2 Nr. 2 MuSchG)	BV		
6. Werden nach Ablauf des 5. Monats der Schwangerschaft Arbeiten ständig im Stehen durchgeführt? (§ 4 Abs. 2 Nr. 4 MuSchG)	BV		
7. Werden Geräte oder Maschinen mit hoher Fußbeanspruchung, insbesondere mit Fußantrieb, bedient? (§ 4 Abs. 2 Nr. 4 MuSchG)	BV		
8. Werden Arbeiten ausgeführt mit Gefahrstoffen?	BV		
a) Blei, Bleiderivaten, Quecksilber oder Quecksilberderivaten? (§ 4 Abs. 1 MuSchG i. V. m. Art. 1 § 4 MuSchRiV i. V. m. Anlage 2)	BV		
b) Gefahrstoffen, die nachweislich in die Haut eindringen, und besteht unmittelbarer Hautkontakt? (§ 4 Abs. 1 MuSchG i. V. m. Art. 1 § 1 Abs. 1 MuSchRiV i. V. m. Anlage 1)	BV		
c) krebserzeugenden, erbgutverändernden oder fortpflanzungsgefährdenden Gefahrstoffen (z. B. R 40, R 45, R 46, R 61, Mitosehemmstoffe, Kohlenmonoxid)? (§ 4 Abs. 1 MuSchG i. V. m. Art. 1 Abs. 1 MuSchRiV i. V. m. Anlage 1 i. V. m.Art. 1 § 5 Abs. 1 Nr. 3 MuSchRiV)	BV		
d) Wird der Grenzwert überschritten bei Beschäftigung mit sehr giftigen, giftigen, gesundheitsschädlichen oder in sonstiger Weise den Menschen chronisch schädigenden Gefahrstoffen? Wenn ja, welche?	BV		
9. Werden Tätigkeiten in infektionsgefährdeten Bereichen durchgeführt, besteht Kontakt zu Infektionserregern oder potenziell infektiösem Material (z. B. Blut, Körperflüssigkeiten, Abfall, Abwasser)? (§ 4 Abs. 1 MuSchG i. V. m. Art. 1 § 5 Abs. 1 Nr. 2 MuSchRiV)	BV		

Tätigkeitsmerkmal	Ja	Nein	Maßnahmen
Wenn ja, welche? a) Werden Arbeiten ungeschützt mit potenziell infektiösem Material von Mensch oder Tier z. B. Blut, Blutbestandteilen, anderen Körperflüssigkeiten durchgeführt oder besteht die Möglichkeit der Infektion durch Verletzung mit schneidenden oder stechenden Werkzeugen? b) Ist beim Umgang mit Erregern von Infektionskrankheiten eine ausreichende Immunität nachgewiesen?	BV BV		
10. Werden Arbeiten in Kontrollbereichen nach Strahlenschutz Verordnung oder Röntgenverordnung durchgeführt oder wird mit offenen radioaktiven Stoffen umgegangen? (§ 4 Abs. 1 MuSchG i. V. m. §§ 22, 31a Abs. 4, 35 Abs. 6, 36 RöV und §§ 37, 38, 41 Abs. 5, 43 Abs. 2, 55 Abs. 4 StrlSchV)	BV		
11. Werden Akkordarbeiten oder andere Arbeiten durchgeführt, bei denen ein gesteigertes Arbeitstempo notwendig ist? (§ 4 Abs. 3 MuSchG)	BV		
12. Werden Arbeiten zwischen 20.00 und 6.00 Uhr durchgeführt? (Ausnahmen für die ersten 4 Monate der Schwangerschaft in bestimmten Branchen möglich, vgl. § 8 Abs. 3 MuSchG; § 8 Abs. 1 MuSchG)	BV		
13. Nur für Arbeitnehmerinnen unter 18 Jahre: Werden täglich über 8 Stunden oder 80 Stunden in der Doppelwoche gearbeitet? (§ 8 Abs. 1, 2 MuSchG)	BV		
14. Nur für Arbeitnehmerinnen über 18 Jahre: Werden täglich über 8 ½ Stunden oder 90 Stunden in der Doppelwoche gearbeitet? (§ 8 Abs. 1, 2 MuSchG)	BV		
15. Werden Arbeiten an Sonn- oder Feiertagen durchgeführt? (§ 8 Abs. 1 MuSchG) a) Erlaubt in Gast- oder Schankwirtschaften, im übrigen Beherbergungswesen, im Familienhaushalt, in Krankenpflege- oder Badeanstalten, bei Musikaufführungen, Theatervorstellungen oder anderen Schaustellungen b) Wird in jeder Woche einmal eine ununterbrochene Ruhezeit von mindestens 24 Stunden in Anschluss an eine Nachtruhe gewährt?	BV		
16. Ist die Arbeitnehmerin am Arbeitsplatz Passivrauch ausgesetzt? (§ 4 Abs. 1 MuSchG i. V. m. TRGS 905)	BV		
17. Sonstige Gefährdungsmöglichkeiten?			

Bitte nennen Sie im Anschluss die Maßnahmen (Schutzmaßnahmen, Zuweisung einer anderen Aufgabe, Umgestaltung des Arbeitsplatzes, Beschäftigungsverbot), die aufgrund der obigen Erhebung zum Schutz der schwangeren Frau und des ungeborenen Kindes ergriffen wurden.
Maßnahmen aufgrund der Beurteilung:
1.
2.
3.
4.
5.
6.

Arbeitsplatz: ____________________________

Unterschriften:
Werdende Mutter: ____________________________

Direkter Vorgesetzter: ____________________________

Wurden alle Arbeitnehmerinnen und der Betriebsrat/Personalrat über die Ergebnisse der Beurteilung und die zu treffenden Maßnahmen unterrichtet?

Ja Nein

Unterschrift des Arbeitgebers: ______________ Datum ______________

Kurzgefasst: Beruflich relevante Fristen für Mutterschutz und Elternzeit

1. 7 Wochen vor der Geburt: Beantragung des Mutterschaftsgeldes bei der Krankenkasse. Vom Arzt wird die dazu notwendige Bescheinigung frühestens 7 Wochen vor dem Entbindungstermin ausgestellt.
2. Beschäftigungsverbot: Sechs Wochen vor der Entbindung und acht Wochen danach, bzw. bei Früh- oder Mehrlingsgeburten 12 Wochen danach.
3. Elternzeit: diese muss sieben Wochen vor Beginn der Elternzeit schriftlich beantragt werden. Dafür muss der Arbeitnehmer selbst aktiv werden und für die ersten zwei Jahre verbindlich festlegen, zu welchen Zeiten er in Elternzeit gehen will.
4. Für **Geburten ab dem 1. Juli 2015** gilt: Arbeitnehmer müssen sich wie bei der bisher geltenden Elternzeitregelung am Anfang für die ersten beiden Jahre festlegen, ob und wie lange sie in Elternzeit gehen wollen. Mit der Neuregelung ist es jedoch möglich, bis zu 24 Monate der Elternzeit in der Zeit zwischen dem dritten und achten Geburtstag des Kindes in Anspruch zu nehmen. Zusätzlich kann jeder Elternteil die Elternzeit in drei Abschnitte

aufteilen. Wichtig: War bisher für die Übertragung eines Teils der Elternzeit bis zum achten Lebensjahr des Kindes die Zustimmung des Arbeitgebers notwendig, so ist diese künftig nicht mehr erforderlich. Nach dem dritten Geburtstag eines Kindes muss der Arbeitgeber bereits 13 Wochen vorher darüber informiert werden.
Für **Geburten bis zum 30.6.2015** haben Arbeitnehmer Anspruch auf insgesamt drei Jahre Elternzeit. Von diesen drei Jahren können sie einen Zeitraum vom bis zu 12 Monaten mit Zustimmung des Arbeitgebers auf die Zeit zwischen dem dritten und achten Geburtstag des Kindes übertragen. Das sollten sie rechtzeitig beim Arbeitgeber beantragen, denn übertragen werden kann nur die Elternzeit, die noch genommen werden könnte.

Kurzgefasst: Kündigungsschutz
Während der Schwangerschaft und bis zum Ablauf von vier Monaten nach der Entbindung darf das Arbeitsverhältnis nicht gekündigt werden (§ 9 Abs. 1 MuSchG). Es besteht für diese Zeit ein Kündigungsverbot für den Arbeitgeber. Das Verbot erfasst Kündigungen jeder Art. Der Arbeitgeber muss im Zeitpunkt der Kündigung Kenntnis von der Schwangerschaft oder Entbindung haben oder ihm muss diese Kenntnis innerhalb von zwei Wochen nach Zugang der Kündigung vermittelt werden. Wichtig: in diesem Fall ist das Überschreiten der Zweiwochenfrist ist ausnahmsweise unschädlich für die Arbeitnehmerin, wenn es auf einem von der Frau nicht zu vertretenden Grund beruht und die Mitteilung unverzüglich nachgeholt wird.

Eine Kündigung kann während Mutterschutz und Elternzeit nur mit Zustimmung der entsprechenden Behörden erfolgen. Diese erteilen solche Zustimmungen nur ausnahmsweise in besonderen Fällen, in der Regel nur, wenn z. B. ein Betrieb oder eine Betriebsabteilung stillgelegt wird. Bei Zustimmung der Behörde greift immer noch der allgemeine Kündigungsschutz vor den Arbeitsgerichten.

Auch in der Elternzeit gilt ein besonderer Kündigungsschutz: Der Arbeitgeber darf ab dem Zeitpunkt, von dem an Elternzeit verlangt worden ist, höchstens jedoch acht Wochen vor Beginn, und während der Elternzeit das Arbeitsverhältnis nicht kündigen (§ 18 Abs. 1 BEEG). Wie im Mutterschutz kann auch in der Elternzeit in besonderen Fällen die zuständige Behörde ausnahmsweise die Kündigung für zulässig erklären. Der Kündigungsschutz endet immer mit dem Ende der Elternzeit.

Für **Geburten nach dem 30.6.2015**: Wird die Elternzeit in mehreren Teilen genommen, so beginnt der besondere Kündigungsschutz bei Elternzeit nach dem dritten Geburtstag des Kindes schon 14 Wochen vor dem Beginn des neuen Abschnitts.

Fazit: Während des Mutterschutzes und der Elternzeit ist eine Kündigung nur in Ausnahmefällen mit Genehmigung der Behörde zulässig und genießt besonderen, gesetzlichen Schutz.

4.6 Für die Mitarbeiterin: Tipps für Elterngeld, Elternzeit und Co.

Auf den folgenden Seiten finden Sie eine Reihe von Informationen und Tipps, die bereits vor der Geburt des Kindes wichtig sind.

4.6.1 Tipps für Berufstätige vor der Babypause

Mit dem positiven Schwangerschaftstest kommen ganz neue Fragen und Anforderungen auf jemanden zu. Die meisten Paare kennen die Debatte um Elternzeit, Elterngeld, Kita Rechtsanspruch und Co. zwar aus den Nachrichten. Doch wann, wo und wie die Leistung beantragt werden muss, ist ihnen oft nicht bekannt. Damit Berufstätige einen Überblick bekommen, finden Sie hier einige wichtige Informationen (weiterführende Details lesen Sie bitte im Kapitel 8):

Elterngeld, Elterngeld Plus und Elternzeit
Mit dem Elterngeld und dem seit 1.7.2015 auch wählbaren Elterngeld Plus unterstützt der Staat Eltern finanziell. Anspruch hat grundsätzlich jeder, der Nachwuchs bekommt. Die Elternzeit gibt Angestellten laut Gesetzgeber das Recht, nach der Geburt des Kindes ihr Arbeitsverhältnis für eine bestimmte Zeit ruhen zu lassen. Beim Elterngeld Plus ist es für Eltern, die diese Variante wählen, möglich, das Elterngeld Plus doppelt so lange wie das Elterngeld zu erhalten. So werden aus einem Elterngeldmonat zwei Elterngeld Plus-Monate. Eltern können so ihr Elterngeldbudget besser ausschöpfen. Zusätzlich haben sie die Möglichkeit, über den 14. Lebensmonat des Kindes hinaus die Bedürfnisse des Kindes mit den Anforderungen im Beruf zu verbinden.

Partnerschaftsbonus: Teilen sich Vater und Mutter die Betreuung ihres Kindes und arbeiten parallel für vier Monate zwischen 25 und 30 Wochenstunden, erhalten sie zudem den Partnerschaftsbonus in Form von jeweils vier zusätzlichen Elterngeld Plus-Monaten.

Wie hoch ist das Elterngeld?
Der Mindestbetrag beim Elterngeld sind 300 Euro pro Monat. Voraussetzung ist, dass die Eltern das Kind selbst betreuen und die Person, die Elterngeld bezieht, nicht mehr als 30 Stunden pro Woche arbeitet. Wer elterngeldberechtigt ist, bekommt 67 Prozent des in den zwölf Monaten vor der Geburt des Kindes durch-

schnittlich erzielten Einkommens, bis zu einem Höchstbetrag von 1.800 Euro monatlich.

Wie lange zahlt der Staat Elterngeld?

Das Elterngeld wird für maximal 14 Monate gezahlt. Bei Paaren sieht der Gesetzgeber eine Besonderheit vor: Sie bekommen die staatliche Leistung nur dann für 14 Monate, wenn beide Elternteile Elternzeit nehmen. Sprich: Setzt etwa nur die Mutter von ihrem Job aus, zahlt der Staat höchstens für 12 Monate Elterngeld. Nur wenn auch der Vater für mindestens zwei Monate Elternzeit nimmt, bekommt das Paar die Leistung für 14 Monate. Wichtig: Die acht Wochen Mutterschutz nach der Geburt werden in die Elternzeit mit eingerechnet. So sind es eigentlich nur 10 Monate, die eine Frau Elterngeld beanspruchen kann. Finanziell wird auch das Mutterschutzgeld angerechnet, d.h., die Mutter bekommt die ersten 2 Monate kein Elterngeld, sondern Mutterschutzgeld.

Wo muss das Elterngeld beantragt werden?

Das Elterngeld muss bei der Elterngeldstelle beantragt werden. Wo die Elterngeldstelle in der eigenen Stadt ist, lässt sich leicht mit einem Anruf bei der Stadt oder auf der entsprechenden Homepage herausfinden. Für den Antrag müssen Eltern ein Formblatt ausfüllen.

Wann muss das Elterngeld beantragt werden?

Mütter und Väter können das Elterngeld erst beantragen, wenn der Nachwuchs auf der Welt ist. Dann muss der Antrag bei der Elterngeldstelle innerhalb von drei Monaten eingehen. Keine Sorge, das Geld wird auch rückwirkend gezahlt.

Wo und wann muss Elternzeit beantragt werden?

Sie beantragen die Elternzeit als Arbeitnehmer bei ihrem Arbeitgeber. Spätestens sieben Wochen vor Beginn der Elternzeit muss dieser Antrag dem Arbeitgeber vorliegen. Frauen müssen ihren Antrag also spätestens eine Woche nach der Geburt einreichen. Ihr Mutterschutz gilt nach der Geburt acht Wochen weiter. Väter, die unmittelbar nach der Geburt Elternzeit nehmen möchten, müssen ihren Antrag jedoch sieben Wochen vor dem errechneten Geburtstermin einreichen, da sie keinen Mutterschutz nach der Geburt haben. Der Arbeitnehmer hat einen gesetzlichen Anspruch auf Elternzeit.

Wie lange können Arbeitnehmer Elternzeit nehmen?

Maximal drei Jahre dürfen Vater und Mutter ihr Arbeitsverhältnis jeweils ruhen lassen. In dieser Zeit können sie nur in Ausnahmesituationen – etwa im Fall einer Insolvenz – gekündigt werden. Doch schon bei der Beantragung der Elternzeit müssen sie sich darauf festlegen, wie sie die Elternzeit gestalten wollen: Sie müssen für zwei Jahre ab dem erstmaligen Beginn der Elternzeit bestimmen, wann sie in diesem Zeitraum Elternzeit in Anspruch nehmen wollen. Sofern sie in diesen zwei Jahren nicht vollständig Elternzeit in Anspruch nehmen, besteht dann Arbeitspflicht. Allerdings haben Arbeitnehmer in Elternzeit regelmäßig einen Anspruch, während der Elternzeit beim eigenen Arbeitgeber in Teilzeit zu arbeiten oder auch eine bisherige Teilzeitarbeit fortzusetzen. Das muss aber sofort mit der Erklärung, Elternzeit in Anspruch zu nehmen, bekundet werden. Nach Ablauf der zwei Jahre kann bei Geburten bis zum 30.6.2015 für das dritte Lebensjahr des Kindes, nicht aber für das zweite, weitere Elternzeit in Anspruch genommen werden. Da die Betreuungssituation so früh meist nicht absehbar ist, empfiehlt es sich, die vollen zwei Jahre einzureichen und sobald die Betreuung geklärt ist, mit dem Arbeitgeber die genauen Details des Wiedereinstiegs zu besprechen.

Was ändert sich mit dem Elterngeld Plus?

Mit dem neuen Elterngeld Plus ist die Bundesregierung dem Wunsch vieler Eltern nachgekommen, mehr Zeit für die Familie zu haben, gleichzeitig aber diese Zeit und den Beruf besser miteinander zu verbinden. So finden neun von zehn Frauen und Männern zwischen 20 und 39 Jahren, dass sich Mütter und Väter gemeinsam um ihre Kinder kümmern sollen.

Die neuen Regelungen zum Elterngeld Plus und zur Elternzeit, die für Geburten ab dem 1. Juli 2015 gelten, knüpfen an diese Wünsche an. Das Elterngeld Plus unterstützt Eltern, die in Teilzeit arbeiten. Ob volle Auszeit vom Job, kleine, mittlere oder große Teilzeit – die neuen Regelungen bieten Müttern und Vätern eine Vielzahl von Möglichkeiten, Familie und Beruf miteinander zu verbinden und sich ihre Aufgaben partnerschaftlich zu teilen.

Der Elterngeldrechner des Bundesfamilienministeriums hilft dabei, die ersten Monate mit Kind gemeinsam zu planen – zeitlich und finanziell. Mit dem erweiterten Planer können Eltern jetzt ausprobieren, wie sie nach der Geburt ihres Kindes Elterngeld, Elterngeld Plus und Partnerschaftsbonus miteinander kombinieren, welche Verteilung für sie infrage kommt und welcher Anspruch auf Elterngeld sich daraus ergibt.

Das neue Elterngeld Plus

Das bisherige Elterngeld wird derzeit für maximal 14 Monate nach der Geburt des Kindes gezahlt. Steigen Mütter oder Väter schon währenddessen beruflich wieder in Teilzeit ein, haben sie bislang dadurch einen Teil ihres Elterngeldanspruchs verloren. Das ändert sich mit dem Elterngeld Plus: Wie Sie bereits gehört haben, ist es künftig für Eltern, die in Teilzeit arbeiten, möglich, das Elterngeld Plus doppelt so lange als das bisherige Elterngeld zu erhalten. Ein Elterngeldmonat wird zu zwei Elterngeld Plus-Monaten.

Ergänzend gibt es einen Partnerschaftsbonus: Teilen sich Vater und Mutter die Betreuung ihres Kindes und arbeiten parallel für mindestens vier Monate zwischen 25 und 30 Wochenstunden, erhalten sie jeweils zusätzlich für vier Monate Elterngeld Plus. Alleinerziehende können das neue Elterngeld Plus im gleichen Maße nutzen.

Auch die Elternzeit wird deutlich flexibler. Wie bisher können Eltern bis zum dritten Geburtstag eines Kindes eine unbezahlte Auszeit vom Job nehmen. Künftig können 24 Monate statt bisher 12 zwischen dem dritten und dem achten Geburtstag des Kindes genommen werden — und zwar ohne Zustimmung des Arbeitgebers.

Die neuen Regelungen sind zum 1. Januar 2015 in Kraft getreten und gelten für Geburten ab dem 1. Juli 2015.

Einen Elterngeldrechner mit neuem Planer finden Sie online unter: www.familien-wegweiser.de

4.6.2 Die Elternzeit vorbereiten

Die folgende Übersicht soll Ihnen bei der Vorbereitung der Elternzeit und des Wiedereinstiegs helfen:

Übersicht für Mitarbeiterinnen zur Vorbereitung der Elternzeit und des Wiedereinstiegs in den Beruf

Name:
Abteilung:
Errechneter Geburtstermin:
Beginn des Mutterschutzes
Resturlaub:

- Wann möchten Sie diesen nehmen?

Überstunden/Zeitguthaben:

- Wann und wie möchten Sie diese abbauen?

Letzter Arbeitstag vor dem Mutterschutz:

- Haben Sie ein Zwischenzeugnis beantragt?
- Welche Aufgaben gehören in Ihren Aufgabenbereich?
- Bei Urlaub oder Krankheit: wer vertritt Sie derzeit?
- Könnte die Person auch die Vertretung während Ihrer Elternzeit übernehmen?

- **Benötigt eine Vertretung für Ihre Aufgaben spezielle Kenntnisse oder Schulungen? Wäre eine besondere Einarbeitung o.ä. notwendig?**

  Ja Nein

  Falls ja: Welche?

- **Haben Sie Ihre derzeitigen Aufgaben und Tätigkeiten so organisiert, dass sich eine Vertretung leicht zurechtfindet?**
- **Gibt es langfristige Aufgaben oder Projekte, die Sie sehr wahrscheinlich vor Beginn des Mutterschutzes nicht mehr abschließen können?**

  Ja Nein

  Falls ja: Welche?

Möglicher Wiedereinstieg in die Firma:

- **Falls auch Ihr Partner plant, Elternzeit zu nehmen, wie möchten Sie diese untereinander aufteilen?**
- **Möchten Sie während Ihrer Elternzeit in Teilzeit arbeiten? Dies ist rechtlich bis zu 30 Stunden pro Woche möglich.**

  Ja Nein

  Falls ja, ab wann und in welchem Umfang (Stunden pro Woche)?

- **Würden Sie während Ihrer Elternzeit Tätigkeiten als Vertretung von Kollegen z.B. bei Krankheit oder Urlaub oder Projektarbeiten übernehmen?**

  Ja Nein

  Falls ja, ab wann und in welchem Umfang (maximale Stunden pro Woche)?

- **Haben Sie Interesse, sich während Ihrer Abwesenheit beruflich weiterzubilden?**

  Ja Nein

  Falls ja, haben Sie bereits konkrete Weiterbildungsziele?

- **Ist die Kinderbetreuung evtl. bereits jetzt gesichert?**
- **Angestrebte Wochenarbeitszeit, verteilt wie und auf welche Tage?**

Tipps für den Endspurt in den Mutterschutz

- Arbeiten Sie Ihre Projekte sauber zu Ende ab und lassen Sie sich nicht unter Druck setzen. Für Schwangere gibt es keinen Grund, abends noch Überstunden zu machen.
- Arbeiten Sie Ihre Vertretung gut ein und übergeben Sie ihr alle wichtigen Informationen für die Dinge, die Sie nicht mehr geschafft haben.
- Bauen Sie das Organisationssystem Ihres Arbeitsplatzes so auf, dass Ihre Kollegen ohne Probleme alles finden können.

- Informieren Sie Vorgesetzte und Kollegen über die Art und den Umfang der Übergabe.
- Denken Sie auch daran, ein Zwischenzeugnis zu beantragen. Schnell verändert sich die Arbeitswelt, Vorgesetzte verlassen das Unternehmen, es gibt Umstrukturierungen oder Neuorganisationen. Gut, wenn Sie dann eine Bestätigung Ihrer Tätigkeit und Aufgaben vor der Elternzeit haben. Natürlich möchten Sie nicht den Eindruck erwecken möchte, kein Interesse an einem Wiedereinstieg in das Unternehmen zu haben. Doch sollten Sie mit Hinweis auf die oben genannten Gründe nach dem Zeugnis fragen.
- Am letzten Arbeitstag sollten Sie die Kollegen und den Chef zu einem kleinen Umtrunk einladen und sich nett von allen verabschieden

Tipp: Die richtigen Weichen für die Rückkehr stellen !

Wenn Sie heute schon wissen, dass Sie nach der Elternzeit zurück in den Job möchten, ist es wichtig, bereits jetzt die Weichen dahin gehend zu stellen, dass ein möglichst reibungsloser Wiedereinstieg gewährleistet ist. Manche Frau erhält als Mutter in Elternzeit nicht mehr alle relevanten Informationen und fühlt sich wie von der Außenwelt abgeschnitten. Machen Sie Ihrem Vorgesetzten und den Kollegen deshalb klar, dass Sie weiterhin präsent und gut informiert bleiben wollen. Sie könnten z. B. auch Ihren Vorgesetzten bitten, Sie per E-Mail über für Ihren Arbeitsbereich relevante Geschehnisse im Unternehmen auf dem Laufenden zu halten. Oder bitten Sie eine Kollegin dies zu tun.

5 Stufe 2: Maßnahmen während der Elternzeit

Die meisten Eltern wollen nach der Elternzeit wieder in den Beruf zurückzukehren. Ist das Kind dann auf der Welt, rücken Beruf und Arbeitgeber schnell in den Hintergrund. Die jungen Eltern müssen sich erst einmal komplett neu ausrichten, sich organisieren und im Alltag neu zurechtfinden. Konkrete Vereinbarungen, wie es nach der Elternzeit weitergeht, kann zu diesem Zeitpunkt kaum jemand treffen. Das Unternehmen bzw. der Vorgesetzte sollte daher den Kontakt auch während der Abwesenheit aufrechterhalten. Mit Informationen für den Elternzeitler sowie Unterstützungsangeboten haben Sie viele gute Möglichkeiten, um ins Gespräch zu kommen.

5.1 Auf dem Laufenden bleiben während der Elternzeit

Auch heute ist eine berufliche Unterbrechung zur Kindererziehung immer noch ein typischer Lebensabschnitt von Frauen. Die meisten Frauen wünschen sich aber eine Rückkehr in den Beruf.

Ob Ihre Mitarbeiterin oder Ihr Mitarbeiter kurz nach der Geburt wieder zurück in den Beruf möchte oder ob sie länger aussetzen wollen, die Rückkehr in den Beruf stellt viele vor neue Herausforderungen.

Der Kontakt sollte daher gar nicht erst abreißen. Sonst entfremden sich Vorgesetzte, Kollegen und Elternzeitler. Bleibt man miteinander in Kontakt, sind die Mitarbeiter auch während der Elternzeit weiterhin Teil der Abteilung und bleiben im Team integriert. Es fällt dann gar nicht mehr schwer, Gespräche zu vereinbaren und zu führen. Das Unternehmen hat durch den intensiveren Austausch mit der Mitarbeiterin zudem eine größere Planungssicherheit.

In einem Gespräch können Sie frühzeitig die Vorstellungen und Wünsche der Beschäftigten, die sich in Elternzeit befinden, erfragen und gemeinsam Lösungen für die Rückkehr, die veränderten Strukturen und Anforderungen finden.

Bedenken Sie, dass aufseiten der Mitarbeiterin oder des Mitarbeiters viele Fragen auftauchen werden. Ängste und Unsicherheiten können den Weg zurück in den Beruf begleiten. In einem Personalgespräch während der Elternzeit haben Sie die Möglichkeit, diese Sorgen frühzeitig aufzugreifen. Manche fragen sich, ob sie zurück an den alten Platz und in ihr altes Team kommen. Oder ob eine Teilzeitstelle möglich ist. Nicht jeder stellt solche Fragen von sich aus. Hier bedarf es einer offenen und wertschätzenden Atmosphäre, in der auch Sorgen und Ängste Platz finden können. Mehr über wertschätzendes Führen finden Sie in diesem Buch im Kapitel 7. Suchen Sie gemeinsam mit Ihrer Mitarbeiterin und Ihrem Mitarbeiter frühzeitig nach Wegen, die möglichst alle Interessen berücksichtigen.

Sich gezielt auf die Rückkehr in den Beruf vorzubereiten ist aber nicht nur die Aufgabe des Arbeitgebers, sondern auch der Mutter oder des Vaters. Viele Unterlagen bzw. Arbeitshilfen in diesem Buch wurden deshalb speziell für Ihre Mitarbeiter konzipiert. Ergänzend kann auch ein Orientierungsseminar Hilfe und Unterstützung bieten. Ein solches Seminar findet idealerweise drei bis sechs Monate vor dem Wiedereinstieg statt und unterstützen die Beschäftigten dabei, sich mit der Kinderbetreuung, der Arbeitszeit und der Organisation von Beruf und Privatleben auseinanderzusetzen. Solche Qualifizierungs- und Orientierungsseminare haben für beide Seiten Vorteile. Zum einen erhalten Mitarbeiter durch praktische Übungen Denkanstöße und Tipps sowie zahlreiche Impulse, wie sie ein tragfähiges Vereinbarkeitskonzept erarbeiten, sich Freiräume schaffen, die persönliche Energie stärken, das fehlende Fachwissen neu erlernen oder vorhandenes auffrischen und so einem Burn-out vorbeugen können — für eine gelungene Vereinbarkeit von Beruf und Familie, ohne sich dabei permanent zu überfordern.

Zum anderen hängt der Erfolg eines Unternehmens stark von der Leistungsfähigkeit und Leistungsbereitschaft der Mitarbeiter ab. Was ist, wenn eine Mitarbeiterin ihre Kraft nicht gezielt einsetzen kann, das berufsspezifische Wissen nicht mehr ausreicht oder die Kraft langsam verloren geht. Was ist, wenn die Belastungsgrenze im Spagat zwischen Beruf und Privat langsam erreicht ist. Mit neuen Qualifikationen, aufgefrischtem Wissen und einem Maßnahmenkoffer für die Balance von Beruf und Privatleben lassen sich Energie und Motivation stärken — zum Wohle des Mitarbeiters und damit zum Wohle des Unternehmens.

Regelmäßige Gespräche sichern den Informationsfluss und damit die Möglichkeit, verschiedene Wiedereinstiegsoptionen der Mitarbeiterin frühzeitig und aktiv anzusprechen.

Ich habe verschiedene Aspekte der folgenden Aufzählung an anderer Stelle bereits beschrieben. Trotzdem möchte ich für Sie noch einmal in einer kurzen Übersicht zusammenfassen, welche Vorteile sich für ein Unternehmen ergeben, wenn auch während der Elternzeit ein regelmäßiger Kontakt zu den Mitarbeitern gepflegt wird

Auf einen Blick: Den Kontakt mit Beschäftigten in Elternzeit aktiv aufrecht erhalten – das sind die Vorteile:

- Erhalt von Wissen und Erfahrungen im Unternehmen
- In Zeiten des spürbaren Fachkräftemangels Beschäftigte an das Unternehmen binden
- Erhöhte Flexibilität des Unternehmens durch den Einsatz von Beschäftigten in Elternzeit als Vertretung oder bei Auftragsspitzen
- Geringere Hemmschwelle für den Wiedereinstieg durch Angebote von abgestufter Teilzeit oder Telearbeit
- Frühzeitige Abstimmung von Rückkehrzeitpunkt und Teilzeitwünschen erhöht die Planbarkeit für das Unternehmen
- Verkürzung der Abwesenheit von Eltern aus dem Unternehmen
- Reduzierung von Wiederbeschaffungs- oder Wiedereingliederungskosten (Kosten für Recruiting, Neueinstellungen, Einarbeitung, Qualifizierung)
- Bessere Integration von aus der Elternzeit zurückkehrenden Müttern und Vätern ins Team
- Stärkung des familienfreundlichen Images der Firma

Praxisbeispiel: Sparkasse Herford !

Der Sparkasse in Herford ist es ein wichtiges Anliegen, Beschäftigte, die sich in Elternzeit befinden, schnell wieder in das Erwerbsleben einzugliedern. Bereits seit 2005 gibt es deshalb ein eigenes Seminarprogramm. Die Angebote der Reihe »Return« sollen den Wiedereinstieg nach der Elternzeit unterstützen und erleichtern. In den vergangenen Jahren konnten mehr als 80 Teilnehmerinnen gewonnen werden. Im Jahr 2008 kam die Möglichkeit dazu, sich online von zu Hause aus, abgestimmt auf die eigenen Bedürfnisse und im eigenen Rhythmus, fortzubilden. Aus dieser Idee heraus entstand zusammen mit dem Deutschen Sparkassenverlag 2008 in Kooperation mit einer Universität eine modulare E-Learning-Maßnahme, die allen Sparkassen zur Verfügung steht. Aktuelle Trends in der Kreditwirtschaft und in der Sparkassen-Finanzgruppe oder EDV-Kenntnisse werden ebenso vermittelt wie Vertrieb, Projektmanagement und auch Themen zur Persönlichkeitsentwicklung. Die Teilnehmenden haben acht Wochen Zeit, das Modul zu bearbeiten. In den meisten Fällen entscheiden über die Auswahl der Module die Personalverantwortlichen der jeweiligen Institute.
In der Sparkasse Herford ist man mit »Return« sehr zufrieden. Durch dieses Programm fühlen sich die Rückkehrer gut eingearbeitet und können sich auf Neuerungen bereits im Vorfeld einstellen. Mögliche Reibungsverluste, die ein Neuanfang unter veränderten Bedingungen mit sich bringen kann, würden so gering gehalten, was auch die Führungskräfte bestätigen.

5.2 Kontakthaltemöglichkeiten

Viele Maßnahmen erfordern keinen großen Aufwand — reißt der Kontakt hingegen ab, steigen häufig die emotionalen Hürden für einen Wiedereinstieg.

Fachzeitschriften, Einladungen zu Meetings oder Firmenveranstaltungen, Urlaubs- oder Krankheitsvertretungen bieten sich beispielsweise an, so bleibt das Fachwissen auf dem neusten Stand, die Einarbeitungszeit verkürzt sich nachweislich, was wiederum Kosten senkt.

!

Praxisbeispiel: Alfred Kärcher GmbH & Co. KG

Die meisten Frauen setzen nach der Geburt ihres Kindes nicht nur beruflich aus, sondern stellen eigene Karrierewünsche meist zurück oder geben sie sogar ganz auf. Die Firma Kärcher hat aus diesem Grund ein Kontakthalteprogramm eingeführt. In diesem wird gemeinsam mit den Familien ein Arbeitszeitmodell entwickelt, mit dem sowohl Väter als auch Mütter ihre Arbeitszeiten mit den Bedürfnissen der Kinder vereinbaren können. Heimarbeit, Teilzeitangebote oder eine Kinderferienbetreuung sind bei Kärcher Standard. Darüber hinaus versucht die Firma, ihren Mitarbeitern auch außerhalb der Büros und Werkstätten unter die Arme zu greifen. Essen aus der Kantine darf mit nach Hause genommen werden, was zeitaufwendiges Einkaufen und Kochen erspart. Das Unternehmen profitiert von diesen familienfördernden Maßnahmen: »Die Fluktuation innerhalb der Kärcher-Belegschaft ist mit 1,9 Prozent extrem niedrig, die mittlere Betriebszugehörigkeit mit 11,8 Jahren hoch«, bestätigt Rüdiger Bechstein, Bereichsleiter Personal zum Bewerbungsstart für den 15. Karrieretag Familienunternehmen 2015.

Auf einen Blick: Praxiserprobte Möglichkeiten, den Kontakt zu halten

- Bieten Sie bei geklärter Kinderbetreuung den Elternzeitlern an, Urlaubs- und Krankenvertretungen zu übernehmen oder in Teilzeit zu arbeiten.
- Rechtlich ist es möglich, im Rahmen der Elternzeit bis zu 30 Stunden in der Woche zu arbeiten. Damit können Sie z.B. eine Teilzeittätigkeit in Ihrer Firma anbieten. So bleiben Mitarbeiter auch in der Abwesenheit fachlich am Ball.
- Gut zu vereinbaren mit der Betreuung eines Kindes ist die Arbeit von zu Hause aus. Überlegen Sie, ob die Aufgaben der Mitarbeiterin auch in Telearbeit (unter Berücksichtigung der EDV-technischen Möglichkeiten) machbar sind.
- Bieten Sie firmeninterne Weiterbildungsmaßnahmen an oder suchen Sie selber nach geeigneten Maßnahmen und bieten Sie diese der Mitarbeiterin an.
- Beide Seiten sollten sich auf das Rückkehrgespräch vorbereiten. Vorlagen und Checklisten dazu finden Sie im Buch und auf den Arbeitshilfen online zum Herunterladen.

- Bieten Sie ein Paten- bzw. Mentoringprogramm an oder überlegen Sie, ob ein erfahrener Kollege dabei helfen könnte, dass die Elternzeitler den Kontakt zum Betrieb halten.
- Nutzen Sie das Intranet und andere »Betriebsmedien«, um Informationen — beispielsweise rund um das Elterngeld oder den Wiedereinstieg — sowie zusätzliche unterstützende Maßnahmen weiterzugeben.
- Bieten Sie deshalb unbedingt einen externen Zugang zum Intranet an, damit Sie leicht über Neuerungen und generell über alles rund um den Wiedereinstieg und die familienfreundlichen Möglichkeiten informieren können.
- Senden Sie Veröffentlichungen und Fachmagazine per Post zu.
- Erstellen Sie regelmäßige Rundschreiben mit Informationen über Änderungen, Termine, Fortbildungen und so weiter.
- Schicken Sie allen Beurlaubten auch den Jahresbericht zu.
- Laden Sie Mitarbeiter in Elternzeit zu betrieblichen Veranstaltungen ein (z.B. Sommerfest, Weihnachtsfeier, Jubiläen, Produktpräsentationen etc.).
- Um einen kontinuierlichen Informationsfluss zu gewährleisten, sollten in regelmäßigen Abständen Gespräche stattfinden, persönlich, am Telefon oder per E-Mail.
- Organisieren Sie Treffen für Elternzeitler, um den Austausch untereinander und das gegenseitige Lernen voneinander zu fördern.
- Vergessen Sie nicht den regelmäßigen Austausch mit der Mitarbeiterin, idealerweise im Rahmen eines strukturierten Mitarbeitergesprächs.
- Eine gute Möglichkeit ist auch ein jährlich stattfindender Tag der Beurlaubten.

5.2.1 Den Kontakt organisieren

Den Kontakt zwischen der Mitarbeiterin in Elternzeit und der Firma zu halten, müssen Sie nicht allein schultern. Viel zu schnell gerät dieser Vorsatz im Trubel des Alltags in Vergessenheit. Das Alltagsgeschäft fordert und andere Aufgaben stehen im Vordergrund. Im Unternehmen kommt es vielleicht in dieser Zeit zu Veränderungen, gerade auch dann, wenn eine familienbedingte Auszeit länger dauert. Deshalb sollte ein professionell aufgezogenes Kontakthalteprogramm an mehreren Stellen angesiedelt sein. Eine Patin oder ein Pate kann sehr gut einen Teil übernehmen. Auch die Personalabteilung und evtl. der Betriebsrat können mit Informationen und Unterstützungsangeboten ihren Beitrag leisten. Das Intranet sollte regelmäßig aktualisiert werden und Angestellte in Elternzeit sollten in den Verteilern für Informationen und Veranstaltungen bleiben. Für die Kontaktaufnahme während der Auszeit lassen sich in Outlook oder ähnlichen Programmen Termine und Erinnerungen einrichten. So werden Sie regelmäßig an die Mutter oder den Vater erinnert und eine kurze Nachricht fällt meist nicht schwer.

!

Praxisbeispiel: Microsoft Service Organisation

»Lasst die Mütter bloß nicht weg«, sagt Angelika Gifford, Leiterin Public Sector bei der Europäischen Microsoft Services Organisation, in einem Interview mit der Welt am 17.5.2013. »Die moderne Technik ermöglicht es, trotz Kindern am Unternehmensgeschehen teilzunehmen.« Die Elternzeit wird bei der Firma mit den Mitarbeitern bereits im Voraus geplant. Welche Fortbildung eignet sich? Wie viel Zeit nimmt sie in Anspruch? Wann ist der passende Zeitpunkt für Eltern und Firma? »Die Mitarbeiter sind ja nur in Elternzeit und nicht gestorben«, sagte Gifford der Zeitung Die Welt und sie hat es auch selber vorgemacht, wie Karriere trotz oder gerade mit Kind funktioniert.

5.2.2 Bewährt hat sich in vielen Firmen ein Patensystem

Bei längeren Abwesenheiten vom Arbeitsplatz, wie z.B. während der Elternzeit, soll das bereits erwähnte Patensystem den Kontakt zur Firma, der Abteilung und den Kollegen erhalten. Ein kontinuierlicher Informationsaustausch ist so möglich.

Ein naher Kollege, zu dem schon vorher eine gute Beziehung bestand, bietet sich am besten für die Rolle des Paten an. Möglich wäre auch, eine Mitarbeiterin oder einen Mitarbeiter, der oder die selber Erfahrungen mit der Elternzeit und dem beruflichen Wiedereinstieg hat, um die Übernahme der Patenrolle zu bitten. So können die neuen Eltern von den Erfahrungen anderer profitieren und gleichzeitig ein Netzwerk aufbauen. Findet sich keine Person, die in eine der beiden Kategorien passt, so übernimmt der Vorgesetzte die Auswahl des Paten oder er übernimmt diese Aufgabe selber.

Die Aufgaben des Paten sind:

- regelmäßig den Kontakt zu halten und über Neuerungen und Veränderungen des Arbeitsgebiets sowie über Änderungen in der Firma (z.B. Betriebsversammlungen) zu informieren,
- aktiv den abwesenden Mitarbeiter in den Firmenalltag mit einzubinden. Dies kann er z.B. erreichen, indem er
  - fachspezifische Informationen, Fortbildungsangebote und wichtige Rundschreiben weiterleitet,
  - bei Veranstaltungen und Feiern (z.B. Weihnachtsfeier) den Kollegen in Elternzeit mit einbezieht und in Kontakt mit anderen bringt.
- Ferner kann er die Mitarbeiter bei der Einarbeitung nach der Rückkehr aus der Abwesenheit unterstützen. Hier ist es wünschenswert, wenn die Patin

bzw. der Pate eine Begleitung anbietet, beim Aufbau interner und externer Netzwerke behilflich ist und auch als Ansprechperson bei auftretenden Problemen zur Verfügung steht.

5.2.3 Art und Häufigkeit der Kontakte

Der Kontakt sollte regelmäßig sein. Die Mitarbeiterin in Elternzeit sollte z. B. eingeladen werden, um ihre alte Abteilung und den Paten regelmäßig zu besuchen. Dabei hängt es von der Art der Tätigkeit vor der beruflichen Auszeit sowie dem Bedarf an Informationen ab, wie oft diese Treffen stattfinden sollten. Jeder Mensch ist anders und so richtet sich das Kontaktverhalten auch nach den Wünschen von Mutter oder Vater und dem Paten. Ob man alle zwei Wochen oder alle drei Monate Kontakt aufnimmt, ist dabei Vereinbarungssache. Für den Paten ist das Erfüllen dieser Aufgabe während der Elternzeit des Kollegen Arbeitszeit.

Es bietet sich an, vor der Auszeit schriftlich festzuhalten, wann, in welcher Form und wie oft man gegenseitig in Kontakt treten möchte.

Checkliste: Kontakthalten während der Elternzeit	
Aufgabe	**erledigt**
Wurde zu Betriebsfeiern, Betriebsversammlungen, Betriebsausflügen, internen Besprechungen etc. eingeladen?	
Wurden betrieblich organisierte Infoveranstaltungen sowie Treffen für Mitarbeiter in Elternzeit zum Aufbau eines Netzwerks unter den Eltern im Unternehmen und zur Informationsweitergabe angeboten? Möchten Sie diese Veranstaltungen tagsüber anbieten, empfiehlt sich ein Kinderbetreuungsangebot an. Damit erhöhen Sie die Resonanz.	
Wurden die Informationen per E-Mail-Newsletter, als Informationen für Beschäftigte im Intranet, in der Mitarbeiterzeitung etc. zur Verfügung gestellt?	
Ist die Mitarbeiterin in Patensystem eingebunden?	
Wurden Urlaubs- oder Krankheitsvertretungen, Aushilfstätigkeiten, befristete Projekte angeboten?	
Wurde die Teilnahme an Weiterbildungen angeboten?	
Können Weiterbildungsmaßnahmen auch mit Kinderbetreuung angeboten werden?	
Besteht das Angebot einer Hospitation in einer anderen Abteilung.	
Gibt es Mentoring durch eine erfahrene Kollegin?	

Checkliste: Kontakthalten während der Elternzeit	
Aufgabe	**erledigt**
Liegen Informationen über passende Stellenausschreibungen vor?	
Wurden Information über betriebliche Elternnetzwerke, Infobörsen weitergegeben.	
Wurden Informationen über unterstützende Maßnahmen des Unternehmens zur Vereinbarkeit von Beruf und Familie weitergeben.	
Sie sollten ein Rückkehrgespräch vereinbaren (ca. 3 Monate vor dem geplanten Wiedereinstieg).	
Welchen Planungsvorlauf brauchen beide Seiten für den Wiedereinstieg (z.B. Anforderungen der Stelle, Qualifizierungsmaßnahmen, Organisation der Kinderbetreuung)?	
Welche Arbeitsmöglichkeiten bietet Ihr Unternehmen Beschäftigten in Elternzeit? Denkbar sind stunden- oder tageweise Aushilfe, Urlaubsvertretungen oder der stufenweise Wiedereinstieg, ggf. in Kombination mit Telearbeit.	

5.3 Die Babypause richtig nutzen

Natürlich haben sich Mitarbeiter in Elternzeit in erster Linie dazu entschlossen, ganz für ihr Kind da zu sein, sich dem Mutter- oder Vatersein hinzugeben. Ihr Leben ist seit der Geburt ein ganz anderes als früher. Die Eltern müssen erst in diesem neuen Leben ankommen, sich zurechtfinden und der neue Mensch in ihrer Mitte stellt seine ganz eigenen Ansprüche. Es sei der jungen Familie gegönnt. Darüber darf aber nicht vergessen werden, dass Kinder nur eine sehr kurze Zeit klein sind und ihre Eltern intensiv brauchen. Wir werden immer älter und müssen immer länger arbeiten. Nach der Elternzeit liegen also noch einige Jahre Berufstätigkeit vor uns.

Viele der bereits angesprochenen Maßnahmen sind passiv, d.h., das Unternehmen hält den Kontakt von sich aus aufrecht, vermittelt Informationen und sorgt dafür, dass die Mitarbeiterin/der Mitarbeiter die Bindung an das Unternehmen nicht verliert. Aktiv ist in diesem Fall die Firma. Auf diese Weise sind die Elternzeitler durchaus am Firmenalltag beteiligt und bleiben inhaltlich auf dem »Laufenden«.

Doch Sie können die Mitarbeiterin auch selber aktiv werden lassen. Das sorgt nicht nur dafür, dass sich die Eltern informieren und den Kontakt halten können, sondern Sie binden sie in die Abteilung, das Fachgebiet und die Gemeinschaft der Kollegen ein.

Nach ein paar Wochen sind die meisten ganz froh, neben Babykursen und der Zeit allein mit dem Kind ein paar Stunden mit etwas ganz anderem zu verbringen.

Vorteile, wenn Sie Beschäftigte während der Elternzeit aktiv einbinden:

- In der Auszeit vom Beruf kann die Mitarbeiterin die Vereinbarkeit von Beruf und Familie konkret erproben und gegebenenfalls neu ausrichten, indem z.B. die Kinderbetreuung neu organisiert werden muss.
- Durch regelmäßige Arbeitseinsätze bleibt die Bindung ans Unternehmen erhalten und das Fachwissen auf einem aktuellen Stand.
- Das Arbeitsumfeld bleibt vertraut. So fällt der Wiedereinstieg leichter. Die Einarbeitungszeit verkürzt sich und dementsprechend produktiver kann die Mitarbeiterin arbeiten.

Möglichkeiten der aktiven Gestaltung der Babypause:

- Die Übernahme von Urlaubs- oder Krankheitsvertretungen.
- Projektarbeit bei besonderen Projekten oder in Phasen der Mehrarbeit. Hier kann der Personalbedarf durch den kurzzeitigen Einsatz einer Mitarbeiterin, die sich in Elternzeit befindet, abgedeckt werden.
- Hospitation in anderen Unternehmensbereichen oder Abteilungen, um den Blick über den Tellerrand und das Verständnis für andere Abteilungen zu fördern. Vor allem, wenn klar ist, dass die Mitarbeiterin nicht an den alten Arbeitsplatz zurückkehren kann, können damit Hemmungen, die möglicherweise mit dem künftigen Übernehmen einer neuen Aufgabe verbunden sind, überwunden werden.
- Weiterbildung und Qualifizierung sind auch in der Elternzeit möglich: Die Kinderbetreuung kann von Verwandten oder externen Dienstleister übernommen werden oder die Weiterbildung wird an den eigenen Lebensrhythmus angepasst, z.B. in Form eines Fernstudiums oder Abendstudiums. Das fachliche und berufsbezogene Wissen lässt sich so ausbauen und sichern. In Kapitel 5.4 »Weiterbildung in der Elternzeit« lesen Sie mehr darüber, auch über verschiedene Fördermöglichkeiten.
- Es lassen sich Netzwerke unter den Eltern des Unternehmens gründen. Gerade in Ferienzeiten oder beim nächsten Kitastreik lässt sich dann eine Alternative zur Kinderbetreuung aufbauen.
- Es werden interne Informationsveranstaltungen angeboten, wenn mehrere Mitarbeiter in Elternzeit sind bzw. für Mitarbeiter mit Kindern. Dies fördert das gegenseitige Kennenlernen und kann über Änderungen im Unternehmen, neue Produkte, Programme o.ä. informieren.
- Eine weitere Möglichkeit: Die Teilnahme an einem Orientierungsseminar zur Vorbereitung auf den Wiedereinstieg nach der Elternzeit und für eine gelungene Vereinbarkeit von Beruf und Familie.

- Eine professionelle Begleitung und Unterstützung durch einen externen Berater oder internen Mentor für den beruflichen Wiedereinstieg kann angeboten werden. Damit unterstützen Sie als Arbeitgeber sich selbst und Ihre Mitarbeiterin für eine erfolgreiche Rückkehr in den Job. Manche Vorstellung lässt sich nach der Rückkehr in den Beruf nicht verwirklichen oder Belastungen, die man so nicht hat kommen sehen, behindern den Arbeitsablauf, wie z. B. die Schulferien.

5.4 Weiterbildungen während der Elternzeit

Knapp 86 Prozent der Unternehmen sehen in Weiterbildungsmaßnahmen eine Möglichkeit, die Leistungsfähigkeit und Produktivität der eigenen Mitarbeiter zu erhöhen. Aber auch, um Innovationen voranzubringen. 90 Prozent wollen mit Weiterbildungen die Kompetenz der Mitarbeiter verbessern. Das ergab eine Studie des Instituts der deutschen Wirtschaft, für die 1.845 Unternehmen befragt wurden[1].

In Sachen Personalpolitik dient den Firmen die Weiterbildung als Attraktivitätsbonus. Acht von zehn Firmen wollen mit Workshops und Seminaren die Zufriedenheit und Motivation ihrer Belegschaft verbessern.

Betriebliche Weiterbildung stellt eine gute und ausbaufähige Möglichkeit dar, Mitarbeiter auch während der Elternzeit zu binden und als Arbeitgeber attraktiv und zukunftsfähig zu sein.

5.4.1 Weiterbildungen erleichtern den Wiedereinstieg

Gerade in Zeiten des Fachkräftemangels wird dieser Ansatz sowohl für Konzerne als auch für kleine und mittelständische Firmen immer wichtiger.

»In der Unternehmenskultur braucht es die Einsicht, dass mit einer aktiven Personalpolitik, auch in der Elternzeitphase, die Beschäftigten an das Unternehmen gebunden werden«, sagte Simone Olbrich von der Servicestelle »Arbeitswelt und Elternzeit« der Landesagentur für Struktur und Arbeit in Brandenburg in einem Interview mit der Zeitung Die Welt 2013. »Wer gute Mitarbeiter hält, hat einen entscheidenden Wettbewerbsvorteil.«

1 Quelle: http://bit.ly/1XOpZrf – abgerufen am 12.8.2015.

»Je intensiver Beschäftigte in der Elternzeit über die betrieblichen Vorgänge informiert bleiben, desto leichter fällt die Rückkehr in den Arbeitsprozess«, sagte Olbrich.

5.4.2 Die Auszeit vom Job für eine Fortbildung nutzen

Neben den genau passenden Weiterbildungsmaßnahmen, die vielleicht sogar Ihre Firma anbietet, ließe sich aber auch über ein Studium an einer Hochschule oder einer Fernuni nachdenken. Es gibt sogar Universitäten, an denen abends studiert werden kann, wenn sich der Partner ums Kind kümmern kann. Bitte bedenken Sie allerdings, dass ein konzentriertes Arbeiten nur möglich ist, wenn jemand sich um das Kind kümmert, so bleibt der Kopf auch wirklich frei für das Lernen.

5.4.3 Möglichkeiten, als Arbeitgeber Weiterbildung zu unterstützen

Mit einer Weiterbildung können Arbeitnehmer bestehende Kenntnisse vertiefen und neue hinzugewinnen, die im Beruf nützlich sein können. Gleichzeitig ist eine Fortbildung für Arbeitgeber, neben der Vertiefung des Fachwissens der Mitarbeiter, auch eine gute Möglichkeit, einem Mitarbeiter gegenüber Wertschätzung auszudrücken.

Für die Weiterbildung können Arbeitnehmer einen Prämiengutschein von bis zu 500 Euro erhalten. Zudem kann die Arbeitnehmersparzulage für die Weiterbildung genutzt werden.

Vom **Prämiengutschein** können Arbeitnehmerinnen und Arbeitnehmer profitieren, die das 25. Lebensjahr vollendet haben und mindestens 15 Stunden pro Woche erwerbstätig sind. Ihr jährlich zu versteuerndes Einkommen darf den Betrag von 20.000 Euro (bzw. 40.000 Euro bei gemeinsam veranlagten Personen) nicht überschreiten. Nach einer verbindlichen Beratung in einer der rund 600 Beratungsstellen in ganz Deutschland wird ihnen, bei Erfüllen der Förderbedingungen, der Prämiengutschein ausgehändigt. Zu beachten ist, dass die Veranstaltungsgebühr der ausgewählten Weiterbildungsmaßnahme maximal 1.000 Euro betragen darf. Nähere Informationen zu den Förderbedingungen hat das Bundesbildungsministerium in einem Flyer aufbereitet. Informationen gibt es zudem unter http://bildungspraemie.info.

!

Tipp: Bildungsgutschein

Interessant ist dieser Bildungsgutschein gerade auch für **Frauen während und nach der Elternzeit**, die den beruflichen Wiedereinstieg planen oder bereits wieder arbeiten. Die Mehrheit der Mütter kehrt zunächst in Teilzeit zurück in die Firma und viele fallen sicherlich unter die Höchstgrenze des zu versteuernden Einkommens.

5.4.4 Geld sparen — mit steuerfreien Leistungen fürs Personal

Doch nicht nur der Staat kann Weiterbildung unterstützen, auch der Arbeitgeber kann zur Bindung und Motivation von Mitarbeitern das eine oder andere Extra gewähren. Zieht eine Gehaltserhöhung sowohl für den Arbeitnehmer als auch für den Arbeitgeber eine höhere Steuerbelastung nach sich, so sind andere Arbeitgeberleistungen wie Warengutscheine oder Fortbildungsmaßnahmen innerhalb bestimmter Grenzen steuerfrei oder pauschal besteuerbar und sozialversicherungsfrei.

Steuerfreie Fort- und Weiterbildung

Berufliche Fort- und Weiterbildungsleistungen sind immer dann steuerfrei, wenn die **Maßnahmen im überwiegenden Interesse des Arbeitgebers** durchgeführt werden. D. h.: Das Ziel der Weiterbildungsmaßnahme muss ganz klar lauten, die Einsatzfähigkeit des Arbeitnehmers im Unternehmen zu erhöhen. Eine Weiterbildungsmaßnahme als Belohnung ist dagegen nicht steuerfrei.

Steuerfreie betriebliche Gesundheitsförderung

Bis zu 500 Euro pro Mitarbeiter und Jahr sind steuerfrei für betriebliche Gesundheitsfördermaßnahmen möglich. Wird diese Grenze überschritten oder ist die Begünstigung einer Maßnahme umstritten, kann es zur Besteuerung der Leistungen kommen. Durch § 3 Nr. 34 EStG vereinfachte sich die betriebliche Praxis deutlich, kann doch bis zu einem Betrag von 500 Euro die Prüfung entfallen. Dabei ist es unerheblich, ob die Arbeitgeberleistung wirklich im überwiegenden betrieblichen Interesse liegt oder nicht.

Die Leistungen müssen zusätzlich (keine Barlohnumwandlung) zum ohnehin geschuldeten Arbeitslohn gewährt werden. Begünstigt sind auch Zuschüsse des Arbeitgebers an Arbeitnehmer, die diese für extern durchgeführte Maßnahmen aufwenden. **Mitgliedsbeiträge an Sportvereine und Fitnessstudios werden von der Steuerbefreiung ausdrücklich nicht erfasst**. Unter die Steuerbefreiung fällt aber, wenn durch den Arbeitgeber ein Zuschuss für von Sportvereinen oder Fitnessstudios angebotene Maßnahmen gewährt wird, die den fachlichen Anforderungen der Krankenkassen (§§ 20 und 20a SGB V) zur Prävention gerecht werden. Das sind folgende Handlungsfelder zur Verbesserung des allgemeinen

Gesundheitszustands sowie Maßnahmen der betrieblichen Gesundheitsförderung:

- Bewegungsprogramme/Reduzierung von Bewegungsmangel
- Ernährung/Vermeidung von Mangel- und Fehlernährung und Übergewicht
- Stressbewältigung und Entspannung
- Suchtmittelkonsum/Förderung des Nichtrauchens, Reduzierung des Alkoholkonsums
- Verbesserung des allgemeinen Gesundheitszustandes und der betrieblichen Gesundheitsförderung

Eine ausführliche Broschüre über alle steuerfreien Leistungen finden Sie als PDF zum Download auch auf dieser Seite:
http://www.ecovis.com/steuerfrei-form/broschuere.pdf

5.5 Familienfreundliche Arbeitswelt gestalten

Die Arbeitswelt wandelt sich und mit ihr ändern sich auch die Erwartungen von Arbeitnehmerinnen und Arbeitnehmern. Zwar sind Arbeitsplatzsicherheit, Gehalt und Benefits nach wie vor wichtige Faktoren für die Arbeitsplatzzufriedenheit. Bei immer mehr Arbeitnehmern kommt aber der Wunsch nach Arbeitszeitflexibilität und Vereinbarkeit von Beruf und Privatleben dazu.

In einer aktuellen Studie des Bundesverbands der Personalmanager[2] im Auftrag des Bundesministeriums für Familie, Senioren, Frauen und Jugend gaben 89 Prozent der Unternehmen an, in den letzten fünf Jahren »eine steigende Erwartungshaltung von Eltern in Bezug auf die Realisierung ihrer Arbeitszeitwünsche« zu registrieren.

Ein Trend, der sich nicht nur in Deutschland zeigt: Auch in den USA machen Beschäftigte ihren Verbleib bei einem Arbeitgeber zunehmend davon abhängig, ob ihnen ihre Arbeit gefällt und ob sie sich mit anderen Aspekten ihres Lebens vereinbaren lässt.

5.5.1 Karriere allein macht selten glücklich

Häufig lässt sich feststellen, dass finanzielle Anreize und Bestätigungen, zum Beispiel in Form von Beförderungen, nur kurzfristig oder begrenzt wirksam sind. Bei Gehaltserhöhungen setzt oft sehr schnell ein Gewöhnungseffekt ein.

2 Quelle: http://bit.ly/1k9SgKt – abgerufen am 10.8.2015.

Gleichzeitig lässt auch die beste Bezahlung nicht über Stress und Vereinbarkeitsprobleme hinwegsehen.

Eine vom Bonner Institut zur Zukunft der Arbeit (IZA) veröffentlichte Studie[3] ergab, dass Karrieresprünge keine nachhaltige positive Wirkung entfalten. Unmittelbar nach einer Beförderung gaben die Befragten im Durchschnitt an, mehr Verantwortung zu tragen, einen sichereren Arbeitsplatz zu haben und fairer bezahlt zu werden. Zugleich berichteten sie von längeren Arbeitszeiten und gestiegenem Stress. Spätestens nach drei Jahren war die Euphorie verflogen: Trotz mehr Geld und höherem Status gingen Jobzufriedenheit, subjektive Arbeitsplatzsicherheit und das Gefühl, angemessen bezahlt zu werden, wieder auf das Niveau vor der Beförderung zurück. Körperliche Gesundheit und allgemeine Lebenszufriedenheit blieben auf lange Sicht weitgehend unverändert. Die psychische Gesundheit litt jedoch dauerhaft unter der gestiegenen beruflichen Belastung, die verbreitet zu Nervosität und Unruhezuständen führte.

5.5.2 Für jede Lebensphase die passende Unterstützung

Eine große Bedeutung im Rahmen der Mitarbeiterbindung hat die lebensphasenorientierte oder auch familienorientierte Personalpolitik. Unter diesem Begriff lässt sich Verschiedenes vereinen: Freiräume für Mitarbeiterinnen und Mitarbeiter ebenso wie konkrete Unterstützung für die einzelnen Lebensphasen.

Die Bedürfnisse von Berufstätigen sind sehr verschieden und immer wieder anders: Es gibt Phasen, in denen steht das berufliche Vorankommen im Vordergrund, zu anderen Zeiten ist die Suche nach einer guten Kinderbetreuung vordringlich. Im Sinne einer lebensphasenorientierten Personalpolitik gilt es, die jeweiligen Bedürfnisse zu erkennen und mit passenden Angeboten darauf zu reagieren.

Beschäftigte, die die Erfahrung gemacht haben, vom Arbeitgeber als ganzer Mensch und nicht nur als Arbeitskraft respektiert zu werden, entwickelt eine höhere Bindung an ein Unternehmen.

Nicht zu vernachlässigen ist natürlich auch der betriebswirtschaftliche Nutzen einer lebensphasenorientierten Personalpolitik, der sich unter anderem aus der Vermeidung von stressbedingtem Ausfall, einer früheren Rückkehr nach der Elternzeit sowie einem höheren beruflichen Engagement, zum Beispiel von Eltern, ergibt.

---

3 Quelle: http://bit.ly/1H6mnwv — abgerufen am 10.8.2015.

!

Praxisbeispiel: gevekom GmbH

Die gevekom GmbH erhielt 2014 den Dresdner Innovationspreis »Familienfreundlichstes Unternehmen Dresdens«. Die Zahl der Mitarbeiter und Mitarbeiterinnen von derzeit 200 an vier Standorten soll weiter steigen. »Für ein Call- und Servicecenter ist die Möglichkeit flexibler Arbeitszeitmodelle einschließlich Vertrauensarbeitszeit für Führungskräfte bemerkenswert, da Direktmarketingprojekte meist strengen zeitlichen Rahmen unterliegen, die vom Auftraggeber vorgegebenen sind. Demnächst eröffnet am Standort Dresden Plauen die firmeneigene Kindertagespflege. Eine qualifizierte Tagesmutter wird hier bis zu vier Kinder betreuen. Ein weiterer Ausbau ist bereits in Planung. Die Kinderbetreuung kann zukünftig auch am Wochenende genutzt werden. Eine Option, die kein anderer Bewerber vorzuweisen hatte. Das Unternehmen stellt gern junge Mütter und Väter sowie Alleinerziehende ein. Das Unternehmen unterstützt junge Familien außerdem mit betrieblichen Darlehen. Für berufliche Quereinsteiger werden bei Bedarf die kompletten Kosten für eine Ausbildung auf dem zweiten Bildungsweg übernommen. Gleiches trifft für Weiterbildungen zu. Die Unternehmensführung möchte die Beschäftigten weiter für den ausgeübten Beruf qualifizieren. Diese Fakten haben die Jury überzeugt. Die gevekom GmbH wurde von Beschäftigten des Unternehmens vorgeschlagen.«, so die Begründung der Jury und der Stadt Dresden in einer Pressemitteilung vom 4.12.2014.

5.5.3 Warum überhaupt familienfreundliche Maßnahmen?

Trotz des Fachkräftemangels nutzen leider immer noch zahlreiche Unternehmen das Potenzial vor allem ihrer weiblichen Mitarbeiter nur unzureichend aus, so die Ergebnisse einer Studie der Personalberatung Rochus Mummert (Studie 2012: Frauen im mittleren Management[4]).
Beruf und Privates gut unter einen Hut zu bekommen ist ein Kunststück, das nicht jedem gelingt. Dabei ist die Vereinbarkeit von Familie und Beruf für alle ein Gewinn.

Der Wunsch der Beschäftigten nach flexibleren Arbeitszeiten und mehr Zeitsouveränität ist nicht die einzige Motivation für Unternehmen, diesem Thema Aufmerksamkeit zu schenken. Eine flexible und familienbewusste Arbeitszeitgestaltung ist auch von zentraler Bedeutung, wenn es um die Zukunfts- und Wettbewerbsfähigkeit von Unternehmen geht. Denn:

- Kürzere Konjunkturzyklen zwingen dazu, Auftragsschwankungen abzufedern. Durch flexible Arbeitszeiten kann dies besser gelingen.
- Das Image des Unternehmens gewinnt. Zudem gewinnt das Unternehmen im Kampf um Fachkräfte an Attraktivität bei den potenziellen neuen Mitarbeitern.

4 Quelle: http://bit.ly/1OnS1Is – abgerufen am 7.8.2015.

- Flexible Arbeitszeitmodelle sind generell ein wichtiger Wettbewerbsfaktor für die Zukunft deutscher Unternehmen und gerade der KMU´s.
- Je familienfreundlicher ein Unternehmen handelt, desto besser können Leistungsträger an das Unternehmen gebunden werden, womit Know-how gesichert wird.
- Es gibt keine Effizienzverluste durch die Einarbeitung neuer Mitarbeiter für die Unternehmen.
- Die Kosten im Recruiting sinken für die Unternehmen deutlich. Für die Suche und Einarbeitung neuer Mitarbeiter für einen Arbeitsplatz, der wegen Familiengründung neu zu besetzen ist, liegen die Kosten – je nach Qualifikationsniveau – zwischen 3.000 und 50.000 Euro!
- Der qualifizierte Fachkräftenachwuchs kann mit den gängigen Arbeitszeitgepflogenheiten in vielen Branchen nur noch wenig anfangen, weil er andere Anforderungen an die Vereinbarkeit von Beruf und Privatleben stellt. Älter werdende Belegschaften hingegen brauchen andere Arbeitszeit- und Schichtmodelle – vor allem wenn sie sich neben dem Beruf um pflegebedürftige Angehörige kümmern.
- 90 Prozent der Arbeitnehmer wünschen sich, mit Unterstützung des Arbeitgebers Familie und Karriere zu verbinden.
- 41 Prozent der Young Professionals sind jederzeit gewillt, zu einem anderen Arbeitgeber zu wechseln, wenn dort die Bedingungen besser sind.
- Nur 24 Prozent der Mütter sind in Deutschland in Vollzeit berufstätig. damit bleibt ein großes und wichtiges Potenzial bisher ungenutzt. Alternative Arbeitszeitmodelle erleichtern es Mütter, in Vollzeit zu arbeiten.
- Deutschland wird in den nächsten 15 Jahren voraussichtlich etwa 6,5 Millionen weniger Erwerbstätige haben. Das größte Fachkräftepotenzial liegt in einer adäquateren Erwerbsintegration von Frauen. Diese gilt es zu mobilisieren. Voraussetzung dafür sind Arbeitszeitmodelle, die Beruf und Familie vereinbar sein lassen.

5.5.4 Was kennzeichnet ein Unternehmen mit einer guten Vereinbarkeit von Beruf und Familie?

Ausreichend Zeit für die Familie und Partner zu haben, gehört für über 90 Prozent der Beschäftigten in Deutschland zu den wichtigsten Lebenszielen[5].

5 Quelle: BIBB/BAuA-Erwerbstätigenbefragung 2012, Institut der deutschen Wirtschaft Köln: http://link.iwkoeln.de/iw-trends-15-01-03-01 – abgerufen am 12.7.2015.

Zu diesem Ergebnis kam eine weltweite Studie der Job- und Karriere-Plattform Glassdoor[6].

Die 15 besten deutschen Unternehmen haben alle flexible Arbeitszeiten und -modelle. Die in der Umfrage ermittelten Arbeitgeber mit der besten Work-Life-Balance bieten ihren Mitarbeitern Hilfe bei der Betreuung von Kindern beziehungsweise bei der Suche nach geeigneten Einrichtungen. Viele bieten eine eigene Kinderbetreuung beispielsweise Eltern-Kind-Büros an. Zehn Unternehmen unterstützen ihre Beschäftigten mit Sportangeboten und Gesundheitsprogrammen.

»Was eine ausgeglichene Balance zwischen Berufsleben und Freizeit tatsächlich bedeutet, unterscheidet sich von Mitarbeiter zu Mitarbeiter. Karriereorientierte Berufseinsteiger haben andere Vorstellungen als junge Eltern oder Angestellte mit Kindern im Teenageralter. Immer mehr Unternehmen setzen Work-Life-Balance-Programme auf, die die unterschiedlichen Bedürfnisse der heterogenen Mitarbeiterschaft berücksichtigen. Das zahlt sich auch für die Unternehmen selbst aus. Auf der einen Seite sind zufriedene und erholte Mitarbeiter nachweislich produktiver, auf der anderen Seite erhöht eine gute und dokumentierte Work-Life-Balance die Chancen, auf dem Arbeitsmarkt die besten Talente für sich zu gewinnen.«, so Joe Wiggins, Karriereexperte von Glassdoor.

Was lässt sich daraus schließen?
Ermöglichen Sie Ihren Mitarbeitern eine gelungene Vereinbarkeit von Beruf und Familie, eine familienfreundliche Unternehmens- und Führungskultur, dies nimmt viele Belastungen von Ihren Mitarbeitern. Lassen Sie Ihre Mitarbeiter gut geplant und begleitet in die Elternzeit gehen, so gelingt für beide Seiten der Wiedereinstieg.

Familienfreundlichkeit ist ein entscheidendes Instrument und Mittel, um der zukünftigen Herausforderung, die Quantität und die Qualität von Fach- und Führungskräften für das Unternehmen sicherzustellen, gerecht zu werden.

5.5.5 Woran erkennt man einen familienfreundlichen Arbeitgeber?

Zwei Dinge sind es, die einen familienfreundlichen Arbeitgeber erkennbar machen. Zum einen die Unternehmenskultur, also die Einstellung der Mitarbeiter, Führungskräfte und Geschäftsleitung zu Mitarbeitern mit Kindern. Nur eine Un-

6 Quelle: http://bit.ly/1MGVqBO — abgerufen am 12.5.2015.

ternehmensleitung, die auch lebt, was Familienfreundlichkeit bedeutet, deren Führungskräfte nicht diejenigen belohnen, die lange anwesend sind, sich gerne in Kaffeeküchen und bei Betriebsfesten zeigen, sondern diejenigen, die während ihrer Arbeitszeit Leistung bringen, nur ein solches Unternehmen darf sich familienfreundlich nennen.

Zum anderen kann man die Familienfreundlichkeit an konkreten Maßnahmen erkennen. Es muss nicht die eigene Betriebskita sein, auch wenn manchem Mitarbeiter diese den Wiedereinstieg sicherlich sehr erleichtern würde. Es gibt vielmehr eine Vielzahl kleinerer Maßnahmen, die dazu beitragen, dass berufstätige Eltern den Kopf freihaben für den Job, statt sich zwischen diesem und der Familie aufzureiben.

Welche Merkmale sind es also konkret, die ein Unternehmen als familienfreundlich kennzeichnen?

- Kinder sind kein Ausschlusskriterium und auch mit Kind oder Kindern steht Ihnen eine qualifizierte Tätigkeit, Ihrem Fachwissen entsprechend, offen.
- Das Unternehmen unterstützt seine Mitarbeiter dabei, Beruf und Familie zu vereinbaren.
- Schon während der Elternzeit driften Mütter nicht ins berufliche Abseits ab, das Unternehmen bietet stattdessen konkrete Pläne zum Wiedereinstieg, für Weiterbildungen während der Babypause an und hält den Kontakt zu den Mitarbeitern
- Es gibt eine langfristige Personalentwicklungsplanung, auch für Eltern.
- Die Unternehmensleitung und die Führungskräfte leben Familienfreundlichkeit und haben keinerlei Vorurteile gegenüber berufstätigen Eltern.
- Familiären Erfordernissen, wie z.B. einer Krankheit des Kindes oder der Ferienbetreuung, steht der Arbeitgeber offen gegenüber und auch Führungskräfte erkennen offen die notwendigen Gegebenheiten an.

5.5.6 Was ist zu tun — Maßnahmen familienfreundlicher Personalpolitik

In diesem Abschnitt möchte ich nochmals die wichtigsten Maßnahmen einer familienfreundlichen Personalpolitik zusammenfassen:

Planung. Bereits bei der Planung neuer Stellen oder bei der Zuweisung von Aufgaben sollte eine durch Elternzeit bedingte Abwesenheit berücksichtigt werden. Für jeden Posten immer einen fachkundigen Stellvertreter zu benennen, kann eine mögliche Maßnahme sein. Dieser Vertreter sollte sowohl das fachliche wie auch organisatorisches Wissen besitzen, um den Mitarbeiter auch längerfristig vertreten zu können.

Vertretung. Während der Elternzeit wird häufig ein befristeter Ersatz gesucht. Doch eine Vertretung einer langjährigen Mitarbeiterin kann diese mit ihrem Know-how nicht auf gleichem Niveau ersetzen. Sobald eine Mitarbeiterin bekannt gibt, dass sie schwanger ist, sollte der Arbeitgeber so schnell wie möglich einen befristeten Nachfolger finden. Nur so kann dieser gut eingearbeitet werden.

Betreuungsangebote. Sicherlich gehört der betriebliche Kindergarten mit eigenem Spielplatz zu den besten Mitteln, familienfreundlicher zu werden. Aber nicht jede Firma kann oder möchte sich das leisten. Es muss aber gar nicht immer die ganz große Lösung sein. Schon kleine Dinge helfen, viel Druck von den Eltern zu nehmen, damit sie den Kopf freihaben für ihren Job. Eine übergangsweise gesicherte Betreuung durch das Unternehmen entlastet Mitarbeiter zum Beispiel während der Wartezeiten für staatliche Kindergärten. Externe Dienstleister bieten hier gute und günstige Wege. Auch das Reservieren von Krippen- und Kindergartenplätzen bei einer Betreuungseinrichtung durch das Unternehmen ist eine Möglichkeit.

Finanzhilfe. Einige große Unternehmen tun es und zahlen ihren Angestellten ein betriebsinternes Kindergeld einmalig oder monatlich. Denn die Liste der Dinge, die ein Kind in seinem Leben so braucht, ist lang. Familienfreundliche und damit attraktive Arbeitgeber wissen um diese Probleme. Sie unterstützen ihre Mitarbeiter und binden sie so an sich bzw. tragen das dadurch entstehende positive Image auch nach draußen.

Weiterbildung. Die Elternzeit lässt sich wunderbar für eine Weiterbildung nutzen und der Mitarbeiter erhält neben Abwechslung zum Alltag und dem Gefühl, wertgeschätzt zu werden, einen leichteren Wiedereinstieg. Wünschenswert wären auch Programme für einen gut geplanten Wiedereinstieg vor Beginn der Elternzeit und dann, wenn der Wiedereinstieg ansteht. So kann das Unternehmen besser planen, wann der Mitarbeiter zurückkehrt, dieser kann selber besser planen und beide erleichtern und verkürzen sich die Einarbeitung nach der Elternzeit.

Unternehmenskultur. Kaum in Elternzeit, dreht sich alles nur noch ums Kind. Doch jede Mutter und jeder Vater waren vorher wertvolle Mitarbeiter im Unternehmen. Deshalb ist es wichtig, Kollegen in Elternzeit weiterhin wertschätzend zu behandeln. Es wäre absolut schädlich für die Bindung der Fachkräfte und die Unternehmenskultur, wenn die Mitarbeiter sich nicht mehr als vollwertige

Arbeitskraft fühlten. Der direkte Vorgesetzte ist hier entscheidend. Gemeinsam mit der Mitarbeiterin oder dem Mitarbeiter sollte er Lösungen finden, wie sich Beruf und Familie künftig vereinbaren lassen und den Wiedereinstieg planen.

Verbindung. In der Elternzeit sind die Mitarbeiter oft weit weg vom Tagesgeschäft, sodass Neuerungen, Beschlüsse, betriebliche Umstrukturierungen an ihnen vorbeigehen. Es lohnt sich aber im Hinblick auf die Mitarbeiterbindung, das schnellere Wiedereinsteigen und die kürzere Einarbeitungszeit, die Mitarbeiter auch während ihrer Elternzeit auf dem neusten Stand zu halten. Der Mitarbeiter in Elternzeit sollte immer wieder einmal ins Unternehmen eingeladen werden. Auch Weihnachtsfeiern oder Sommerfeste bieten sich an, um den Kontakt zu halten. Eine Möglichkeit ist auch, einen Kollegen im Unternehmen als Paten zu bestimmen, der den Kontakt hält oder den Mitarbeiter immer wieder zu Besprechungen einzuladen. Eine weitere sinnvolle Maßnahme ist, dass die beurlaubten Mitarbeiter Krankheits- oder Urlaubsvertretungen übernehmen — bei geklärter Betreuung für das Kind.

Es gibt eine Vielzahl an Faktoren, die einen Arbeitgeber für Mitarbeiter und Bewerber attraktiv machen. Allerdings zeigen jüngste Erhebungen, dass in vielen Unternehmen noch längst nicht alle Potenziale ausgeschöpft sind. Wie wichtig verantwortliches Vorgehen bei Entlassungen oder ein abgestimmter Umgang mit der Verschiedenartigkeit von Mitarbeitern für das Image eines Unternehmens sind, wird häufig nicht erkannt. Und gerade kleine und mittlere Unternehmen äußern Unterstützungsbedarf, wenn es etwa um die Umsetzung attraktivitätsfördernder Maßnahmen, wie das Ermöglichen eines ausgewogenen Berufs- und Privatlebens, systematische Personalentwicklung oder die Gestaltung betrieblicher Veränderungsprozesse geht.

Bevor Sie sich mit der Mitarbeiterin zusammensetzen, sollten Sie alle Punkte der folgenden Checkliste (z. B. Personalabteilung, Mitarbeitervertretung) klären:

Checkliste: Welche betrieblichen Angebote für eine bessere Vereinbarkeit von Beruf und Familie gibt es schon?	
Klassische Handlungsfelder sind:	
Arbeitszeit: ▪ Ist eine Stundenreduktion möglich? ▪ Welche Teilzeitmodelle gibt es bereits? ▪ Ist ggf. auch ein stufenweiser Wiedereinstieg möglich? ▪ Gibt es gezielte Freistellungsregelungen?	

Checkliste: Welche betrieblichen Angebote für eine bessere Vereinbarkeit von Beruf und Familie gibt es schon?	
Arbeitsorganisation: ▪ Können sich Mitarbeiter ihre Arbeit frei einteilen? ▪ Gibt es jemanden, der die Vertretung in Abwesenheit übernehmen kann oder jemanden, mit dem der Arbeitsplatz geteilt werden könnte? ▪ Gibt es Jobsharing-Modelle in Ihrem Betrieb?	
Arbeitsort: ▪ Ist (alternierende) Telearbeit oder mobiles Arbeiten möglich? **Achtung**, auch in diesem Fall braucht die Mitarbeiterin eine zuverlässige Kinderbetreuung, denn konzentriertes Arbeiten und die gleichzeitige Betreuung bzw. Beaufsichtigung eines Kindes schließen sich in der Regel aus.	
Personalentwicklung: ▪ Welche Fort- und Weiterbildungsangebote gibt es? ▪ Wer hält während der Elternzeit den Kontakt zwischen Firma und Elternzeitler? ▪ Wie wird sichergestellt, dass der Mitarbeiter in Elternzeit weiterhin alle wichtigen Informationen rund um die Firma und den eigenen Aufgabenbereich erhält? Werden die neuen Eltern zu Betriebsfesten, wichtigen Besprechungen etc. eingeladen?	
Entgelt Bestandteile und geldwerte Leistungen: ▪ Gibt es Zuschüsse oder spezielle Förderungen für Familien und rund um die Kinderbetreuung?	
Service für Familien: ▪ Gibt es Beratungsangebote für junge Familien, Dienstleistungsangebote oder Unterstützung bei der Suche nach einem Kinderbetreuungsplatz? ▪ Gibt es eine betriebliche Kinderbetreuung? ▪ Gibt es betriebliche Maßnahmen für die Ferienzeit?	

5.6 Teilzeit während der Elternzeit und danach — Rechte und Fristen

Mitarbeiter in Elternzeit haben unter bestimmten Voraussetzungen einen Anspruch darauf, in Teilzeit beschäftigt zu werden. Teilzeittätigkeit und Elternzeit regelt § 15 BEEG.

Danach ist eine Erwerbstätigkeit bis zu 30 Stunden wöchentlich während der Elternzeit zulässig. Paare, die gemeinsam in Elternzeit sind, haben ebenfalls Anspruch auf Teilzeitbeschäftigung bis zu maximal 30 Wochenstunden, wenn die Voraussetzungen erfüllt sind.

Dabei muss die Teilzeittätigkeit nicht beim bisherigen Arbeitgeber erfolgen. Mit Zustimmung des Arbeitgebers ist auch die Beschäftigung bei einem anderen Arbeitgeber oder eine selbstständige Teilzeitarbeit bis zu 30 Stunden wöchentlich möglich.

Eltern, die zwischen 15 und 30 Wochenstunden in Teilzeit arbeiten möchten, müssen dies der Arbeitgeberseite spätestens sieben Wochen vor der geplanten Aufnahme der Teilzeittätigkeit schriftlich mitteilen. Die Eltern müssen in der Mitteilung den Beginn und Umfang der gewünschten Arbeitszeit nennen. Um eine bessere Planbarkeit zu ermöglichen, soll auch die gewünschte Verteilung der Arbeitszeit im Antrag beschrieben sein.

Die Verringerung der Arbeitszeit kann während der Gesamtdauer der Elternzeit höchstens zweimal von jedem Elternteil beansprucht werden. Wird bereits vor der Elternzeit eine Teilzeitbeschäftigung bis zur zulässigen Grenze von 30 Wochenstunden ausgeübt, kann diese Teilzeitbeschäftigung ohne einen Antrag unverändert fortgesetzt werden. Das ist dann aber bei der Beantragung der Elternzeit zu erklären.

Für den Antrag auf Teilzeit während der Elternzeit gelten folgende Grundvoraussetzungen:

- Das Unternehmen beschäftigt in der Regel mindestens 15 Arbeitnehmer. Auszubildende zählen hierbei nicht mit.
- Das Arbeitsverhältnis besteht ohne Unterbrechung seit mindestens 6 Monaten.
- Die geforderte Arbeitszeitverkürzung soll für mindestens 2 Monate gelten.
- Der Mitarbeiter will mindestens 15 und höchstens 30 Stunden in der Woche arbeiten.
- Dem Anspruch stehen keine dringenden betrieblichen Gründe entgegen.
- Für Geburten bis 30.6.2015: Der Anspruch wurde dem Arbeitgeber sieben Wochen vor Beginn der Teilzeitbeschäftigung mitgeteilt.
- Für Geburten ab 1.7.2015: Der Anspruch wurde dem Arbeitgeber bis zum vollendeten dritten Lebensjahr des Kindes sieben Wochen und für den Zeitraum zwischen dem dritten und dem vollendeten achten Lebensjahr 13 Wochen vor Beginn der Teilzeitbeschäftigung mitgeteilt.
- Beginn und Umfang der gewünschten Arbeitszeit sind im Antrag enthalten.
- Auch die gewünschte Verteilung der Arbeitszeit sollte bereits im Antrag beschrieben sein.

5.6.1 Alte und neue Elterngeldregelung

Eltern können seit dem 1. Juli 2015 wählen zwischen dem bisherigen Elterngeld (Basiselterngeld) und dem neuen Elterngeld Plus. Das Elterngeld Plus bringt gerade Eltern, die früh wieder in Teilzeit zurück in den Beruf möchten, einige Vorteile. Um diese zu verdeutlichen, möchte ich die Unterschiede der bisherigen Regelung und der Neuregelungen für teilzeitbeschäftigte Eltern aufzeigen.

Basiselterngeld mit Zuverdienst
Bisher war es für Mütter und Väter finanziell eher unattraktiv, während der Elternzeit zu arbeiten. Zwar gab es auch schon für Eltern, deren Kind vor dem 30.6.2015 geboren wurde, die Möglichkeit, bis zu 30 Wochenstunden zu arbeiten. Jedoch wurde der Verdienst auf das Elterngeld angerechnet und schmälerte meist das Einkommen. Zum reduzierten Einkommen durch die Teilzeittätigkeit kam auch ein geringeres Elterngeld.

Wird beim Elterngeld üblicherweise das durchschnittliche Nettoeinkommen vor der Geburt des Kindes als Grundlage für die Berechnung des Elterngelds genommen, so wird bei einer Teilzeittätigkeit während der Elternzeit bei der bisher geltenden Regelung die Differenz aus dem Elterngeld und dem Nettoeinkommen aus der Teilzeiterwerbstätigkeit zur Berechnung herangezogen. Wie beim vollen Elterngeld werden nur 65 Prozent ausgezahlt. In diesem Fall 65 Prozent der Differenz. Mütter und Väter mit geringem Einkommen sind damit benachteiligt.

Beispiel: Teilzeitbeschäftigung mit Basiselterngeld !

Eine Mutter verdient vor der Geburt 1.500 Euro netto. Nach der Geburt kehrt sie in Teilzeit zurück und verdient 800 Euro. Die Differenz zwischen beidem sind 700 Euro. Elterngeld erhält sie auf Grundlage dieses Differenzbetrags, also rund 455 Euro. Bliebe die Mutter während der Elternzeit zu Hause und bezöge Elterngeld, ohne dazuzuverdienen, so würde sie 65 Prozent von 1.500 Euro erhalten, was einem monatlichen Elterngeld von 975 Euro entspräche. Für diese Mutter wäre eine Teilzeitbeschäftigung während der Elternzeit finanziell nicht attraktiv, sie würde jeden Monat auf 520 Euro verzichten.

Elterngeld Plus mit Zuverdienst
Mit dem Elterngeld Plus hat der Gesetzgeber deshalb Möglichkeiten geschaffen, schon während der Elternzeit wieder in den Beruf zurückzukehren, ohne dass es zu finanziellen Verlusten kommt.

Mit dem Elterngeld Plus erhalten die Eltern statt einen Bezugsmonat Basiselterngeld zwei Bezugsmonate Elterngeld Plus. Beim Bezug von Elterngeld Plus entspricht die staatliche Leistung monatlich maximal der Hälfte eines Monats

Basiselterngelds. Gleichzeitig verlängert sich die Bezugsdauer und so werden aus maximal 14 Bezugsmonaten Basiselterngeld maximal 28 Bezugsmonate Elterngeld. Lohnen kann sich das neue Elterngeld Plus gerade für Eltern, die sich kurz nach der Geburt ihres Kindes für einen frühen beruflichen Wiedereinstieg entscheiden.

Hierbei gehen das halbierte Elterngeld und das Teilzeitgehalt auf dem Konto ein, ohne dass es langfristige Einbußen gibt. Für die Eltern ist es von Vorteil, dass ihnen unter dem Strich kein Minus bei den Elterngeldzahlungen entsteht. Die Höhe des Elterngeld Plus berechnet sich beim obigen Beispiel wie folgt: maximal die Hälfte des Elterngelds, das die Mutter ohne Teilzeit nach der Geburt des Kindes bekäme. Das Einkommen vor der Geburt betrug 1.500 Euro. 65 Prozent davon als Basiselterngeld sind 975 Euro. Diese 975 Euro werden durch 2 geteilt und ergeben das Elterngeld Plus in Höhe von 487,50 Euro. Diese aber nicht nur für einen Monat, sondern für zwei Monate.

!

Beispiel: Teilzeitbeschäftigung mit Elterngeld Plus

Würde die im Beispiel genannte Mutter nun in ihrer Elternzeit wieder arbeiten und Elterngeld Plus beziehen, sieht die Berechnung so aus:
Anspruch auf Elterngeld Plus mit Anrechnung des Zuverdienstes: 1.500 Euro - 800 Euro = 700 Euro. 65 Prozent von 700 Euro = 455 Euro. Dies ist weniger als die Hälfte des Basiselterngeldes (487,50 Euro) ohne anzurechnenden Zuverdienst. Pro Bezugsmonat und gleichzeitigen Zuverdienst in Höhe von 800 Euro erhält die Frau in diesem Beispiel 455 Euro Elterngeld Plus.

bisheriges Elterngeld	**bisheriges Elterngeld ohne Teilzeittätigkeit**	**bisheriges Elterngeld mit Teilzeittätigkeit**
bisheriger Nettolohn	1.500 EUR	1.500 EUR
jetziger Teilzeitnettolohn	0 EUR	800 EUR
theoretischer Anspruch auf Elterngeld: 65 % des bisherigen Nettolohns für 12 Monate	975 EUR	975 EUR
tatsächlicher Anspruch auf Elterngeld: 65 % des bisherigen Nettolohns abzüglich Teilzeitlohn	975 EUR	455 EUR
zur Verfügung stehendes Einkommen	975 EUR	1.255 EUR

Nachteil:
Bisher ist durch die Teilzeittätigkeit ein Elterngeldanspruch von 520 Euro verfallen.

Elterngeld Plus	**zukünftiges Elterngeld Plus ohne Teilzeit-tätigkeit**	**zukünftiges Elterngeld Plus mit Teilzeit-tätigkeit**
bisheriger Nettolohn	1.500 EUR	1.500 EUR
jetziger Teilzeitnettolohn	0 EUR	800 EUR
theoretischer Anspruch auf Elterngeld: 65 % des bisherigen Nettolohns, aber für 24 Monate	488 EUR	488 EUR
tatsächlicher Anspruch auf Elterngeld: 65 % des bisherigen Nettolohns abzüglich Teilzeitlohn	488 EUR	455 EUR
zur Verfügung stehendes Einkommen	488 EUR	1.255 EUR

Vorteil:
Der monatliche Anspruch auf Elterngeld bleibt beim Elterngeld Plus voll erhalten, wird jetzt aber für 24 anstatt 12 Monate ausgezahlt. Es verfällt in diesem Beispiel nur noch ein Betrag von 32,50 Euro.

Fazit des Beispiels: Beantragt die Mutter für 12 Monatsbeträge Basiselterngeld und verdient 800 Euro dazu, erhält sie in Summe 12 × 455 = 5.460 Euro Basiselterngeld. Nimmt sie stattdessen das neue Elterngeld Plus in Anspruch, so erhält sie bei einem Zuverdienst von 800 Euro in Summe 24 × 455 = 10.920 Euro Elterngeld Plus und damit doppelt so viel!

Einen Elterngeldrechner finden Sie zum Beispiel auf der Website: www.elterngeld-plus.de.

Eltern, die von Anfang an zusätzlich zur Betreuung ihres Kindes arbeiten gehen, können Elterngeld Plus bis zu 28 Monate beziehen. Es ist möglich, eine solche Teilzeitkonstellation über mehr als zwei Jahre fortzuführen. Dabei muss nicht ausschließlich das Elterngeld Plus genommen werden, sondern die Eltern können mit dem Basiselterngeld und den Partnerschaftsbonusmonaten kombinieren.

Fazit: Arbeitgeber sollten mit den Mitarbeitern klare Absprachen treffen. Meist haben die Eltern klare zeitliche Vorgaben, in denen sie wegen der Kinderbetreuung nicht arbeiten möchten. Gleichzeitig gilt es, die betrieblichen Abläufe im Blick zu behalten. Doch gerade flexible Arbeitszeitbedingungen können helfen, beiden Seiten gerecht zu werden. Hier kann eventuell die Neuorganisation von

Betriebsabläufen ein guter Weg sein. Der Arbeitgeber kann den Wunsch nach Teilzeitbeschäftigung während der Elternzeit aus »dringenden betrieblichen Gründen« ablehnen. Eine solche Ablehnung muss aber wohldurchdacht sein und sollte nur im äußersten Fall, wenn es gar nicht anders geht, ausgesprochen werden.

5.6.2 Ablehnung einer Teilzeit während der Elternzeit durch den Arbeitgeber

Eine Ablehnung des Wunsches nach Teilzeit während der Elternzeit ist unter Einhaltung einer vierwöchigen Frist schriftlich möglich.

Versäumt der Arbeitgeber hingegen die Frist, wird dieses Versäumnis für Geburten bis zum 30.6.2015 nicht automatisch als Zustimmung gewertet. Die Mitarbeiterin in Elternzeit müsste ihren Anspruch gerichtlich erwirken. Lehnt der Arbeitgeber hingehen unberechtigterweise ab, drohen Schadensersatzzahlungen zum Beispiel für entgangenen Verdienst.

Das Vorgehen:

1. Der Arbeitnehmer stellt mindestens sieben Wochen vor Beginn der Teilzeitbeschäftigung während der Elternzeit einen schriftlichen Antrag. In diesem sind Beginn und Umfang der wöchentlichen Arbeitszeit sowie die gewünschte Verteilung enthalten.
2. Als Arbeitgeber haben Sie nun vier Wochen Zeit, gemeinsam mit der Mitarbeiterin diese Teilzeitbeschäftigung konkret zu planen. Halten Sie die getroffenen Vereinbarungen schriftlich fest.
3. Kommen Sie zu keiner gemeinsamen Lösung oder sprechen dringende betriebliche Gründe gegen eine Teilzeitbeschäftigung während der Elternzeit, müssen Sie innerhalb der vierwöchigen Frist ablehnen. Eine Ablehnung muss schriftlich und mit Begründung erfolgen.

Reagieren Sie nicht auf den Antrag einer Mitarbeiterin auf Teilzeitbeschäftigung während der Elternzeit oder unterlaufen Ihnen Formfehler, wie z.B. eine fehlende Begründung, so hat die Mitarbeiterin das Recht, die Teilzeittätigkeit einzuklagen. Hierfür gibt es keine Frist.

Für Geburten nach dem 30.6.2015 gilt: Versäumt der Arbeitgeber die form- und fristgerechte Ablehnung des Teilzeitantrags, kommt die Teilzeit während der Elternzeit entsprechend dem Antrag des Arbeitnehmers zustande.

5.6.3 Vorlagen und Checklisten

Die folgenden Checklisten fassen die wichtigsten rechtlichen Aspekte zum Thema Teilzeit und Urlaub während der Elternzeit zusammen.

- Checkliste Teilzeitarbeit während der Elternzeit
- Checkliste Urlaub in der Elternzeit

Checkliste Teilzeitarbeit während der Elternzeit

Die folgende Checkliste nennt die Voraussetzungen, die erfüllt sein müssen, damit Mitarbeiter in Elternzeit einen Anspruch darauf haben, in Teilzeit beschäftigt zu werden. Das dazu erforderliche Verfahren läuft in fünf Schritten ab.

Checkliste: Teilzeit während der Elternzeit, was ist zu beachten?	
Grundvoraussetzungen	▪ Die Firma beschäftigt in der Regel mindestens 15 Arbeitnehmer (ohne Auszubildende). ▪ Das Arbeitsverhältnis besteht ohne Unterbrechung seit mindestens 6 Monaten. ▪ Die geforderte Arbeitszeitverkürzung soll für mindestens 2 Monate gelten. ▪ Der Mitarbeiter will mindestens 15 und höchstens 30 Stunden in der Woche arbeiten.
Voraussetzungen (§ 15 Abs. 4 BErzGG)	▪ Anspruch auf Elternzeit ▪ Schriftlicher Antrag auf Verringerung der Arbeitszeit ▪ Zulässiger Umfang (wöchentliche Arbeitszeit von bis zu 30 Std.) ▪ Zusätzliche Voraussetzungen für Teilzeitarbeit bei einem anderen Arbeitgeber ▪ Mitteilung über Art und Dauer der Tätigkeit sowie über anderen Arbeitgeber ▪ Zustimmung des Arbeitgebers, ▪ Ablehnung nur innerhalb von 4 Wochen ab Zugang des Antrags in Schriftform und nur wegen dringender betrieblicher Gründe (z. B. eigener Bedarf, Wettbewerbsgründe) ▪ Sofern Teilzeitarbeit beim gleichen Arbeitgeber: Einigung innerhalb von 4 Wochen über Verringerung der Arbeitszeit

Checkliste: Teilzeit während der Elternzeit, was ist zu beachten?	
Voraussetzungen für wiederholtes Verlangen (§ 15 Abs. 7 BErzGG)	▪ Keine Einigung über Verringerung der Arbeitszeit erzielt bzw. Frist von 4 Wochen ergebnislos verstrichen ▪ Verlangen bisher höchstens einmal wiederholt ▪ Schriftlicher Antrag ▪ spätestens 7 Wochen vor Beginn der Verringerung bzw. ▪ Verbindung des Antrags mit Antrag auf Elternzeit möglich ▪ Angabe des Beginns und der Dauer der Teilzeitarbeit sowie der gewünschten Verteilung der Arbeitszeit ▪ Beschäftigtenzahl im Betrieb: in der Regel mehr als 15 Arbeitnehmer ohne Auszubildende. Berechnung nach Kopfzahl, d.h. unabhängig von Umfang der Beschäftigung. ▪ Arbeitsverhältnis muss ununterbrochen mindestens 6 Monate gedauert haben ▪ Vertraglich vereinbarte Arbeitszeit soll für mindestens 3 Monate auf einen Umfang von 15 bis 30 Stunden reduziert werden
Ablehnung des Verlangens	▪ Vorliegen dringender betrieblicher Gründe, die objektiv gewichtig sind und der gewünschten Arbeitszeitregelung zwingend entgegen stehen ▪ Schriftliche Begründung der Ablehnung ▪ Frist: 4 Wochen ▪ Bei Ablehnung oder Nichtreagieren seitens des Arbeitgebers hat die Mitarbeiterin, der Mitarbeiter das Recht auf Klageerhebung vor dem Arbeitsgericht. Teilzeit in der Elternzeit kann eingeklagt werden, dabei gilt keine Frist.
Abschließender Check	▪ Der Antrag des Arbeitnehmers auf Teilzeit während der Elternzeit liegt mindestens 7 Wochen vor dem gewünschten Beginn der Teilzeitarbeit schriftlich vor. ▪ Darin sind der Beginn und Umfang der Arbeitszeitverringerung sowie die gewünschte Verteilung der Arbeitszeit angeben. ▪ Für eine Einigung haben Arbeitgeber und Beschäftigte vier Wochen Zeit, sich auf die konkrete Gestaltung der Teilzeit während der Elternzeit zu einigen. ▪ Sobald eine Einigung gefunden wurde, sollte diese schriftlich fixiert werden. ▪ Keine Einigung? Spätestens zum Ablauf der vierwöchigen Frist muss entschieden werden, ob dem Antrag auf Teilzeit zugestimmt oder dieser aus dringenden betrieblichen Gründen abgelehnt werden soll. ▪ Schriftlich und mit Begründung muss eine Ablehnung innerhalb der Vierwochenfrist erfolgen.

Weitere hilfreiche Quellen:

- Auf der Webseite des Ministeriums für Familie, Kinder, Jugend, Kultur und Sport des Landes Nordrhein-Westfalen: http://bit.ly/1Q45CVz
- Auf der Webseite von »Impulse«: http://bit.ly/1NORoVj

Checkliste Urlaub in der Elternzeit

Die folgende Checkliste fasst die wichtigsten Punkte zum Thema Urlaub während der Elternzeit zusammen.

Checkliste: Urlaub in der Elternzeit[7]	
1.	Während der Elternzeit haben Arbeitnehmer keinen Anspruch auf bezahlten Erholungsurlaub.
2.	Als Arbeitgeber können Sie den Jahresurlaubsanspruch für jeden vollen Kalendermonat Elternzeit um 1/12 kürzen. Die Kürzung ist möglich, aber keine Notwendigkeit. Sie könne es auch stillschweigend nicht tun. Wenn Sie von diesem Recht Gebrauch machen möchten, muss dies dem Arbeitnehmer mitgeteilt werden. Hierfür gibt es keine Fristenregelung.
	Achtung: bei einer Teilzeittätigkeit gibt es diese Möglichkeit, den Urlaubsanspruch zu reduzieren, nicht!
3.	Hat die Mitarbeiterin den zustehenden Urlaub vor Beginn der Elternzeit nicht oder nicht vollständig genommen, muss der Resturlaub nach der Elternzeit gewährt werden. Der Urlaubsanspruch verfällt auch nach mehreren Jahren nicht.
4.	Endet das Arbeitsverhältnis während der Elternzeit oder wird es im Anschluss an die Elternzeit nicht fortgesetzt, so muss der nicht genommene Urlaub ausgezahlt werden.
5.	Kündigung während der Elternzeit durch den Arbeitnehmer: Der Urlaubsanspruch aus der Elternzeit überträgt sich nicht auf den neuen Arbeitgeber.
6.	Elternzeit gleich Reisezeit? Sind beide Eltern erwerbstätig, so können sie ihre Elternzeitmonate gleichzeitig nehmen und so, den angesparten Jahresurlaub hinzugerechnet (siehe § 17 Abs. 2 Bundeselterngeldgesetz), mehr als acht Monate Zeit zusammen verbringen. Aber: Wer Elterngeld bezieht, muss auch während eines Auslandsaufenthalts weiterhin »einen Wohnsitz oder seinen gewöhnlichen Aufenthalt« in Deutschland haben sowie Post von den Behörden erhalten können.

5.7 Wunsch und Wirklichkeit: Von der Vision zur Vereinbarung

Eine familienbedingte Auszeit ist immer auch ein großer Einschnitt. Eltern zu werden, verändert die Menschen. Auf einmal ist man nicht nur für sich selber verantwortlich, sondern auch für einen kleinen Menschen. Vater oder Mutter zu werden, verändert einen auch persönlich. Ganz neue Kompetenzen, sogenannte Schlüsselqualifikationen, werden erworben.

7 Quelle: Auf »Arbeitsrecht.org«: http://bit.ly/1Wu8Ndj — abgerufen am 19.8.2015.

Eine groß angelegte Studie der DAK[8] fand heraus: 83 Prozent der Mütter sagen, dass sie Dank Ihrer Kinder fit und gesund sind. Sie sind schwerer aus der Ruhe zu bringen und stressresistenter im Vergleich zu kinderlosen Frauen.

Das ist nur verständlich, denn jemand, bei dem jeden Tag zu Hause »der Bär steppt«, entwickelt eine gewisse Toleranz gegenüber unvorhergesehenen Situationen. Für Unternehmen sind Mitarbeiter, die gut mit Stress umgehen können, oft Gold wert.

Berufstätige Eltern:

- sind leistungsfähig und beweisen es täglich: »Ich führe ein kleines Familienunternehmen.«,
- sind motiviert, denn sie wollen mehr als am Sandkasten zu sitzen.
- Familienzeit macht kreativ.
- Eltern jonglieren jeden Tag mit Beruf und privaten Verpflichtungen, das erfordert Disziplin und Zeitplanung,
- sie sind qualifiziert, das zeigt meist ein Blick in die Dokumente,
- sie sind wie Selbstständige immer im Einsatz und
- sie sind als qualifizierte Mitarbeiter für die Wirtschaft unverzichtbar.

5.7.1 Vorbereitung des Wiedereinstiegs: Das zweite Mitarbeitergespräch

Eltern zu werden, verändert auch die Karrierewünsche. Es wurde ja bereits erläutert, dass es deshalb unverzichtbar ist, in einem Gespräch miteinander den Wiedereinstieg in den Job und den weiteren beruflichen Weg zu besprechen. Sonst gerät die Balance von Kind und Karriere häufig schnell aus dem Gleichgewicht.

Nochmals zur Erinnerung: Für einen erfolgreichen Wiedereinstieg nach der Elternzeit sollte bereits während der Elternzeit ein Gespräch zwischen Vorgesetztem und Mitarbeiterin/Mitarbeiter stattfinden. Der Wiedereinstieg der Mitarbeiterin kann vorbereitet und besprochen werden. Damit zeigen Sie der Mitarbeiterin oder dem Mitarbeiter Ihr Interesse an ihrer Person und der baldigen Rückkehr ins Unternehmen. Gleichzeitig erhöhen Sie so die Planungssicherheit auf beiden Seiten. Kehrt die Mutter oder der Vater nicht an den bisherigen Arbeitsplatz zurück, ist ein persönliches Gespräch der richtige Rahmen, um das zukünftige Einsatzgebiet im Unternehmen vorzustellen.

8 Quelle: http://bit.ly/1MFiXD8 — abgerufen am 22.4.2015.

Gemeinsam sollte ein Konzept erarbeitet werden, dass evtl. einen stufenweise Wiedereinstieg berücksichtigt.

Folgende Inhalte sollte ein solches Gesprächs haben:

- Abklärung der beiderseitigen Zufriedenheit hinsichtlich des Kontaktangebots und ggf. Nachbesserung, wenn der Kontakt ausgebaut werden könnte.
- Informationen über allgemeine Entwicklungen im Fachbereich, in der Firma und in der Abteilung sollten weitergegeben werden.
- Es sollte besprochen werden, welche Teilzeitbeschäftigung während der Elternzeit möglich ist und ob die Mitarbeiterin daran interessiert ist.
- Planung des Wiedereinstiegs: Welcher Zeitpunkt für die Wiederaufnahme der Berufstätigkeit ist geplant?
- Bedarf es dazu verschiedener Schulungen oder Weiterbildungen?
- Zur besseren Einarbeitung, um auf dem Laufendem zu bleiben und die Vereinbarkeit von Kind und Job zu testen, bietet sich auch die Übernahme von Vertretungstätigkeiten an.
- Es sollten die Möglichkeiten der Arbeitszeitgestaltung im Unternehmen nach dem Wiedereinstieg angesprochen werden (beispielsweise Regelungen zum Homeoffice, Gleitzeitkonten etc.).
- Die geplante Kinderbetreuung sollte besprochen werden. Wenn vorhanden, sollten Betreuungsangebote des Unternehmens angeboten werden. Wie plant die Familie die Betreuung in Ferienzeiten, bei Krankheit, Streik oder Notfällen geplant?
- Schließlich sollten weitere personen- oder firmenspezifische Inhalte besprochen werden.

Diese Phase vor dem eigentlichen Wiedereinstieg ins Unternehmen, dient daher vor allem der Bestandsaufnahme, der Erarbeitung eines passenden Arbeitszeitmodells, der passenden Unterstützung und dem Angebot notwendiger fachlicher Qualifizierungsmaßnahmen.

Gesprächszeitpunkte und Beteiligte

Die Erfahrung zeigt, dass neben dem regelmäßigen Kontakt z.B. durch den bereits erwähnten Paten vorbereitende Gespräche drei bis sechs Monate vor dem geplanten Wiedereinstieg sinnvoll sind. Die Eltern wissen meist schon, wann und in welchem Umfang sie zurückkehren möchten und haben sich mit der Form der Kinderbetreuung befasst. Teilnehmer an diesen persönlichen Gesprächen sind der oder die letzte Vorgesetzte oder ein Personalverantwortlicher und natürlich die Mitarbeiterin. Telefonate oder E-Mails bleiben in der Regel unpersönlicher, führen häufiger zu Missverständnissen und sind daher ungeeignet.

5.7.2 Modelle für den Wiedereinstieg — individuelle Umstände berücksichtigen

Die Themen familienfreundliche Arbeitszeitmodelle, persönliche Weiterentwicklung und Zufriedenheit im Job sind bereits angeklungen. Im nächsten Kapitel werden Sie dazu noch weitere detaillierte Informationen erhalten. An dieser Stelle möchte ich aber ein paar Aspekte ansprechen, die bereits vor dem Wiedereinstieg eine Rolle spielen. Dazu gehören Themen wie die angestrebte Stundenzahl und generell die künftige Arbeitszeit, aber auch die erforderlichen Qualifizierungsmaßnahmen. All das sollte möglichst schon jetzt festgelegt werden. Angebote von flexiblen Modellen zur Arbeitszeit und Arbeitsorganisation — Gleitzeit, Teilzeit, Job-Sharing, Telearbeit oder Homeoffice — kommen den veränderten familiären Bedingungen des Arbeitnehmers entgegen. Kann das Unternehmen seine Mitarbeiter in ihrem Wunsch nach einer flexiblen Kinderbetreuung unterstützen, reduzieren sich in Folge Fehlzeiten, die Mitarbeiter arbeiten konzentrierter.

Bedenken sollten Vorgesetzte und Arbeitgeber auch, dass der Wiedereinstieg an vielen Stellen scheitern kann.

Mögliche Wiedereinstiegshürden berücksichtigen
Zu beachten ist, dass die Rückkehr an den Arbeitsplatz ein Prozess ist und nicht von einem auf den anderen Tag erledigt sein kann. Im privaten Umfeld hat sich eben vieles verändert und muss neu organisiert werden. Es dauert einige Zeit, bis sich die alltäglichen Abläufe eingespielt haben. Auch im Unternehmen hat sich viel verändert und Mitarbeiterinnen brauchen etwas Zeit, bis sich wieder eine Routine eingestellt hat und Unsicherheiten überwunden sind. Familienfreundliche Arbeitszeitmodelle, Möglichkeiten, sich auch mit Kind beruflich weiter zu entwickeln und die sich daraus ergebende Zufriedenheit im Job sorgen für einen reibungslosen Start in den Beruf nach der Elternzeit. Führungskräfte und Arbeitgeber müssen diese Aspekte im Blick behalten. Suchen Sie deshalb immer wieder das Gespräch. Zeigen Sie sich offen, lösungsorientiert und sprechen Sie auch eventuelle Hürden offensiv an.

Entstehende Hürden können verschiedene Ursachen haben:

- Die Organisation der Kindebetreuung und die Schließzeiten der Betreuungsstätten,
- sich daraus ergebende längeren Fahrtzeiten bzw. -wege etc.,
- eine schwierige Integration notwendiger Qualifizierungsmaßnahmen oder von Schichtarbeit in den familiären Alltag.
- Privat können Druck (finanzieller oder durch Angehörige) und mangelnde Unterstützung hinzukommen.

- Technische Veränderungen am Arbeitsplatz, ein fehlendes Netzwerk im Betrieb, neue Vorgesetzte und/oder neue Kollegen sowie Veränderungen im Unternehmen bringen weitere Hürden mit sich.

Gut geplant ist viel gewonnen — das gilt auch für das Thema Wiedereinstieg.

Die Wiedereinstiegsplanung

Eine Möglichkeit mit den genannten Hürden auf dem Weg zurück in den Beruf umzugehen, ist eine detaillierte Wiedereinstiegsplanung. Gerade im Hinblick auf die Kinderbetreuung ist die langfristige Planung wichtig, da diese in den seltensten Fällen von jetzt auf gleich organisiert werden kann. Das Leben als Familie erfordert Organisationstalent.

Beispiel: Wiedereinstiegsplan

!

Lassen Sie uns in diesem Beispiel davon ausgehen, dass die Mitarbeiterin in der Kundenbetreuung eines Unternehmens arbeitet, derzeit aber in der Elternzeit ist und in ca. 3 Monaten in die Firma zurückkehren wird.

Zeitpunkt der Maßnahme?	Ziel der Maßnahme	Inhalt	Art der Weiterbildung
3 Monate vorher	Berufsrückkehrseminar	gezielte Vorbereitung auf den Wiedereinstieg	Externes Training (z.B. Haufe Akademie)
2 Monate vorher	Erweiterung der Fachkompetenz	Neues CMR-Tool	Externe Weiterbildung
1 Monat vorher	Erhalt und Erweiterung produktspezifischen Know-hows	Vorstellung neuer Produkte durch das Marketing	Außendiensttagung mit Produktpräsentation
1 Monat vorher	Von den anderen lernen	Mentoring durch eine ebenfalls berufstätige Mutter im Unternehmen	Interne Treffen
nach der Elternzeit	Eltern Stammtisch	Voneinander lernen, gegenseitiger Austausch, Netzwerkbildung zur gegenseitigen Unterstützung	Interne Treffen

Zeitpunkt der Maßnahme?	Ziel der Maßnahme	Inhalt	Art der Weiterbildung
6—12 Monate nach der Elternzeit	Vereinbarkeitsseminar	100 % Beruf + 100 % Familie = 200 % — das kann nicht gehen: Prioritäten setzen, delegieren, klare Absprachen treffen, sich organisieren, die Zeit einteilen, Ziele setzen	Externes Training (z.B. Haufe Akademie)

Da auch die Kosten solcher Maßnahmen wichtig sind, empfiehlt es sich, diese ebenfalls mit in einen solchen Plan aufzunehmen.

Mithilfe eines solchen Plans kann gemeinsam mit der Mitarbeiterin oder dem Mitarbeiter dokumentiert werden, wo Fort- und Weiterbildungsbedarf gesehen wird und welche Möglichkeiten es gibt. Gleichzeitig behalten Arbeitnehmer und Vorgesetzter so die langfristige Planung im Blick.

!

Praxisbeispiel: Staatsanzeiger für Baden-Württemberg GmbH

Die Rückkehr ins Erwerbsleben gezielt planen und vorbereiten:
Projekt Vereinbarkeit von Beruf und Familie beim Staatsanzeiger für Baden-Württemberg GmbH

Claudia Obert, Dipl.-Betriebswirtin (BA) Personal und Controlling beim Staatsanzeiger für Baden-Württemberg GmbH berichtet über die Erfahrungen ihres Unternehmens.

Das unternehmerische Ziel der besseren Vereinbarkeit von Beruf und Familie liegt klar in einer Steigerung der Mitarbeiterzufriedenheit und Mitarbeiterbindung. Die durchschnittliche Betriebszugehörigkeit steigt kontinuierlich an und liegt 2013 bei 8,05 Jahren. Eine gute interne Kommunikation sichert die erforderliche Transparenz und Präsenz des Projekts.

Wie wichtig die Unterstützung der Mitarbeiter ist, wurde auch in den zu Beginn des Projekts erhobenen Bedarfswerten je Abteilung deutlich. Aktuell haben 18 Mitarbeiter/-innen Kinder im Alter von 0 bis 16 Jahren. Zehn Kinder sind dabei in der Altersgruppe von 0 bis 3 Jahren. Jeweils sieben Kinder gibt es in den Altersgruppen 3 bis 6 und 7 bis 10 Jahren.

Das Engagement, Mitarbeiter/-innen in ihrer Familienplanung zu unterstützen und den Wiedereinstieg ins Berufsleben so einfach wie möglich zu gestalten, ist auch ein wichtiges Argument bei der Gewinnung neuer Mitarbeiter/-innen. Gerade als kleineres Unternehmen können wir uns mit individuellen Angeboten positiv bei Bewerbern positionieren. Diesen Imagegewinn des Unternehmens als Arbeitgeber nehmen wir regelmäßig in Bewerbungsgesprächen wahr, wenn wir unser Konzept der familienbewussten Personalpolitik vorstellen. Uns zeichnet dabei besonders aus, dass wir auf die individuellen Belange der Mitarbeiter/-innen eingehen und schnell sowie unkompliziert zu einer guten Lösung für beide Seiten kommen. Auch für immer mehr Männer rückt dieses Thema zunehmend in den Vordergrund.

Bisher sind — bis auf eine Mitarbeiterin, die aufgrund ihres Wohnortwechsels zu einem anderen, aber eng mit uns verbundenen Arbeitgeber gewechselt hat — alle Mitarbeiterinnen und Mitarbeiter aus der Elternzeit erfolgreich ins Unternehmen zurückgekommen. Dies ist das Ziel, das wir mit dem Konzept der familienbewussten Personal- und Führungspolitik verfolgen. Wir kommunizieren unser Angebot dabei sowohl intern als auch nach außen über verschiedene Möglichkeiten. Beispielswiese auch auf unserem Arbeitgeberprofil auf XING https://www.xing.com/company/staatsanzeiger und kununu http://www.kununu.com/de/all/de/all/staatsanzeiger#/benefits sowie auf dem Karrierebereich unserer Website unter www.staatsanzeiger.de/karriere sowie intern über unser Intranet und verschiedene Veranstaltungen.

Die Zielgruppe sind dabei also Mitarbeiter/-innen mit Kindern, die während der Elternzeit den Kontakt zum Unternehmen halten und nach der Elternzeit wieder in den Beruf einsteigen möchten und durch maßgeschneiderte und individuelle Angebote des Staatsanzeigers Beruf und Familie gut vereinbaren können. Weiter natürlich auch alle Mitarbeiter/-innen, die sich in der Phase der Familienplanung befinden und Bewerber/-innen im Rahmen der Mitarbeitergewinnung.

Projektbeschreibung:
Für 2013 legte der Geschäftsführer, Herr Ciresa, als Unternehmensziel fest, dass die Vereinbarkeit von Beruf und Familie beim Staatsanzeiger weiter zu verbessern ist. Frau Obert wurde mit der Leitung des Projekts zum Erreichen dieses Ziels beauftragt. Direkt in das Projekt mit einbezogen wurde ein Team von sechs Mitarbeiter/-innen, die alle Kinder in unterschiedlichen Altersstufen von 0 bis 8 Jahren haben. Ziel war es dabei, die Erfahrungen und Bedürfnisse der Mitarbeiter/-innen direkt in das Projekt mit einfließen zu lassen.

Im Startworkshop wurden die aktuellen Herausforderungen im Hinblick auf die Vereinbarkeit von Beruf und Familie erfasst und zugleich wurde nach Lösungen gesucht. Neben der Möglichkeit zum Homeoffice und einer weiteren Flexibilisierung der Arbeitszeit waren auch die Punkte Information rund um den Wiedereinstieg nach der Elternzeit, Unterstützung durch den Staatsanzeiger beim Wiedereinstieg und Kontakt zum Unternehmen während der Elternzeit ein großes Thema. Einige Unterstützungsangebote gibt es bereits recht lange, so unterstützen wir die Eltern z. B. schon seit 2006 mit einem steuerfreien monatlichen Kindergartenzuschuss. Dieses Angebot wurde im Rahmen des Projekts nochmals überarbeitet.

Um alle Informationen und Angebote für die werdenden Eltern griffbereit zu haben, haben wir im Rahmen des Projekts gemeinsam einen Leitfaden entwickelt, der alle

Informationen bündelt. Der Leitfaden gliedert sich in drei Phasen: die Phase vor der Elternzeit, während der Elternzeit und die Phase des Wiedereinstiegs nach der Elternzeit. Alle Maßnahmen, Möglichkeiten und Unterstützungsleistungen sind darin klar aufgezeigt.

Eine Maßnahme während der Elternzeit ist z. B. ein Newsletter, der monatlich an die Mitarbeiter/-innen in Elternzeit versendet wird, um diese über aktuelle Entwicklungen und Themen aus dem Staatsanzeiger zu informieren. Die Einladung zu Inhouseweiterbildungen, zum jährlichen Gesundheitstag, zu Firmenfeiern und anderen Gelegenheiten sowie der Aufbau eines Elternnetzwerks sind weitere Möglichkeiten, den Kontakt während der Elternzeit zu halten. Ein stufenweiser Wiedereinstieg nach der Elternzeit, beispielsweise zunächst im Rahmen eines Minijobs oder einer stufenweisen Erhöhung des Teilzeitvolumens hat sich schon mehrere Male bewährt.

Was für den einen Mitarbeiter sehr gut klappt, kann beim anderen Mitarbeiter keine gute Lösungsmöglichkeit sein. Wichtig ist hierbei vor allem, dass wir auf die individuellen Belange des/-r Mitarbeiters/-in eingehen und dies in persönlichen Gesprächen mit dem/-r Mitarbeiter/-in vereinbaren. Auch die neu ausgebauten Möglichkeiten zur Arbeit im Homeoffice tragen zur besseren Vereinbarkeit von Beruf und Familie erheblich bei. Eine Kollegin wird ab 1. April 2015 wieder aus der Elternzeit zu uns zurückkommen und die Tätigkeit im Anzeigenbereich vorrangig im Homeoffice erledigen können. Eine komplette Anbindung an alle Programme und Systeme sowie die Anbindung des IP-Telefons ermöglichen ein Arbeiten wie im Büro.

Kooperationspartner im Projekt sind bei den verschiedenen Angeboten zur Ferienbetreuung mit im Boot, u. a. das Haus der Familie, wo wir die Kinder gesammelt anmelden können. Aktiv in Form von Treffen, Veranstaltungen und Vorträgen sind wir beim Projekt kmu4family der MFG Innovationsagentur mit dabei und darüber hinaus sind wir auch Mitglied beim Netzwerkbüro Erfolgsfaktor Familie.

Unser Eindruck zu dem Projekt und zur Reaktion unserer Mitarbeiter/-innen ist durchweg positiv. Die Mitarbeiter wissen das Engagement und die Flexibilität, die wir Ihnen mit unserem Angebot und unseren Maßnahmen entgegen bringen, sehr zu schätzen. Gerade auch unsere Mitarbeiterstruktur mit einem Frauenanteil von ca. 71 Prozent macht deutlich, wie wichtig ein Engagement der Unternehmen zur Vereinbarkeit von Beruf und Familie ist, um die Mitarbeiter/-innen in allen Lebensphasen im Betrieb halten zu können und das Know-how zu sichern.

5.7.3 Vorlagen und Checklisten

Die folgenden Vorlagen und Checklisten werden Sie dabei unterstützen, den Wiedereinstieg in den Beruf optimal zu gestalten.

!

Vorlage: Gespräch zur Vorbereitung des Wiedereinstiegs

Zeitpunkt: spätestens 3 bis 6 Monate vor dem Wiedereinstieg
Rechtliche Grundlage: §§ 1 ff. Gesetz zu Elterngeld und Elternzeit; §§ 8 bis 9 Teilzeit und Befristungsgesetz
Vorgesetzter/Vorgesetzte:
__________________________ Name, Vorname , Abteilung

Mitarbeiter/Mitarbeiterin
__________________________ Name, Vorname, bisherige Tätigkeit
Freiwillige Angaben: __________________________
Geburtsdatum des Kindes:
Private E-Mail-Adresse/Tel.:

Wiedereinstiegswunsch des Elternteils

Voraussichtlicher Rückkehrtermin:____.____.________
Soll Vollzeit oder Teilzeit gearbeitet werden?____________________
Zu welchen Zeiten soll gearbeitet werden? ____________________
Kinderbetreuung: Gibt es bereits eine Regelung? Kann diese durch die Arbeitszeit verbessert werden? __________________________
____

Vorstellungen des Vorgesetzten bezüglich des Wiedereinstiegs:
____
____

Nach der familienbedingten Auszeit kehrt die Mitarbeiterin, der Mitarbeiter an folgenden Arbeitsplatz zurück:
an den alten Arbeitsplatz __________________________

Veränderungen am Arbeitsplatz bitte hier festhalten:
____

an einen neuen Arbeitsplatz:
____

Gründe für die Änderung:
____
____

Die Rückkehr erfolgt vorerst in Teilzeit.

- Teilzeitregelung ________ % der regulären Arbeitszeit
  verteilt auf folgende Tage __________________________
- andere Teilzeitregelung __________________________

Um eine gute Vereinbarkeit von Familie und Beruf zu ermöglichen, wurde gemeinsam folgendes Arbeitszeitmodell erarbeitet:
____
____

Die Teilnahme an einem vorbereitenden Seminar zur Vereinbarkeit von Beruf und Familie oder einer Qualifizierungsmaßnahme wurde vereinbart:

____

____

Aufgrund vorhandener Kinderbetreuung kann diese Fortbildung in der Endphase der familienbedingten Auszeit liegen:

- ja
- ja, nur vormittags/nachmittags
- nein

Ein Seminar zur Vereinbarkeit von Beruf und Familie oder eine Qualifizierungsmaßnahme sind für die Zeit nach der Rückkehr an den Arbeitsplatz geplant.

- ja
- nein

Einigkeit besteht in Bezug auf:

____

____

Offene/ungeklärte Punkte:

____

____

Weiteres Vorgehen des Arbeitgebers

1. Planung der Einarbeitung:

____

____

2. Planung der Arbeitsorganisation:

____

____

3. Zweiter Termin für ein Rückkehrgespräch kurz vor der Arbeitsaufnahme am

______________ Datum

4. Sonstiges:

____

____

___.____.________ Datum

______________________________	______________________________
Unterschrift Beschäftigte/r	Unterschrift Vorgesetzte/r

Fragenkatalog für Vorgesetzte oder Personalverantwortliche: Den Wiedereinstieg und das Rückkehrgespräch vorbereiten

- Wann und in welchem Umfang ist die Rückkehr an den Arbeitsplatz möglich?
- Welches Arbeitszeitmodell bzw. welche Form der Arbeitsorganisation kommt infrage?
- Ist eine Rückkehr in Teilzeit möglich?
- Sind die gesetzlichen Voraussetzungen und Möglichkeiten einer Teilzeit bekannt?
- Ist die Stelle teilbar (Jobsharing)?
- Wie kann die Arbeit aufgeteilt werden?
- Wurden mögliche Arbeitszeitmodelle geprüft, die mit dieser Position sinnvoll umsetzbar sind?
- Gibt es Anwesenheitsverpflichtungen, z.B. die Gewährleistung von Arbeitsabläufen etc., die dagegen sprechen?
- Wären andere Organisationsmodelle des Arbeitsbereichs möglich, wenn dies erforderlich wäre?
- Besteht die Möglichkeit, an den bisherigen Arbeitsplatz zurückzukehren?
- Welche anderen Einsatzfelder sind möglich?
- Funktioniert der Kontakt zwischen Mitarbeiter und Unternehmen oder muss evtl. nachgebessert werden?
- Bestehen der Bedarf und/oder der Wunsch, sich während der Elternzeit weiterzubilden?
- Kann das Unternehmen die Vereinbarkeit von Beruf und Familie verbessern und z.B. bei der Kinderbetreuung unterstützen?

5.8 Für die Mitarbeiterin: Die Babypause richtig nutzen

Unabhängig davon, wie lange Sie Elternzeit nehmen möchten: Nutzen Sie diese Zeit wertsteigernd für ihre Berufstätigkeit. Natürlich haben Sie sich in erster Linie dazu entschlossen, ganz für Ihr Kind da zu sein, sich dem Muttersein hinzugeben. Ihr Leben ist seit der Geburt ein ganz anderes als früher. Sie und Ihr Partner müssen erst in diesem neuen Leben ankommen, sich zurechtfinden und der neue Mensch in Ihrer Mitte stellt seine ganz eigen Ansprüche. Es sei Ihnen gegönnt, doch bitte vergessen Sie nicht, dass Kinder nur eine sehr kurze Zeit klein sind und ihre Eltern intensiv brauchen. Danach haben Sie noch einige Jahre Berufstätigkeit vor sich.

5.8.1 Was Sie schon während der Elternzeit tun können

Im Folgenden möchte ich Ihnen eine Reihe von Tipps geben, wie Sie schon während der Elternzeit den Wiedereinstieg sinnvoll vorbereiten können:

- Während der Auszeit ist es wichtig, vor allen Dingen die eigene Qualifikation zu erhalten.
- Bieten Sie bei geklärter Kinderbetreuung an, Urlaubs- und Krankenvertretungen zu übernehmen.
- Rechtlich ist es möglich, im Rahmen der Elternzeit bis zu 30 Stunden in der Woche zu arbeiten, so können Sie z.B. eine Teilzeittätigkeit in Ihrer Firma übernehmen, um fachlich am Ball zu bleiben.
- Nutzen Sie die Weiterbildungsmaßnahmen Ihres Arbeitgebers oder suchen Sie selber nach geeigneten Maßnahmen.
- Bereiten Sie sich auf das Rückkehrgespräch vor.
- Fragen Sie nach einem Mentoringprogramm oder überlegen Sie, ob ein erfahrener Kollege Ihnen helfen könnte, den Kontakt zum Betrieb zu halten.
- Nutzen Sie Fachmagazine, das Intranet und andere »Betriebsmedien«.
- Lassen Sie sich deshalb unbedingt einen externen Zugang zum Intranet geben und bitten Sie darum, Veröffentlichungen per Post zu erhalten.
- Gehen Sie zu betrieblichen Veranstaltungen (Sommerfest, Weihnachtsfeier, Produktpräsentationen etc.).
- Machen Sie sich Ihre wichtigsten Ziele und Werte im Leben bewusst.
- Klären Sie, welche Erwartungen Kollegen und Vorgesetzte haben.
- Treffen Sie gemeinsam sorgfältig die Entscheidung, wie Sie als Elternteam die Elternzeit nutzen möchten.
- Bleiben Sie bei Ihren Karrierezielen, auch wenn es anstrengend wird.

!

Tipp: Bleiben Sie am Ball und halten Sie sich auf dem Laufenden

Stellen Sie sich einmal vor, Sie hätten die Entwicklungen der letzten 10 Jahre an Ihrem Arbeitsplatz nicht mitbekommen und müssten heute wieder einsteigen. Eine riesige Hürde würde sich vor Ihnen auftürmen, nichts wäre mehr wie früher.
Fragen Sie sich:

- Welche Möglichkeiten, beruflich den Kontakt zu halten, würden Sie gern umsetzen?
- Was haben Sie schon unternommen?

5.8.2 Bleiben Sie fachlich auf der Höhe – Weiterbildung in der Elternzeit

Heute braucht niemand mehr zu warten, bis das Kind volljährig ist und die berufliche Ausbildung oder das Studium abgeschlossen ist, um wieder in den Beruf zurückzukommen. Die Ablösung vom Elternhaus beginnt mit ersten Schritten inzwischen bereits im Kindergarten, in der Vorschule und dann in der Schule. Kinder lernen neue Freunde und neue Interessen kennen und möchten diesen nachgehen.

Hinzukommen die unschönen Statistiken, die niemand gerne hört, die aber wichtig sind bei der Entscheidung, die Berufstätigkeit fortzusetzen, und zwar nicht mit einem Mini- oder 450-Euro-Job:

- Jede dritte Ehe wird in Deutschland geschieden, Tendenz steigend. Für unsere Großmütter war die Ehe noch eine Art Lebensversicherung, dies ist sie heute nicht mehr
- Im Jahr 2011 gab es in Deutschland 2,69 Millionen alleinerziehende Mütter und Väter. Die größte Gruppe unter allen Alleinerziehenden bildeten die alleinerziehenden Mütter mit einem Kind mit 61,1 Prozent. An zweiter Stelle standen mit 23,2 Prozent die alleinerziehenden Mütter mit zwei Kindern.
- Das neue Unterhaltsrecht ist kompliziert. Zum Thema des nachehelichen Unterhalts gibt es keine pauschalen Regelungen, es sind vielmehr unterschiedliche Faktoren zu berücksichtigen. Gemäß einer Entscheidung des Bundesgerichtshofs ist in jedem Einzelfall zu klären, ob Ansprüche des eventuell unterhaltsberechtigten Ehepartners vorliegen und falls ja, für welchen Zeitraum dies der Fall ist. Die eindeutige Empfehlung des Arbeitsgerichts lautet deshalb: Bleiben Sie beruflich am Ball.
- Die Rente ist für die Generation derer, die heute unter vierzig sind, nicht mehr sicher.
- Besonders Frauen sind aufgrund langer familienbedingter Auszeiten und anschließenden Tätigkeiten mit geringer Entlohnung häufig von Armut im Alter bedroht.

Es ist also umso wichtiger, dass Ehepartner unabhängig bleiben und sich um ihre Altersversorgung selbst kümmern. Auch wenn diese ganzen Faktoren hoffentlich nie auf Sie zutreffen werden und die finanziellen Rahmenbedingungen stimmen, so stärkt eine Berufstätigkeit auf jeden Fall das Selbstwertgefühl. Eine Berufstätigkeit bringt zudem Spaß, Anerkennung, Themen und Kontakte außerhalb des Kinderkosmos und erweitert den eigenen Horizont.

Natürlich können Sie die Auszeit vom Job für eine Fortbildung nutzen. Neben den genau passenden Weiterbildungsmaßnahmen, die vielleicht sogar Ihr Arbeitgeber anbietet, ließe sich aber auch über ein Studium an einer Hochschule oder Fernuni nachdenken. Es gibt sogar Universitäten, an denen Sie abends studieren können, wenn Ihr Partner sich ums Kind kümmern kann. Bitte bedenken Sie allerdings, dass ein konzentriertes Arbeiten nur möglich ist, wenn jemand sich um Ihr Kind kümmert oder Sie eines der wunderbar pflegeleichten Babys haben, das die meiste Zeit des Tages verschläft.

Fragen Sie Ihren Arbeitgeber, ob er sich an den Kosten beteiligt, denn die Firma kann diese Kosten steuerlich absetzen und sichert gleichzeitig Ihre Qualifikation.

Bestandsaufnahme vor einer Weiterbildung:

- Erstellen Sie eine Liste darüber, was Sie beruflich am meisten voranbringt.
- Können Sie die Lücken in Ihrem Fachwissen füllen?
- Wie steht es um Ihre Sprachkenntnisse?
- Fehlt Ihnen für Ihren weiteren beruflichen Weg ein bestimmter Abschluss?
- Werden passende Weiterbildungsmöglichkeiten in Ihrer Nähe angeboten?
- Gibt es für Sie die passenden Fernkurse?
- Vergleichen Sie die Anbieter.

5.8.3 Viel zu tun und nichts geschafft – über den Alltag mit Kind

Mit hoher Wahrscheinlichkeit bleiben Sie als Mutter erst einmal beim Baby zu Hause. Als berufstätige Frau waren wir es gewöhnt, an einem Tag viel zu schaffen, To-do-Listen abzuarbeiten, Projekte voranzubringen, etwas bewirken zu können. Der Alltag mit Kind ist ein ganz anderer, das haben Sie inzwischen sicherlich gemerkt. Wohin nur die Zeit geblieben? Plötzlich bestimmen Sie nicht mehr über sich und das eigene Leben, ein kleines Wesen hat Sie und den Alltag fest im Griff. Manche Frauen schaffen es nicht einmal, bis mittags geduscht zu haben. Auch Ihr Partner sieht Sie nun vielleicht mit anderen Augen, da Sie doch den ganzen Tag zu Hause sind und eigentlich Zeit hätten. Ja, eigentlich. Natürlich sind Sie glücklich mit ihrem Kind und genießen sicherlich auch viele Momente. Doch fast alle gut ausgebildeten Frauen kommen einmal an den Punkt, an dem sie sich hilflos und alleingelassen fühlen. Dann kann es helfen, sich mit anderen Müttern auszutauschen. Nur Mut, Ihr Gegenüber wird Sie sicherlich verstehen.

Die Tatsache, dass Sie Ihr Kind sicherlich heiß und innig lieben bedeutet noch lange nicht, dass Sie Ihre Erfüllung in einem reinen Mutteralltag finden. Andere Interessen wie die Partnerschaft, Freundschaften, Freude am Job, kulturelle oder sportliche Interessen gehören genauso dazu. Die Geburt eines Kindes sollte diese Interessen nicht ersetzen, sondern ergänzen und neu gewichten. Natürlich kann es mühsam sein, sich der eigenen Interessen bewusst zu werden, sie zu formulieren und sie vielleicht sogar gegen den Widerstand anderer durchzusetzen. Es lohnt sich aber in jedem Fall!

Tipp: Suchen Sie den Kontakt mit Gleichgesinnten !

Halten Sie den Kontakt zu den Frauen aus Ihrem Geburtsvorbereitungskurs, lernen Sie Nachbarn mit Kindern kennen und besuchen Sie mit Ihrem Baby Kurse wie Babymassage, Babyschwimmen und dergleichen. Hier treffen Sie auf Gleichgesinnte und vielleicht lässt sich hier auch ein Netzwerk aufbauen. Nicht nur, um einmal wieder rauszukommen, sondern auch für die Betreuung des Kindes. Es ist nicht zu unterschätzen, wenn statt eines bezahlten Babysitters auch einmal eine Freundin einspringen kann.

Zeit sparen im Haushalt:
Machen Sie als erstes eine Haushaltsanalyse, bei der Sie klären, was und wie viel zu tun ist. Dafür notieren Sie eine Woche lang alle anfallenden Arbeiten in einer Liste oder im Kalender. Auch Routineaufgaben wie den Müll rausbringen, den Geschirrspüler ausräumen, Wäsche aufhängen oder morgens den Kaffee kochen gehören in diese Liste. Hinzu kommen Sonderaufgaben, die vielleicht nicht oft vorkommen, aber Zeit kosten wie z.B. die Terrasse im Sommer fegen, im Winter Schnee schippen, den Keller aufräumen, abgelegte Spielsachen und Kleidung in einer Tauschbörse oder bei eBay verkaufen. Messen Sie die Zeit und notieren Sie diese. Vielleicht sind Sie nicht der Listenschreiber und schrecken jetzt vor dieser Aufgabe zurück, doch wenn Sie am Ende sehen, wie viel Zeit für solche Tätigkeiten verloren geht, können Sie zum einen besser planen und zum anderen auch überlegen, wer welche Aufgaben übernehmen könnte.

Tipps: So können Sie sich entlasten !

- **Überlegen Sie, welche Ihrer Aufgaben und Tätigkeiten jemand anderer übernehmen kann oder Ihnen dabei helfen könnte.**
- **Schluss mit der Perfektion: Müssen Handtücher und Unterhosen gebügelt werden?**
- **Vereinfachen Sie Ihre Menüplanung: Für Gäste muss es nicht immer das Vier-Gänge-Menü sein und falls doch, brauchen Sie dafür nicht stundenlang in der Küche zu stehen. Überlegen Sie, wie Sie hier kreativ Zeit sparen könnten.**
- **Ihre Vorratsschränke sollten mit den Dingen, die Sie immer wieder brauchen, gut gefüllt sein, so müssen Sie nicht wegen jeder Kleinigkeit loslaufen.**
- **Ein großer Einkauf pro Woche spart Zeit, Geld und Nerven.**
- **Machen Sie anschließend einen Speiseplan für die kommenden Tage, das erspart das lästige Überlegen, was gekocht werden könnte.**
- **Bei Kindergartenfesten und Co. überbieten sich manche Mütter bei Kuchen etc., doch keine Sorge, Sie dürfen auch einmal einen gekauften Kuchen mitbringen.**
- **Definieren Sie die Standards, wie viel Sauberkeit und Ordnung sein muss.**
- **Ordnung halten ist einfacher, wenn es dafür ein System gibt. Wenn jedes Teil einen festen Platz hat, ist aufräumen viel leichter. Heimatlose Dinge kann man dann entsorgen oder ihnen einen Platz zuweisen.**

- **Bei dieser Gelegenheit könnten Sie auch überlegen, ob Sie wirklich all diese Dinge brauchen. Passt das überhaupt noch in Ihr Leben? Von einigem kann man sich ohne Probleme trennen und fühlt sich hinterher leichter, ein angenehmes Gefühl.**

Check: Wie viel Arbeitszeit kann ich zur Verfügung stellen?

Um zu ermitteln, wieviel Arbeitszeit Sie Ihrer Firma zur Verfügung stellen können, sollten Sie die folgenden Fragen beantworten.

Wie viel Arbeitszeit kann ich zur Verfügung stellen?		
1.	Wie viele Stunden können und möchten Sie Ihr Kind betreuen lassen?	
2.	Wie viele Stunden können Sie in Ihrem Job arbeiten, ohne sich durch die zusätzliche Arbeit zu überlasten?	
3.	Würden Sie gern von zu Hause aus arbeiten?	
4.	Bietet Ihr Arbeitgeber dies auch an?	
5.	Wäre eine Mischung aus Stunden im Unternehmen und Homeoffice möglich?	
6.	Ist Ihr Partner tatsächlich bereit, das Kind mit zu betreuen?	
7.	Sind Großeltern oder andere Verwandte bereit, z.B. nachmittags zuverlässig das Kind mit zu betreuen?	
8.	Wie weit ist Ihr Arbeitsweg und wie lange brauchen Sie normalerweise für diesen Weg?	
9.	Wie viel Zeit brauchen Sie für den Weg von der Kinderbetreuung zu Ihrer Arbeit?	
10.	Kann Ihr Partner oder eine andere Betreuungsperson Ihr Kind von der Betreuungsstätte abholen oder im Notfall mit einspringen?	
11.	Wie flexibel müssen Sie in Ihrem Beruf sein?	
12.	Bietet das Unternehmen flexible Arbeitszeiten?	
13.	Müssen Sie in Ihrem Job häufig reisen?	
14.	Wenn ja: Wer kümmert sich in dieser Zeit um Ihr Kind und übernimmt das Bringen und Holen?	
15.	Fallen gewöhnlicherweise an Ihrem Arbeitsplatz Meetings, Besprechungen etc. auf Zeiten außerhalb der Betreuungszeiten oder ist das Unternehmen flexibel genug, sich umzustellen?	
16.	Angenommen, Ihr Kind ist krank, wäre es möglich, dass Ihre Aufgaben im Unternehmen von jemand anderem übernommen werden könnten, sodass Sie bei Ihrem Kind bleiben können?	

Wie viel Arbeitszeit kann ich zur Verfügung stellen?		
17.	Oder stünden Ihr Partner oder andere Betreuungspersonen im Krankheitsfall bereit?	
18.	Wie würden Sie die Kinderbetreuung während der 14 Wochen Schulferien gestalten?	
19.	Nachdem Sie diese Fragen beantwortet haben: Wieviel Arbeitszeit steht Ihnen täglich, in der Woche und im Monat zur Verfügung?	

Test: Sind Sie reif für den Wiedereinstieg?

Dieser Test hilft Ihnen dabei, einzuschätzen, ob der Wiedereinstieg für Sie schon sinnvoll sein könnte oder ob Sie besser noch etwas warten sollten.

	Ja	Manchmal	Nein
Denken Sie viel über Ihren Job und einen Wiedereinstieg nach?	2	1	0
Haben Sie morgens öfters schlechte Laune, wenn Sie an den Tag denken?	2	1	0
Langweilen Sie sich tagsüber öfter?	2	1	0
»Ehre das Alte, wage das neue« – passt das zu Ihren Gedanken?	2	1	0
Können Sie Ihr Wissen in Ihrer Firma bzw. am Arbeitsplatz gut einbringen?	2	1	0
Ließe sich Ihre Arbeit gut mit Ihren Lebensverhältnissen (Wohnort, Partnerschaft, Familie, Kinder ...) vereinbaren?	2	1	0
Sind Sie nach einem Tag mit Ihrem Kind abends oft erschöpft?	2	1	0
Fühlen Sie sich motiviert, wenn Sie an Ihren Wiedereinstieg denken?	2	1	0
Wird Ihr Kind tagsüber noch gestillt?	0	1	2
Wollen Sie im Haushalt alles perfekt machen?	0	1	2
Hat sich Ihr Verhältnis zur Hausarbeit verändert, seit Sie bei Ihrem Kind zu Hause sind?	0	1	2
Ist Ihr Kind selten krank?	2	1	0
Vertrauen Sie Ihr Kind anderen an? Z.B. Verwandten, Freunden, Betreuung im Fitnessstudio etc.	2	1	0

	Ja	Manchmal	Nein
Können Sie sich gut konzentrieren, wenn Ihr Kind von jemand anderem betreut wird?	2	1	0
Würden Sie gern andere Leute treffen und über andere Themen als Kinder reden?	2	1	0
Fühlt sich Ihr Kind beim Vater genauso wohl wie bei Ihnen?	2	1	0
Haben Sie den Vater aktiv mit in die Kinderbetreuung eingebunden?	2	1	0
Haben Sie das Gefühl, dass nur Sie Ihr Kind gut betreuen können? Können Sie schwer loslassen?	0	1	2
Fühlen Sie sich körperlich wieder fit genug für den beruflichen Alltag?	2	1	0
Reagieren Sie bei Streitigkeiten sehr emotional?	0	1	2
Sind Sie sich mit Ihrem Partner einig, was Kinderbetreuung und Erziehung angeht?	2	1	0
Halten Sie Kontakt zu Ihrem Vorgesetzten und den Kollegen?	2	1	0
Lesen Sie regelmäßig Fachmagazine für Ihren Beruf oder den Wirtschaftsteil der Zeitung?	2	1	0
Lesen Sie ab und zu Stellenanzeigen im Internet oder in der Zeitung?	2	1	0
Würde sich Ihre finanzielle Lage drastisch verbessern, wenn Sie wieder arbeiten würden?	2	1	0
Sehnen Sie sich manchmal danach, wieder eine andere Aufgabe zu haben, außer die der Hausfrau und Mutter?	2	1	0
Gibt es in Ihrem Beruf flexible Arbeitszeiten oder die Möglichkeit, von zu Hause aus zu arbeiten?	2	1	0
Summe			

Auswertung

0–15 Punkte: Der Wiedereinstieg hat noch Zeit.
Lassen Sie sich und Ihrem Kind noch Zeit.

Noch steht Ihr Kind ganz im Mittelpunkt Ihres Lebens, zwingen Sie sich also zu nichts und lassen Sie sich von niemandem etwas einreden.

Wenn es nicht finanziell unbedingt nötig ist, gönnen Sie sich und Ihrer Familie noch ein wenig gemeinsame Zeit zu Hause, denn Sie finden es schön, für Ihr Kind zu sorgen.

Kinder brauchen eine glückliche und zufriedene Mama, ob sie diese Gelassenheit und Ruhe aus ihrem Job oder aus ihrem Leben mit der Familie zieht, ist dabei ganz egal. Noch reichen Ihnen die verschiedenen Rollen, die Sie gerade spielen — Mama, Hausfrau, Geliebte, Köchin ...

Für weitere berufliche Rollen ist auch später noch Zeit. Noch möchten Sie die Zeit mit Ihrem Kind in vollen Zügen genießen.

16—31 Punkte: Noch sind Sie hin und her gerissen.
Mit Ihrem Kind sind Sie sehr verbunden und Sie sind gern mit ihm zusammen, doch in manchen Momenten denken Sie, es wäre toll, wieder berufstätig zu sein, Geld zu verdienen, Kollegen um sich zu haben, erwachsene Gespräche zu führen, wichtige Entscheidungen zu treffen etc. Sie können Ihr Kind immer besser loslassen.

Versuchen Sie herauszufinden, was genau Ihnen in Ihrem Leben im Moment fehlt und was Sie in Ihrem jetzigen Leben glücklich macht. Ich bin mir sicher, dass Sie eine Lösung finden werden, die beides unter einen Hut bringt. Organisation ist alles!

Und vielleicht wäre es eine gute Möglichkeit, am Anfang mit wenigen Stunden Arbeit zu beginnen und diese in Absprache mit dem Vorgesetzten auszubauen. Vielleicht ist ein Homeoffice die perfekte Lösung für Sie? So gelingt Ihnen der Umstieg von der Elternzeit in ein Leben mit Beruf und Familie vielleicht leichter. Denken Sie darüber nach! Wenn Ihnen diese Aussichten nicht gefallen, muten Sie sich nicht zu viel zu. Vielleicht bleiben Sie noch ein paar Monate zu Hause bei Ihrem Kind.

32—46 Punkte: Worauf warten Sie noch?
Sie sind bereit, neue alte Herausforderungen anzunehmen und sich wieder in den Joballtag zu werfen. Sie lieben Ihr Kind und Ihren Job. Der Tag Ihres beruflichen Wiedereinstiegs motiviert Sie und gibt Ihnen Kraft. Kinder brauchen eine glückliche und zufriedene Mama. Der Wechsel zwischen beiden Welten dürfte Ihnen gut gelingen. Sie wollen und können wieder arbeiten gehen!

Antrag auf Teilzeit während der Elternzeit
An dem folgenden Muster können Sie sich orientieren, wenn Sie einen Antrag auf Teilzeit während der Elternzeit stellen:

!

Antrag auf Teilzeit während der Elternzeit

Ihre Adresse: ______________________

Name: ______________________

ggf. Abteilung/Personalnummer: ______________________________

Straße, Hausnummer:_______________________________

PLZ, Ort: __________________________________

Anschrift Arbeitgeber

Name:___________________________________

Firma: __________________________________

Straße, Hausnummer: ____

PLZ, Ort: __________________________________

Betreff: Antrag auf Teilzeit während der Elternzeit

Sehr geehrte*(r) Frau/Herr [Name Arbeitgeber]*,
hiermit beantrage ich während der Elternzeit zur Betreuung und Erziehung meines Kindes *[Name]* eine Teilzeitbeschäftigung.
Unter Einhaltung der gesetzlichen 7-Wochen-Frist zur Ankündigung der Teilzeittätigkeit möchte ich meine Teilzeittätigkeit während der Elternzeit wie folgt beantragen:
Ich möchte meine Teilzeittätigkeit ausüben vom *[Datum des geplanten Beginns – min. sieben Wochen in der Zukunft liegend]* bis *[Datum: Tag/Monat/Jahr]*. In dieser Zeit möchte ich *[Gewünschte Zahl an wöchentlichen Arbeitsstunden, min. 15 bis max. 30]* Wochenstunden tätig sein. Folgende Aufteilung der Arbeitszeit *[Gewünschte Zahl Arbeitsstunden und Verteilung auf Wochentage]* lässt sich mit der Kinderbetreuung vereinbaren.
Ich bestätige, dass mein Kind mit mir in einem Haushalt lebt und von mir selbst erzogen und betreut wird.

Bitte lassen Sie mir eine schriftliche Bestätigung über den Eingang meines Antrages sowie Ihrer Kenntnisnahme meines Antrages auf Teilzeit während der Elternzeit zukommen. Gern stehe ich Ihnen auch für ein Gespräch zur Verfügung.

Mit freundlichen Grüßen

____

(Ort/Datum/Unterschrift)

Entgegengenommen:

____

(Ort/Datum/Unterschrift Arbeitgeber bzw. Vorgesetzter)

Fragenkatalog: Der erfolgreiche Wiedereinstieg in den Beruf

- Besprechen Sie konkrete Vereinbarungen mit Ihrem Vorgesetzten und halten Sie diese schriftlich fest.
- Halten Sie den Kontakt zu Kollegen und Vorgesetzten. Zeigen Sie Präsenz auf Firmenfesten.
- Lesen Sie weiterhin die Fachpresse, das geht heute wunderbar über das Internet.
- Wenn Sie Ihr Kind gut untergebracht wissen, könnten Sie auch anbieten, Krankheits- oder Urlaubsvertretung zu machen und so am Ball zu bleiben.
- Überlegen Sie sich, ob sich (bei bestehender Betreuung für das Kind) die Elternzeit nicht auch für eine Weiterbildung nutzen lässt.
- Eltern sollten sich von dem Gedanken verabschieden, perfekt sein zu wollen. Kinder wollen keine perfekten Eltern, sondern authentische. Seien Sie verlässlich, echt, vertrauenswürdig und stehen Sie auch dazu, wenn Sie etwas überfordert.
- Besprechen Sie vor der Rückkehr in den Job mit Ihrem Partner, welche persönlichen, privaten und beruflichen Ressourcen zu ihrer Unterstützung, beruflichen Neuorientierung, Jobsuche oder Rückkehr in den alten Job vorhanden sind:
  - Teilzeit oder Vollzeit?
  - Arbeitsweise (fest angestellt, Honorarbasis, von zu Hause usw.)
  - Wer betreut unser Kind?
  - Was, wenn das Kind oder wir krank sind?
  - Was passiert, wenn ein Elternteil auf Geschäftsreise oder Fortbildungen fährt?
  - Wie organisieren wir Schulferien?
  - Was geschieht, wenn die Kita streikt?
  - Wie teilen wir Betreuung, Haushalt, innerfamiliäre Pflege und Zeit für Freunde und unsere Beziehung ein?
  - Wie ist unser soziales Netzwerk aufgestellt? Wer kann uns helfen?

Der Wiedereinstieg in den Job: Das Gespräch mit dem Chef vorbereiten

In meinen Seminaren und in Gesprächen mit Kundinnen ist das bevorstehende Gespräch mit dem Chef ein wahres Schreckgespenst. Der Berufsalltag liegt weit zurück, ganz andere Dinge standen die letzten Monate im Mittelpunkt.

Viele fragen sich dann: »Sehen die mich nicht nur noch als Mutter?«, »Wie verkaufe ich mich möglichst gut?«, »Wie komme ich überzeugend rüber?« und »Ich darf nur ja nichts falsch machen, wenn ich nicht aufs berufliche Abstellgleis geraten will«. Schnell bauen sich gedanklich immer mehr Hürden auf.

Beim beruflichen Wiedereinstieg haben Frauen eine ganze Menge Hindernisse zu überwinden. Gut, wenn man das Gespräch mit dem Vorgesetzten oder der Personalabteilung vorbereitet, sich Fragen stellt, diese beantwortet und auch mit dem Partner vorher einiges abklärt.

Denn, hat man sich vor einem Gespräch über die berufliche Zukunft Gedanken gemacht und sich vorbereitet, so ist die Ausstrahlung eine ganz andere. Sie gehen gelassen, positiv und selbstsicher in solche Gespräche.

Eine gute Vorbereitung ist unverzichtbar

Klären Sie für sich vorab einige, wichtige Fragen:

1. Wann kommen Sie zurück und mit wie vielen Stunden?
2. Wie stellen Sie sich Ihren weiteren Berufsweg vor?
3. Was hat Ihnen in Ihrem alten Job besonders Spaß gemacht?
4. Brauchen Sie eventuell noch etwas (z.B. eine Weiterbildung oder Auffrischung) für den Wiedereinstieg nach der Elternzeit?
5. Was haben Sie in der Elternzeit gelernt? Mütter bringen eine ganze Menge an Schlüsselqualifikationen mit, die im Unternehmen gesucht sind: Organisationstalent, die Fähigkeit, eigene Bedürfnisse auch einmal hintenan zu stellen, über sich hinauszuwachsen, Team- und Konfliktfähigkeit und sie leisten in der zur Verfügung stehenden Zeit mehr, denn zum Quatschen bleibt keine Zeit. Nach Feierabend einmal eben 10 Minuten länger bleiben, ist meist nicht drin.
6. Wie viel Zeit benötigen Sie für den Weg zur Kinderbetreuung und zur Arbeit?
7. Wie sieht es mit eventuellen Überstunden aus? Wer holt dann das Kind ab?
8. Wie viel Zeit möchten Sie mit Ihrem Kind verbringen?
9. Besprechen Sie sich auch mit Ihrem Partner, wann kann er einspringen, das Kind bringen oder abholen etc.

Und sprechen Sie vor einem Gespräch mit dem Chef auch mit der Personalabteilung, denn es ist wichtig, im Vorfeld zu wissen, welche Unterstützung die Firma für eine bessere Vereinbarkeit von Beruf und Familie bietet. Nicht jedes Unternehmen hat einen eigenen Betriebskindergarten, aber vielleicht andere Angebote für Familien.

Ich empfehle Ihnen zudem: Üben Sie das Gespräch mit Ihrem Partner oder einer Freundin, die auch einmal eine unangenehme Fragen stellen, in jedem Fall aber qualifiziertes Feedback geben können.

So vorbereitet sehen Sie, was auf Sie zukommt, wohin Sie wollen und können mit Gelassenheit und Selbstvertrauen ein Gespräch zum beruflichen Wiedereinstieg meistern.

6 Stufe 3: Maßnahmen, die den Wiedereinstieg erleichtern

Immer mehr Eltern kehren heute nach durchschnittlich 18 Monaten aus der Elternzeit zurück. Familienfreundliche Arbeitsbedingungen, der Fachkräftemangel, der Ausbau der Kinderbetreuung auch für unter Dreijährige und die Akzeptanz von berufstätigen Müttern in unserer Gesellschaft unterstützen diesen Wunsch. Die moderne Technik macht es möglich. Mit dem mobilen Zugriff auf Daten durch Smartphones, Tablets und Notebooks verändert sich die Gesellschaft. Bereits 2011 prognostizierten die Experten des Münchner Kreises in der Zukunftsstudie IT-Gipfel, dass bis zum Jahr 2024 über 70 Prozent aller Büroangestellten ihre Beschäftigung flexibel gestalten werden. Ihre Arbeit werden sie von einem mobilen Arbeitsplatz oder Homeoffice aus erledigen[1]. Nicht nur die IT Experten, auch der Unternehmensmonitor Familienleben aus dem Jahr 2013 belegt, dass in gut 21 Prozent der Unternehmen abhängig Beschäftigte vom Homeoffice aus arbeiten[2].

Die typischen KMU-Stärken wie die Nähe zur Belegschaft, kurze »Dienst«-Wege und persönliches Vertrauen sind beste Voraussetzungen, um gerade Eltern auch in und nach der Elternzeit durch eine mobile Anbindung in betriebliche Abläufe einbeziehen zu können. Um Möglichkeiten der Arbeitszeitgestaltung und -organisation geht es in diesem Kapitel.

Wenn in den Medien über familienfreundliche Maßnahmen berichtet wird, und das geschieht in letzter Zeit recht häufig, geht es meistens um kostenintensive und aufwendige Einzelmaßnahmen. Doch gerade für kleine und mittelständische Unternehmen sind solche Maßnahmen weder sinnvoll noch realisierbar.

Was in der öffentlichen Diskussion oft vernachlässigt wird: Familienfreundliche Arbeitswelten bestehen nicht nur aus Betriebskindergärten und individuellen Teilzeitvereinbarungen. Die Möglichkeiten sind vielmehr so unterschiedlich wie die Unternehmen selbst. Erfahrungsgemäß sind es oft schon kleine Veränderungen, die eine Arbeitswelt deutlich familienfreundlicher werden lassen: Eine akzeptierende Haltung von Vorgesetzten und Kollegen, verlässliche und vorausschauende Arbeitspläne, klare Regelungen und eine offene Kommunikation sind hier nur einige Beispiele. In Ferienzeiten kann beispielsweise eine Liste mit Ferienprogrammen, die ein Praktikant zusammengestellt hat, ebenso familienfreundlich sein wie die aufwendige Einrichtung einer eigenen Betriebskita.

---

1 Quelle: Auf »Docplayer.org«: http://bit.ly/1MFmVM1 — abgerufen am 12.7.2015.

2 Quelle: Befragung des Instituts der deutschen Wirtschaft Köln, auf: http://bit.ly/1PjWhaB — abgerufen am 12.7.2015.

! **Praxisbeispiel: Kooperation in Kinder Ferienbetreuung**

Immerhin 14 Wochen Schulferien im Jahr stellen Eltern vor eine große Belastung. In der Region Nürnberg haben dies einige Arbeitgeber erkannt und bieten während der kompletten sechs Wochen Sommerferien eine Kinderbetreuung für alle 3- bis 14-jährigen Mitarbeiterkinder an. KooMiKi, kurz für Kooperation Mitarbeiterkinder, nennt sich der Zusammenschluss von Airport Nürnberg, Cortal Consors, Datev, Faber Castell, GFK, N-Ergie, Sparkasse Nürnberg, Städtische Werke Nürnberg, VAG und dem Immobilienunternehmen WBG. Neben einer klassischen Kitabetreuung, werden auch ein Sport- oder Englischcamp sowie verschiedene Ausflüge wie beispielsweise in den Tiergarten Nürnberg, zum Flughafen, ins Theater oder zu den Nürnberg ICE-Tigers angeboten. Diese Ausflüge und die Betreuungskosten werden von den beteiligten Unternehmen bezuschusst. Zusätzlich werden Kinder aus benachteiligten Familien außerhalb der eigenen Belegschaft aufgenommen. Die Aufnahme dafür regelt die Stadt Nürnberg (Quelle: Stadt Nürnberg).

6.1 Flexibilisierungen von Arbeitszeit und Arbeitsort

Mehr als 69 Prozent aller Mütter arbeiten in Teilzeit. Doch nur 5,5 Prozent der Väter tun dies. Noch immer ist es in vielen Familien die Frau, die für die Betreuung der Kinder beruflich kürzer tritt. Dabei haben wir die am besten ausgebildete Frauengeneration aller Zeiten.

Nach wie vor mangelt es an qualifizierten Ganztagsbetreuungseinrichtungen für Kinder. Zwar entspannt sich seit dem Rechtsanspruch auf einen Kitaplatz für alle Kinder über einem Jahr die Lage im Bereich der Kleinkinderbetreuung, doch noch immer werden erst 20 Prozent der unter Dreijährigen außerhalb der Familie betreut. Sobald das Kind dann in die Grundschule kommt, beginnt die Suche nach einer Kinderbetreuung von vorne. In Bayern endet die Grundschule vormittags um 11:25 Uhr. Zeit, um beruflich wieder Fuß zu fassen, bleibt da keine.

Sind die Kinder gut betreut und die Frau könnte wieder zurück auf einen Vollzeitjob, steht sie vor neuen Hürden. Zurück in eine Vollzeitstelle? Das schaffen Teilzeitkräfte nur selten und so wundert es nicht, dass laut Statistik[3] wie eingangs erwähnt immer noch 69 Prozent der Mütter mit Kindern im Alter von 10 bis 14 Jahren in Teilzeit arbeiten. Die Veränderung der Arbeitszeit funktioniert derzeit nur in eine Richtung — nach unten.

Angesichts des Fachkräftemangels müssen Arbeitszeiten flexibler gestaltet werden. Variabler sollten Firmen auch starre Anfangs- und Endarbeitszeiten regeln.

3 Quelle: Statistisches Bundesamt: http://bit.ly/1KWO8T8 — abgerufen im Jahr 2014.

Im Idealfall profitieren Beschäftigte wie Unternehmen von optimal angepassten, familienfreundlichen Arbeitszeitmodellen. Eine flexible Arbeitszeitgestaltung lässt sich durchaus auf betriebliche Erfordernisse abstimmen.

Flexible Arbeitszeitmodelle sind familienfreundlich, wenn sie den Beschäftigten genügend Spielraum bieten, um berufliche und familiäre Aufgaben gut miteinander zu vereinbaren. Modelle, bei denen die Beschäftigten je nach Geschäftslage länger oder kürzer zur Arbeit erscheinen, sind dagegen vor allem arbeitgeberfreundlich.

Im optimalen Fall passen beide Interessen unter einen Hut: Werden flexible Arbeitszeiten vereinbart, profitiert der Betrieb von motivierten Beschäftigten und Mitarbeiter können den Beruf an ihr Leben anpassen. Familienorientierte Arbeitszeitmodelle können nur funktionieren, wenn das Verhältnis zwischen Arbeitgeber und Beschäftigten auf Vertrauen und gegenseitiger Wertschätzung basiert.

Praxisbeispiel: Firma Krieger + Schramm GmbH & Co. KG !

Bereits im Vorstellungsgespräch werden die Wünsche der Bewerber abgefragt. Dabei wird versucht, das gewünschte Arbeitszeitmodell mit den Interessen der Firma bestmöglich zu vereinen. Büroangestellte genießen Vertrauensarbeitszeit und entscheiden eigenverantwortlich über ihre Anwesenheit. Doch auch wer nicht im Büro arbeitet, wie z.B. Facharbeiter auf Montage, kann sich seine Arbeitszeiten weitgehend selbst einteilen. Es ist üblich in Teams mit Vätern, dass das Stundensoll nach nur vier Tagen in der Woche erfüllt ist. Sofern es die Auftragslage zulässt, können Monteure vor allem direkt vor und nach der Geburt eines Kindes in heimatnahen Regionen arbeiten.

6.1.1 Grundmodelle

Die folgenden Grundtypen familienorientierter Arbeitszeitmodelle lassen sich grundsätzlich je nach individuellen Erfordernissen abwandeln. In größeren Betrieben gibt es mitunter verschiedene Formen von Teilzeitarbeit. Ein Patentrezept, das auf alle Unternehmen anwendbar wäre, gibt es jedoch nicht.

Wichtig ist, die Zeiten für die Familie und familiäre Verpflichtungen der Beschäftigten bei der Planung zu berücksichtigen. Besprechungszeiten sollten also nicht nach 16 Uhr liegen, da hier viele Kindergärten und Ganztagesschulen schließen. Bei der Urlaubsplanung sollten Eltern mit schulpflichtigen Kindern Vorrang bekommen. Die Möglichkeit, in den Schulferien oder bei Krankheit des Kindes von zu Hause aus zu arbeiten, bietet große Erleichterungen. Auch die Planung der Schichten in einem Betrieb kann auf familiäre Verpflichtungen Rücksicht nehmen.

So lassen sich nachweislich Fehlzeiten und Ausfälle reduzieren. Für die Mitarbeiter wird gleichzeitig die Vereinbarkeit von Beruf und Familie erleichtert. Wenn gut geplant wird, müssen nicht einmal betriebliche Belange leiden.

Vollzeitarbeit mit Kernarbeitszeit (Gleitzeit)
Es wird eine Kernarbeitszeit vereinbart, wobei der tägliche Arbeitsbeginn und das Ende flexibel gehandhabt werden. Die vertraglich festgelegte Arbeitszeit bleibt dabei unberührt. Dadurch entfällt für Eltern der Zeitdruck, der vor allem in Verbindung mit den Bring- und Abholzeiten von Kindern und der Pünktlichkeit am Arbeitsplatz leicht entsteht. Besonders die Kombination von Gleitzeit mit Arbeitszeitkonten, auf denen Beschäftigte Arbeitszeit ansparen können, hat sich in der Praxis bewährt. Diese Zeitguthaben nehmen viel Druck aus den Familien, wenn Mitarbeiter die Zeit flexibel einsetzen können. So lassen sich z. B. Ferienzeiten besser überbrücken und eventuell sogar mit auftragsschwachen Zeiten im Betrieb kombinieren.

!

Beispiel: Gleitzeit

Der Mitarbeiter arbeitet 40 Stunden die Woche in Vollzeit. Durch eine flexible Gleitzeit im Unternehmen kann er sich trotz der Vollzeitstelle aktiv in die Betreuung und Erziehung seiner Kinder einbringen. Morgens entsteht auf dem Weg zur Schule und weiter in die Arbeit kein Stress, weil der Mitarbeiter oder die Mitarbeiterin nicht zu einer festen Uhrzeit am Arbeitsplatz sein muss. Ein Stau auf dem Weg zu Kita oder Arbeitsplatz oder ein quengelndes Kind torpedieren dann nicht den ganzen Zeitplan. Ebenso ist es möglich, auch einmal früher zu gehen, um bei Nachmittagsaktivitäten der Kinder, dem Schulfest oder einem gemeinsamen langen Wochenendausflug dabei sein zu können. Der Vorteil für den Arbeitgeber ist ein Mitarbeiter, der weniger unter Druck und Stress steht, und damit motivierter und leistungsfähiger arbeiten kann.

Komprimierte Stunden
Dieselbe Anzahl von Arbeitsstunden wird an weniger Tagen geleistet.

!

Beispiel: Komprimierte Stunden

Die wöchentliche Arbeitszeit beträgt 30 Stunden. Statt jeden Werktag von 9 bis 15 Uhr zu arbeiten, wird die volle Wochenstundenzahl auf vier Tage verteilt. An diesen vier Arbeitstagen werden jeweils 7,5 Arbeitsstunden geleistet.

Teilzeitarbeit

Die Arbeitszeit wird täglich um eine oder mehrere Stunden oder tageweise reduziert. Damit verbunden ist eine entsprechende Verringerung des Einkommens.

Beispiel: Teilzeitarbeit !

Die wöchentliche Arbeitszeit beträgt 20 Stunden an fünf Tagen mit jeweils vier Arbeitsstunden.

Flexible Teilzeitarbeit

Dabei werden weder der Umfang noch die Arbeitszeiten der Teilzeitarbeit vorab vollständig festgelegt. Man könnte dieses Model auch als Teilzeitarbeit auf Abruf bezeichnen. Unternehmen schaffen damit die Möglichkeit, die Arbeitszeiten flexibel an die Lebensumstände der Beschäftigten und die Auftragslage anzupassen.

Beispiel: Flexible Teilzeit !

Die wöchentliche Arbeitszeit beträgt 18 Stunden. Diese kann der Mitarbeiter oder die Mitarbeiterin in Absprache mit dem Vorgesetzten flexibel in der Woche verteilen.

Homeoffice (Telearbeit)

Hierbei kann der Arbeitsort stunden- oder tageweise nach Hause verlegt werden. Die Arbeitszeit und -dauer bleiben unverändert, sodass keine Einkommensverluste entstehen. Die Mitarbeiterin bzw. der Mitarbeiter nutzt für das Homeoffice seine Privatwohnung. Der Vorteil für Mitarbeiter ist vor allem der so geschaffene Freiraum, um z.B. die Kinder oder pflegebedürftige Angehörige zu betreuen. Lange Fahrzeiten können so entfallen oder Betreuungsengpässe können vermieden werden.

Im Jahr 2015 wurde in Holland das Recht auf Heimarbeit eingeführt. In den Niederlanden bekommen Arbeitnehmer damit das Recht, von zu Hause aus zu arbeiten. Diesem Gesetzentwurf stimmte das Parlament mit einer klaren Mehrheit zu. Ablehnungen müssen von den Unternehmen zukünftig begründet werden.

Auch in Deutschland setzen immer mehr Unternehmen auf die Arbeit von zu Hause aus. Damit reduzieren sie ihren Raumbedarf und alle damit verbundenen Kosten. Zudem können Homeoffices dem Fachkräftemangel entgegenwirken. Arbeitgeber machen den Job auch für weiter entfernt wohnende Kandidaten attraktiv. Sie müssen ihren Lebensmittelpunkt für den Job nicht unbedingt aufgeben. Und Mitarbeiter mit Familienverpflichtungen können ihre Arbeitszeiten damit den familiären Gegebenheiten anpassen. Wichtig: Auch hier muss das Mitbestimmungsrecht des Betriebsrats beachten werden. Sind Telearbeit oder Homeoffice nicht abschließend im Tarifvertrag geregelt, entspricht der Wechsel von einem festen Arbeitsplatz im Betrieb auf einen Arbeitsplatz von zu Hause aus einer Versetzung. Diese bedarf der Mitbestimmung des Betriebsrats.

! **Beispiel: Homeoffice**

Die Wochenarbeitszeit einer Mitarbeiterin beträgt derzeit 30 Arbeitsstunden. Sie arbeitet Teilzeit im Homeoffice. Wieder eingestiegen ist sie mit dem ersten Geburtstag ihres Sohnes mit 15 Wochenstunden. Jährlich hat sie die Arbeitszeit erhöhen können. Dreiviertel ihrer Arbeitszeit arbeitet die Mitarbeiterin von zu Hause aus, ein Viertel ist sie im Büro.
Vorteil für den Arbeitgeber: Trotz der Familienverpflichtungen steht die Mitarbeiterin mit ihrem langjährigen Fachwissen dem Unternehmen zur Verfügung. Da sie sich ihre Arbeitszeit im Homeoffice selbstständig und flexibel einteilen kann, stehen ihr mehr Arbeitsstunden pro Woche zur Verfügung, als wenn sie täglich ins Büro müsste. Zeitverluste durch das Pendeln zwischen Zuhause, Kinderbetreuung und Arbeitsstätte entfallen.

Jobsharing

Jobsharing ist eine besondere Form der Teilzeit, bei der sich zwei Mitarbeiter eine Vollzeitstelle teilen. Mit dieser Aufteilung sind auch Führungspositionen, die eine Vollzeitstelle erfordern, mit reduzierter Arbeitszeit möglich. Wichtig: Bei der Einführung von Jobsharing besteht ein Mitbestimmungsrecht des Betriebsrats insbesondere nach § 87 Abs. 1 Nr. 2 BetrVG, soweit eine tarifvertragliche Regelung hierzu fehlt.

! **Beispiel: Jobsharing**

Statt von einer Vollzeitkraft, wird die volle Wochenstundenzahl von 37 Arbeitsstunden von zwei Mitarbeiterinnen erbracht. Beide arbeiten 18 Stunden die Woche. Dabei arbeitet eine Arbeitnehmerin mittwochs im Büro und Montag und Dienstag von zu Hause aus. Ihre Kollegin ist Mittwoch und Donnerstag in der Firma. Freitags arbeitet sie vormittags im Homeoffice. Den Mittwoch, wenn beide in der Firma sind, nutzen beide Frauen, um sich abzusprechen und ihre Aufgaben zu koordinieren. Die andere Zeit klappt die Kommunikation über Telefonate und E-Mail.

Vertrauensarbeitszeit

Der Arbeitgeber verzichtet auf die Kontrolle der Arbeitszeit. Was zählt, ist das Ergebnis der Arbeit. In welcher Zeit die Beschäftigten das erforderliche Ergebnis erreichen, ist ihnen überlassen. Vertrauensarbeitszeit lässt sich leicht mit Telearbeit kombinieren. Wichtig: Die Aufzeichnungspflicht der Arbeitszeit gilt auch bei der Vertrauensarbeitszeit, auch wenn auf eine Erfassung und Kontrolle verzichtet wird (§ 16 Abs. 2 ArbZG). Die Aufzeichnungspflicht kann der Arbeitgeber jedoch an den Arbeitnehmer übertragen. Dafür sollte die Mitarbeiterin oder der Mitarbeiter die arbeitsgesetzlichen Regelungen beachten und vom Arbeitgeber dementsprechend geschult werden.

Der Arbeitnehmerschutz wird in verschiedenen Gesetzen geregelt: Höchstarbeitszeit (§§ 3, 6 ArbZG), Pausen (§ 4 ArbZG), Ruhezeiten (§ 5 ArbZG) und mögliche Arbeitsverbote (§ 9 ArbZG). Wichtig: Die Vertrauensarbeitszeit basiert auf der Abschaffung der Zeitaufzeichnung und Abgabe der Kontrolle an den Mitarbeiter. Dieses steht der Mitbestimmungspflicht des Betriebsrats entgegen. Wenn es keine abschließende tarifvertragliche Regelung gibt, muss intern zusammen mit dem Betriebsrat eine Lösung im Rahmen einer Betriebsvereinbarung gefunden werden.

Beispiel: Vertrauensarbeitszeit !

Die wöchentliche Arbeitszeit einer Vollzeit Arbeitskraft beträgt 40 Stunden. Jeder Beschäftigte besitzt einen Firmenschlüssel und hat bei Tag und Nacht Zutritt zum Unternehmen. Um der Aufzeichnung der Arbeitszeit Genüge zu tun, tragen die Mitarbeiter ihre Arbeitszeiten und Pausen täglich in die im zentralen EDV-System verankerte Zeiterfassungstabelle ein. Denkbar wäre, diese Liste nach Projekten und Aufgaben zu differenzieren. Die Personalabteilung kontrolliert stichprobenartig die Dokumentation der Arbeitszeit, auch um die Einhaltung des Arbeitszeitgesetzes sicherzustellen.

Vollzeitnahe Teilzeit

Die vollzeitnahe Teilzeit mit einer Wochenarbeitszeit von 30 bis 35 Stunden gewinnt laut dem deutschen Gewerkschaftsbund gerade bei Beschäftigten mit familiären Verpflichtungen zunehmend an Beliebtheit. Denn diese der Vollzeit sehr nahe Teilzeitbeschäftigung ermöglicht es auch Mitarbeitern mit Betreuungsverpflichtungen oder anderen Interessen, eine anspruchsvolle Tätigkeit zu übernehmen. Gleichzeitig kommt die vollzeitnahe Teilzeit durch die nur geringe Reduzierung der Arbeitszeit auch den Anforderungen des Arbeitgebers entgegen. Mehr Potenzial der Mitarbeiter kann genutzt werden und vor allem das der Mütter. So besteht die Möglichkeit, weg zu kommen von den üblichen 9-13 Uhr Modellen.

So müssen Unternehmen die Arbeitsplätze nicht mühsam und kostspielig nachbesetzen. Gerade in Zeiten des wachsenden Fachkräftebedarfs können Mitarbeiter in anspruchsvollen und oftmals schwer neu zu besetzenden Positionen an ihrem Arbeitsplatz bleiben. Gleichzeitig kommt ihnen das Unternehmen entgegen und bietet die Möglichkeit, den familiäreren Verpflichtungen nachzukommen. Damit ist die vollzeitnahe Teilzeit ein alltagstaugliches Modell, um erfahrene und gute Mitarbeiter im Unternehmen zu halten und durch die geänderten Lebensumstände nicht zu überfordern.

!

Beispiel: Vollzeitnahe Teilzeit

Die Arbeitnehmerin reduziert ihre Arbeitszeit nach der Elternzeit von 40 auf 32,5 Wochenstunden. Jeden Tag arbeitet sie 6,5 Stunden, davon den Freitag von zu Hause aus.

Zeitkonten

Geleistete Arbeitszeiten werden entweder als Arbeitszeitguthaben oder als Arbeitszeitschulden auf einem Zeitkonto erfasst. Dabei vereinbaren das Unternehmen und die Beschäftigten feste Obergrenzen für Zeitguthaben und Zeitschulden. Führt eine Phase stärkeren familiären Engagements beispielsweise zu einer bestimmten »Zeitschuld«, kann diese später mit intensiveren Arbeitsphasen ausgeglichen werden – oder umgekehrt. Das gilt auch für unvorhersehbare familiäre Erfordernisse: Eine kurzfristige Freistellung zur Kinderbetreuung kann entweder mit einem Zeitguthaben verrechnet oder später im Betrieb nachgearbeitet werden. Die Möglichkeit, in Notfällen ohne finanzielle Einbußen einige freie Stunden oder Tage zu nehmen, kann berufstätige Eltern enorm entlasten. Wichtig: Bei der Festlegung von Rahmenbedingungen zur Jahresarbeitszeit hat der Betriebsrat ein Mitbestimmungsrecht, wenn diese nicht abschließend im Tarifvertrag geregelt ist. Mitbestimmungsrechte des Betriebsrates bestehen insbesondere nach § 87 Abs. 1 Nr. 2 BetrVG.

Zeitkonten (Jahresarbeitszeit) bieten viel Flexibilität. Um die Gesundheit der Beschäftigten nicht zu strapazieren, sollte Folgendes berücksichtigt werden:

- Vermeidung der Anhäufung von Arbeitszeit
- Anpassung des Arbeitszeitpuffers an saisonale Schwankungen
- Durch den Wegfall von Zeiten mit nur geringem Arbeitsanfall kann es zu einer Arbeitsverdichtung bzw. Arbeitsintensivierung kommen. Hier ist die Aufmerksamkeit der Vorgesetzten wichtig.

!

Beispiel: Zeitkonto

Eine Mitarbeiterin möchte in den Schulferien nicht arbeiten, da sie in dieser Zeit ihre Kinder betreuen muss. In Deutschland sind es in der Regel 14 Wochen Schulferien. Diese 14 Wochen arbeitet die Mitarbeiterin nicht, die übrigen Monate im Jahr arbeitet sie Vollzeit. Die sich aus dieser Regelung ergebenden Plus- und Minusstunden können auf einem Jahresarbeitszeitkonto verrechnet werden. Darüber hinaus gehende Mehrarbeit ist anderweitig zu erfassen. Wie oben erwähnt, ist die Mitbestimmungspflicht des Betriebsrats zu beachten.

6.1.2 Führungskräfte und Teilzeit

Ein Chef, der täglich um 15 Uhr nach Hause geht, eine Chefin, die nur montags bis mittwochs im Büro anzutreffen ist – kann das funktionieren? Sehr gut sogar. Die Frage ist, wie man im Unternehmen damit umgeht. Es muss kommuniziert werden, wann die Präsenzzeiten sind und wann der Chef zum Beispiel im Homeoffice erreichbar ist. Natürlich müssen E-Mails beantwortet werden, aber ob das um 16:30 Uhr gemacht wird oder um 19 Uhr, darauf kommt es nicht unbedingt an, wenn die Mitarbeiter nicht auf eine Antwort warten. Außerdem sollte geklärt sein, wer gegebenenfalls die Vertretung übernimmt, damit es kein Machtgerangel gibt. Es sollte nicht derjenige weiterkommen, der sich viel zeigt, sondern Leistung bringt.

Anrufe kann man weiterleiten

Natürlich muss das Unternehmen erst in Vorleistung gehen. Es muss den Mitarbeitern vertrauen, dass sie ihre Arbeit machen. Das kann man nicht über Stunden messen, sondern nur über die Leistung. Natürlich ist es schwierig, wenn eine Führungskraft nur zwischen 9 und 12 Uhr für Mitarbeiter und Kunden erreichbar ist. Das heißt aber nicht, dass sie den ganzen Tag im Büro sitzen muss. Anrufe kann man weiterleiten. Das Unternehmen muss vielleicht in Verwaltungsausgaben oder technische Einrichtungen investieren. Langfristig wird sich zeigen, dass es sich lohnt, wenn sich ein Unternehmen darüber Gedanken macht, wie es Mitarbeiter halten und neue gewinnen kann. Für ein Unternehmen lohnt sich Teilzeit auch bei Führungspositionen, weil zwei Führungskräfte, die laut Vertrag je 50 Prozent arbeiten, zusammen mehr leisten als eine Vollzeitkraft. Der Arbeitgeber bekommt die Sicht zweier unterschiedlicher Personen auf eine Tätigkeit und auf ein Aufgabengebiet. Zudem wird von dem einzelnen Mitarbeiter meist auch mehr Leistung erbracht als die, für die sie oder er bezahlt wird.

Denn Teilzeitmitarbeiter sind in der Zeit, in der sie in der Firma sind, produktiver. Gerade berufstätige Eltern wollen ihre Arbeit bewältigen. Wenn sie dafür nur bis 15 Uhr Zeit haben, verzichten sie auf Kaffeepausen oder ein Gespräch mit der Kollegin. Wenn zwei Menschen sich eine Führungsposition teilen, hat das zudem den Vorteil, dass sie zwei verschiedene Erfahrungshintergründe mitbringen. Das kann für viele Projekte ein Vorteil sein.

!

Beispiel: Führungskraft in Teilzeit

Die wöchentliche Arbeitszeit einer zweifachen Mutter beträgt 80 Prozent, was in ihrer Firma 35 Wochenstunden entspricht. In ihrer Rolle als Führungskraft leitet die Mitarbeiterin eine Abteilung mit knapp 40 Mitarbeitern. Zwei Tage in der Woche arbeitet sie von zu Hause aus. Da dann weder Meetings noch andere Termine stattfinden, ist sie meistens sogar besser für ihre Mitarbeiter erreichbar, als an den Bürotagen. Am Abend liest und beantwortet die Abteilungsleiterin noch E-Mails, um den Tag am nächsten Morgen stressfreier zu beginnen. Dieses Modell findet sich z.B. bei der IT-Firma Datev.

6.1.3 Neue Ideen lösen oft Ängste aus

Natürlich muss das Unternehmen bei vielen neuen Ansätzen erst in Vorleistung gehen. Es muss den Mitarbeitern vertrauen, dass sie ihre Arbeit machen. Aber ein solches Vertrauen entsteht nicht über das Messen von Stunden, sondern nur über die von den Mitarbeitern erbrachte Leistung.

Gut umsetzbar sind gerade für kleine und mittelständische Unternehmen Arbeitszeitmodelle, die Vertrauens- und Funktionsarbeitszeiten mit einer Ergebnisorientierung verbinden. Was für den einen gut ist, muss bei einem anderen nicht unbedingt funktionieren. Wichtig ist, das für die eigene Firma und den Mitarbeiter passende Modell auszusuchen. Scheuen sollten sich Unternehmen auch nicht davor, die verschiedenen Modelle und Möglichkeiten, die Dauer, Lage und Verteilung der Arbeitszeit sowie den Arbeitsort untereinander und auf die individuelle Situation angepasst zu variieren.

Können Mitarbeiter eigenverantwortlich bei der Dauer und Verteilung ihrer Arbeitszeit mitbestimmen, arbeiten sie erfahrungsgemäß motivierter und damit auch produktiver. Grundlage dafür ist — wie oben bereits erwähnt — eine gute Vertrauensbasis im Unternehmen, denn der Arbeitgeber übergibt entscheidende Rechte hinsichtlich der Gestaltung der Arbeitszeit an seine Mitarbeiter und überlässt ihnen wichtige Entscheidungen selbst.

Wichtig ist auch zu wissen, dass Unternehmen Dank flexibler Arbeitszeitmodelle besser auf saisonale und konjunkturelle Auftragsschwankungen reagieren können. In Zeiten, in denen die Auftragsbücher voll sind, kann dann z.B. mehr gearbeitet werden, um dann bei geringerer Auftragslage die geleistete Mehrarbeit in Freizeit abzugelten. Kündigungen in auftragsschwachen Zeiten, Kurzarbeit und dergleichen fallen für diese Unternehmen nicht an und in Hochzeiten greifen sie auf den bewährten Mitarbeiterstamm zurück. Lange Einarbeitungszeiten entfallen, das Erfahrungswissen geht den Betrieben nicht verloren, gut eingearbeitete Mitarbeiter stehen dem Unternehmen wieder zur Verfügung. Natürlich muss dieses Modell zu der Lebenswirklichkeit der Familien passen. Es gilt, wie bei allen Maßnahmen eine gemeinsame Richtlinie zu gestalten.

6.1.4 Die Umsetzung: Wie Arbeitszeitmodelle nachhaltig funktionieren

Unternehmen sollten die Mitarbeiter in die Veränderung der bisherigen Arbeitsorganisation mit einbeziehen. Im Rahmen einer Mitarbeiterbefragung sollten deren Wünschen und Vorstellungen abgefragt werden. Aus diesen Daten lassen sich dann Defizite und Anregungen ableiten, sodass gemeinsam neue Möglichkeiten, die Arbeitszeit und den Arbeitsort zu gestalten, geschaffen werden können. Bei dieser Methode ist gesichert, dass Mitarbeiter und Unternehmen die Veränderungen gemeinsam tragen. Auch die Bildung einer Projektgruppe, die aus allen hierarchischen Ebenen des Unternehmens besteht, ist hilfreich. Diese Arbeitsgruppe sollte sich auf Ziele und Maßnahmen verständigen und überlegen, welche Stellschrauben im Unternehmen für familien- und unternehmensfreundliche Arbeitszeiten bewegt werden können.

Da es immer Mitarbeiter geben wird, die sich gegen alles Neue sträuben und Veränderungen kritisch gegenüberstehen, sollte die Belegschaft über die Arbeit der Projektgruppe informiert werden. So werden Transparenz und Informationsfluss gewährleistet.

Die neuen Arbeitszeitmodelle sollten nicht nur Eltern offen stehen, sondern allen Mitarbeitern. Damit steigt auch die Akzeptanz für individuelle Regelungen unter den Kollegen.

Kurzgefasst: Mögliche Maßnahmen im Bereich flexibler Arbeitszeiten

- Mitarbeiterorientierte Arbeitszeitmodelle
- Meetings nur während der Kinderbetreuungszeiten
- Gewährleistung von Sonderurlaub
- Lebensphasenorientierte Personalpolitik

6.2 Betriebliche Unterstützungen bei der Kinderbetreuung

Die Kinderbetreuung ist ein wichtiger Baustein für den Weg zurück in den Beruf. Arbeitgeber, die dies erkannt haben, können hier ansetzen und ihre Mitarbeiter unterstützen. Schnell haben Firmen hohe Kosten und einen großen Organisationsaufwand vor Augen, wenn es um dieses Thema geht. Doch um die ganz große Lösung einer eigenen Kinderbetreuung geht es in den allermeisten Fällen gar nicht. Viel wichtiger sind individuelle Formen der Unterstützung. In den Gesprächen zur Vorbereitung des beruflichen Wiedereinstiegs und auch danach sollte deshalb geklärt werden, welche Unterstützung benötigt wird und welche für das Unternehmen auch finanziell tragbar ist. Belegplätze in bestehenden Kinderbetreuungseinrichtungen oder auch eine Zusammenarbeit mit einem Beratungs- und Vermittlungsservice können eine wirksame Hilfe sein. Ein solcher Familienservice hilft z.B. beim Finden einer geeigneten Tagesmutter, eines Aupair oder von Ferienprogrammen. Mit einem überschaubaren finanziellen Aufwand können Arbeitgeber so ganz praktische Unterstützung für eine gelungene Vereinbarkeit von Beruf und Familie leisten.

!

Praxisbeispiel: Vaillant Group

Seit 2014 gibt es den Betriebskindergarten »Hoppelhasen«, deren Träger die Wuppertaler Firma Kita/Concept ist. Derzeit werden ca. 30 Kinder im Alter von einem bis sechs Jahren betreut. »Die spontane Reaktion unserer Mitarbeiter war sehr gut, wir haben auch direkt alle Plätze belegen können. Dieses Angebot hat auch einen unmittelbaren positiven Einfluss auf die Mitarbeiterzufriedenheit«, berichtete Vaillant-Pressesprecher Jens Wichtermann in einem Interview mit RP online. Beim Spatenstich zu Beginn der Umbaumaßnahmen sagte Dr. Carsten Voigtländer, Vorsitzender der Geschäftsführung der Vaillant Group: »Mit dem Angebot der Kindertagesstätte möchten wir unsere Mitarbeiter unterstützen, Familie und Beruf besser miteinander vereinbaren zu können. Als Familienunternehmen ist uns sehr daran gelegen, dass Kolleginnen und Kollegen nach der Geburt ihrer Kinder möglichst reibungslos wieder ins Berufsleben zurückkehren können.« (Quelle: Pressemitteilung Vaillant Group)

6.2.1 Deutschland schneidet im internationalen Vergleich schlecht ab

Je näher das Ende der Elternzeit rückt oder auch dann, wenn man den positiven Schwangerschaftstest in der Hand hält, stellt sich für Millionen Mütter und Väter, vor allem wenn sie in Großstädten leben, eine der wichtigsten Fragen: Wer betreut mein Kind, wenn ich arbeiten gehe? Eine große Studie von BILD der FRAU und dem renommierten Allensbach-Institut aus dem Jahr 2012[4] gibt dazu teils verblüffende Antworten.

Verglichen wurden Deutschland und Schweden zum Thema Chancengerechtigkeit von Kindern und heraus kam, dass der Bildungserfolg und damit der Weg in

4 Quelle: http://bit.ly/1A0XM5l – abgerufen am 22.8.2015.

eine berufliche Zukunft in Deutschland deutlich stärker als in Schweden von der Herkunftsfamilie abhängt.

Hierzulande sind viele Eltern unzufrieden mit der Kinderbetreuung. So beklagt jeder Dritte (immerhin 34 Prozent) die fehlenden Betreuungsplätze, in Großstädten sogar jeder Zweite. 40 Prozent fordern, die Betreuungszeiten müssten ausgeweitet werden. Doch 63 Prozent sagen, dass die Kinder gut gefördert werden.

Fehlende Möglichkeiten, Beruf und Familie zu vereinbaren, zu wenig Kinderbetreuungsplätze, eine Präsenzkultur in den Firmen — all das führt auch dazu, dass Familien in Deutschland mehrheitlich auch heute noch ein traditionelles Rollenmodell leben. Immer noch arbeiten nur 14 Prozent der Mütter mit Kindern unter 12 Jahren Vollzeit, 40 Prozent sind überhaupt nicht berufstätig. Vergleicht man dies mit Schweden, so arbeiten dort 53 Prozent der Mütter Vollzeit und nur 19 Prozent sind nicht erwerbstätig.

Was läuft also falsch in Deutschland? Zumal doch familienbewusste Unternehmen in allen relevanten betriebswirtschaftlichen Kennzahlen eindeutig besser dastehen. Als Unternehmen mit familiärem Klima erreichen sie eine um 17 Prozent höhere Mitarbeiterproduktivität. Zudem verschaffen sich Unternehmen mit einer familienfreundlichen Strategie einen Vorteil auf dem immer enger werdenden Personalmarkt, wo in einigen Regionen (z.B. Großräume München und Stuttgart) und Berufen (u.a. Ingenieure, IT-Fachleute) bereits jetzt die Fachkräfte knapp werden.

6.2.2 Betriebliche Kinderbetreuung — ein Gewinn für Beschäftigte und Arbeitgeber

Für die Eltern sind die Effekte sofort spürbar und natürlich hat das Unternehmen etwas davon. Mitarbeiter, die gerne zur Arbeit geben und sich wohlfühlen, leisten mehr und so ist es leichter, die Unternehmensziele zu erreichen. Neben den für einen früheren Wiedereinstieg in den Beruf genannten Vorteilen bringt eine eigene Kinderbetreuung weitere Vorteile für ein Unternehmen: So wird der Zeitpunkt der Rückkehr durch einen gesicherten Kinderbetreuungsplatz planbarer. Gibt es eine gesicherte Betreuung, steigen die Eltern in der Regel mit einer höheren Stundenzahl wieder ein.

! **Praxisbeispiel: Maschinenfabrik Reinhausen in Regensburg**

Das mittelständische Unternehmen betreibt direkt vor seinem Werk eine eigene Kinderkrippe. Individuelle Arbeitszeiten, eine firmeninterne Krippe, Ferienbetreuung und Zuschüsse zu Betreuungskosten, mit diesen Maßnahmen will das Unternehmen Mitarbeiter unterstützen und auch außerhalb der Region bei Bewerbern gut ankommen. 2014 erhielt die Maschinenfabrik Reinhausen den Praktikerpreis der Stiftung »Theorie und Praxis des Arbeitsrechts« im Rahmen des jährlichen Passauer Arbeitsrechtssymposiums. Dieser Preis wurde der Firma für die Vielzahl an Maßnahmen zur Unterstützung der Vereinbarkeit von Familie und Beruf verliehen. Prämiert wird ein innovatives Projekt der Personalarbeit, das sich in vorbildlicher Weise den aktuellen wirtschaftlichen, gesellschaftlichen und rechtlichen Herausforderungen stellt. Die Maschinenfabrik Reinhausen (MR) wurde für ihr Engagement in der Kinderbetreuung durch die firmeneigene Krabbelstube »Villa Kunterbunt« und die mehrwöchigen Ferienprogramme der »MR Kidz« ausgezeichnet.

6.2.3 Die Großtagespflege — eine Alternative

Eine echte Alternative zu eigener Kinderkrippe oder einem Betriebskindergarten bietet das Modell der Großtagespflege. Die Großtagespflege ist eine Form der Kindertagesbetreuung, bei der sich mehrere Kinderpflegepersonen, also z. B. Tagesmütter, zusammenschließen. Dafür brauchen die Tagespflegepersonen eine Pflegeerlaubnis nach § 43 Abs. 1 SGB VIII.

Was ist eine Großtagespflege genau?

Für die Beantwortung dieser Frage möchte ich einen Fachmann zu Wort kommen lassen. David Siekaczek ist Geschäftsführer der Firma Sira Munich, einem bundesweit tätigen Spezialisten für betriebliche Kinderbetreuung, und organisiert im Auftrag von Unternehmen den Aufbau und die Trägerschaft von Betriebskrippen und Betriebskindergärten. Für dieses Buch hat er mir Rede und Antwort gestanden.

Für ihr innovatives Konzept ist Sira Munich im bundesweiten Innovationswettbewerb »Ausgezeichnete Orte im Land der Ideen« im Jahr 2014 als einer von 100 Preisträgern ausgezeichnet worden. Zum Thema »Ideen finden Stadt« liefert das Unternehmen eine Antwort auf die Frage, wie Betrieben beim Aufbau eigener, maßgeschneiderter Betreuungsangebote für den Nachwuchs ihrer Mitarbeiter geholfen werden kann, heißt es in der Begründung der Jury.

Frage: Was ist eine Großtagespflege genau und was unterscheidet sie von den bekannten Betriebskitas?

Antwort David Siekaczek: Die Großtagespflege ist eine relativ neue Betreuungsform, die als Weiterentwicklung und Professionalisierung der Tagespflege entwickelt wurde. Der Grundgedanke ist, dass sich zwei Tageseltern zusammentun, eine externe Immobilie anmieten und dort gemeinsam maximal 8-10 gleichzeitig anwesende Kinder betreuen (im Platzsharing-Verfahren max. 16 Betreuungsverhältnisse). Das Ziel ist also, Tageseltern aus der Betreuung in den Privaträumen in eine eher institutionalisierte, aber noch kleine und familienähnliche Betreuungsform zu bringen.

Bei einer betrieblich unterstützten Großtagespflege sollte ein Unternehmen eigene oder notfalls angemietete Räume (ca. 90 bis 150 m²) umbauen, ausstatten und dem Betreuungsteam mietfrei oder gegen eine geringe Miete zur Verfügung stellen. Das Betreuungsteam, bestehend aus 2 bis 3 Personen, ist entweder selbstständig oder bei einem spezialisierten Träger angestellt. Im Falle der Selbstständigkeit der Betreuungspersonen lässt sich durch eine hohe Förderung und den Wegfall der Investitionskosten ein sehr attraktives Einkommen erzielen, sodass die Betreuungsform durchaus auch für pädagogische Fachkräfte (z.B. Erzieherinnen und Erzieher) sehr interessant wird. Mindestens eine pädagogische Fachkraft sollte im Team aus meiner Sicht dabei sein, aus Gründen der Betreuungsqualität und weil dann 10 statt 8 Kinder gleichzeitig betreut werden können.

Es gibt mehrere Merkmale, die die Großtagespflege von einer klassischen Kita bzw. einer Krippe oder einem Kindergarten unterscheiden:

- Die Anzahl der Kinder ist auf max. 10 gleichzeitig anwesende Kinder, die der Betreuungspersonen auf 2 bis 3 begrenzt. Es kann auch nicht mehrere Gruppen geben.
- Das Betreuungsalter in der Großtagespflege kann von 0 bis14 Jahren reichen, wobei man sich auf eine Altersgruppe spezialisieren sollte.
- Für eine Großtagespflege bestehen aufgrund der niedrigeren Kinderzahl auch geringere Anforderungen an die Fläche und an bauliche Besonderheiten, z.B. muss nicht zwingend ein eigener Außenbereich am Haus vorhanden sein. Es reicht ein Spielplatz oder ein Park in der Nähe.
- Fördermittel und Elternbeiträge gestalten sich anders als bei klassischen Einrichtungen. Die Elternbeiträge sind i.d.R. staatlich gedeckelt, die Förderung ist recht hoch.
- Die kleine Gruppengröße, die niedrigeren Kosten für Miete, Umbau und Ausstattung machen die Großtagespflege zu einer idealen Betreuungsform für betriebliche Kinderbetreuung bei mittleren Unternehmen oder kleinen Unternehmen im Verbund.
- Die Großtagespflege wird von einem selbstständigen Betreuungsteam oder einem Träger geleitet. Für das Unternehmen ergibt sich i.d.R. nicht die Not-

wendigkeit, die Betreuungspersonen anzustellen. Die Betriebskosten für Unternehmen sind also sehr niedrig.

Frage: Warum und für wen kann die Großtagespflege eine Alternative sein?

Antwort David Siekaczek: Die kleine Gruppengröße und die damit verbundenen deutlich niedrigeren Kosten für Miete, Umbau und Ausstattung machen die Großtagespflege zu einer idealen Form der betrieblichen Kinderbetreuung für mittlere Unternehmen oder kleine Unternehmen, die eine solche Stätte im gemeinsamen Verbund anbieten.

Anders als bei einer größeren Einrichtung findet man bei einer benötigten Fläche von ca. 90 bis 150 m^2 auch in Ballungsräumen noch leichter geeignete und bezahlbare Objekte in der Umgebung des eigenen Unternehmensstandorts.

Die Großtagespflege als eine Art »Minikita« ist weit weniger schwierig auszulasten als eine größere Einrichtung mit z.B. 36 Betreuungsplätzen oder mehr.

Trotzdem profitieren Unternehmen vom Imagegewinn des Angebots einer eigenen Regelbetreuungseinrichtung für Mitarbeiterkinder und steigern so ihre Arbeitgeberattraktivität.

Frage: Wie sind die Kosten im Vergleich zu einem Betriebskindergarten?

Antwort David Siekaczek: Die Kosten für den Aufbau hängen natürlich stark von der Verfügbarkeit und vom Zustand einer passenden Immobilie ab. Mit Umbau, Ausstattung und Projektmanagementkosten für externe Dienstleister können für den Aufbau ca. 40.000 bis 100.000 Euro anfallen. Ohne einen erfahrenen externen Projektmanagementdienstleister fallen höhere interne Personalkosten an, außerdem kann man von einer längeren Aufbauzeit ausgehen, da z.B. Prozesse nicht bekannt sind und mehr ausprobiert werden muss.

Im laufenden Betrieb sollte die Belastung für Unternehmen gering sein, durch Elternbeiträge und Fördermittel finanziert sich die Großtagespflege i.d.R. selbst. Das Unternehmen sollte aber die ausgestatteten Räume finanzieren, sodass langfristig Miet- und Nebenkosten anfallen. Die Fördermittel unterscheiden sich teilweise von Kommune zu Kommune stark. Bei einer niedrigen Förderquote in einer Kommune kann daher eine finanzielle Unterstützung für den Betrieb der Großtagespflege notwendig sein. Unternehmen können außerdem weitergehende pädagogische Angebote wie z.B. Ausflüge oder Feste finanzieren.

Frage: Wie lässt sich diese Form der Kinderbetreuung im Verbund mit anderen Firmen realisieren?

Antwort David Siekaczek: Es gibt zwei wesentliche Kooperationsmöglichkeiten zwischen Unternehmen bei der Organisation einer betrieblichen Regelbetreuung:

1. Zwei oder mehr Unternehmen kooperieren bereits von Beginn an, teilen sich die Betreuungsplätze (jedes beteiligte Unternehmen bekommt eine festgelegte Anzahl an Betreuungsplätzen) und dementsprechend die Investitionskosten im Aufbau und ggf. die Kosten für Miete und Unterhalt im laufenden Betrieb. Das bedeutet einen nicht unerheblichen Abstimmungsaufwand von Beginn an, verteilt aber die Kosten und die Auslastung auf mehrere Schultern. Dieses Modell eignet sich besonders für mehrere kleine Unternehmen, die eine Lösung nur im Verbund aufbauen können und wollen.
2. Ein Unternehmen geht in Vorleistung und trägt die Investitionskosten und laufenden Kosten für Miete und Unterhalt alleine, gibt aber die überzähligen und nicht benötigten Betreuungsplätze gegen eine monatliche Gebühr an kooperierende Unternehmen für einen definierten Zeitraum (z.B. 1 Jahr). So erfolgt die Refinanzierung der Investitionskosten aus dem laufenden Betrieb, wenn nicht alle Plätze selbst belegt werden können. Diese Variante hat den Vorteil der größeren Flexibilität bei der Nutzung der Betreuungsplätze und benötigt weniger Abstimmungsaufwand in der Aufbauphase. Sie eignet sich vor allem für mittlere Unternehmen, die langfristig etwas mehr Betreuungsplätze benötigen oder Unternehmen, die ein starkes Wachstum planen oder bei denen z.B. eine Verjüngung der Belegschaft ansteht.

Frage: Wie sind die praktischen Erfahrungen der Firmen?

Antwort David Siekaczek: Grundsätzlich ist eine betriebliche Großtagespflege ein langfristig und damit sehr nachhaltig angelegtes Projekt für ein Unternehmen, daher sollte ein Unternehmen eine Entscheidung für ein solches Projekt gut abwägen. Im Gegensatz zu einer klassischen Betriebskita fällt aber sowohl organisatorisch als auch finanziell wesentlich weniger Aufwand für die Umsetzung und den laufenden Betrieb an und die Umsetzung lässt sich aufgrund des niedrigeren Platzbedarfs viel einfacher realisieren – gerade in Ballungsräumen, wo Fläche knapp und teuer ist.

Für mittlere Unternehmen stellt die Großtagespflege also ein ideales Instrument zur langfristigen und nachhaltigen Steigerung der Arbeitgeberattraktivität und damit der Mitarbeiterrekrutierung und -bindung dar. Durch das Angebot einer betrieblichen Großtagespflege kann eine deutlich schnellere Rückkehr der Mitarbeiterinnen und Mitarbeiter an den Arbeitsplatz erreicht werden, falls diese das wünschen.

Frage: Gibt es Fördermöglichkeiten?

Antwort David Siekaczek: Der laufende Betrieb in der Großtagespflege ist i.d.R. immer öffentlich gefördert, diese Mittel stellen sogar die Haupteinnahmequelle der Großtagespflege dar. Die Höhe der Förderung unterscheidet sich teilweise von Kommune zu Kommune und sollte zu Beginn eines Projekts mit dem zuständigen Träger der öffentlichen Jugendhilfe vor Ort geklärt werden.

Eine Förderung der Investitionskosten gibt es, anders als bei einer klassischen Betriebskita, i.d.R. nicht (mehr). Es gibt noch Bundesländer und sogar einzelne Kommunen, die auch zu den Investitionskosten noch eine Förderung gewähren. Allerdings ist eine Investitionskostenförderung immer mit der Verpflichtung verbunden, den Betrieb der Großtagespflege über einen bestimmten Zeitraum (i.d.R. 10 Jahre) zu gewährleisten. Wird der Betrieb der Großtagespflege vor Ablauf dieser Frist eingestellt, müssen die anteiligen Mittel aus der Investitionskostenförderung für den verbleibenden Zeitraum wieder zurückgezahlt werden.

6.2.4 Mit Mama und Papa zur Arbeit: Eltern-Kind-Zimmer

Immer mehr Arbeitgeber ermöglichen ihren Mitarbeitern, bei Notfällen in der Betreuung ihrer Kinder ein spezielles Mitarbeiter-Kind-Büro zu nutzen. Denn wie die Unternehmen feststellten — auch das Unternehmen profitiert von der Einrichtung.

Mit dem Eltern-Kind-Zimmer helfen gerade kleine und mittelständische Unternehmen ihren Mitarbeitern bei einer gelungenen Vereinbarkeit von Beruf und Familie. Hierbei handelt es sich meist um ein bis zwei Räume im Unternehmen. Das sind Einzelbüros mit Spielecke, die von Mitarbeitern für einen Tag genutzt werden können. Sicherlich wird der Mitarbeiter an diesem Tag keine 100-prozentigen Arbeitsleistungen bringen, doch sicher mehr, als wenn er oder sie ganz ausfallen würde.

Ein Pluspunkt im Kampf um die begehrten Fachkräfte: Ein Eltern-Kind-Büro erhöht die Attraktivität der Firma als Arbeitgeber. Auch die Mitarbeiter selber können an der Realisierung des Notfallzimmers beteiligt werden und mit Sachspenden die Einrichtung des Zimmers unterstützen! Damit ist die Finanzierung nicht allein durch das Unternehmen zu stemmen.

Und wenn beim nächsten Erzieherinnenstreik eine Tagesmutter oder Babysitterin sich um die Kinder der Mitarbeiter kümmert, während die Eltern arbeiten, gewinnen alle: Firmen, Eltern und Kinder.

6.3 Familien unterstützen durch Sachbezüge

Eine gute Möglichkeit, Mitarbeiter zu unterstützen, sind die sogenannten Sachbezüge. Vor allem jungen Familien können Arbeitgeber so unter die Arme greifen und sich an den Kosten der Kinderbetreuung und vielem mehr beteiligen. Grundsätzlich zählen auch Sachbezüge zum Arbeitslohn. Jedoch ist es vielfach möglich, dass mit ein paar einfachen »Tricks« der Mitarbeiter mehr erhält, das Finanzamt hingegen weniger — und zwar auf ganz legale Weise.

Solche Leistungen reichen von der betrieblichen Altersversorgung bis hin zu freiwilligen Zuschüssen für Weiterbildung, Gesundheit, Familie und vielem mehr.

6.3.1 Was sind Sachbezüge?

Variable, leistungsunabhängige Sach- und Dienstleistungen, die das Unternehmen zusätzlich zum geschuldeten Arbeitslohn gewährt, werden als Fringe Benefits bezeichnet. Besser bekannt auch als geldwerter Vorteil. Diese Form der Vergütung geht über den reinen Lohn hinaus und wird in der Regel nicht in Geld ausgezahlt. Der bekannteste geldwerte Vorteil ist der Dienst- oder Firmenwagen. Dieser kann sowohl dem Arbeitnehmer als auch dem Arbeitgeber steuerliche Vorteile gegenüber einer reinen Gehaltserhöhung verschaffen. Durch die Steuerbegünstigung entfallen zudem Sozialversicherungsbeiträge. Solche Aufwendungen können steuerfrei oder pauschal zu versteuern sein.

Auch das Internet Netzwerk Xing setzt auf Sachbezüge, um Mitarbeiter zu gewinnen und langfristig an das Unternehmen zu binden. Nach Angaben der Verantwortlichen für Compensation and Benefits stehen die geldwerten Nebenleistungen allen Mitarbeitern unabhängig von ihrer Funktion offen. Die Bandbreite ist dabei groß. Mitarbeiter können sich beispielsweise über eine betriebliche Altersversorgung, Zuschüsse für Fahrten mit Bus und Bahn, Versicherungen und Sportangebote freuen.

Was zählt alles zu den Sachbezügen?
Als Sachbezug zählt jede Leistung des Arbeitgebers, die nicht direkt mit dem Gehalt ausgezahlt wird. Dabei müssen einige Sachbezüge wie ein kostenloses Mittagessen, das z.B. Google seinen Mitarbeitern anbietet, oder der gern genutzte Dienstwagen als geldwerter Vorteil versteuert werden. Werden die Zuwendun-

gen hingegen als Aufmerksamkeit eingestuft, wie beispielsweise ein Blumenstrauß zum Geburtstag, oder werden sie im betrieblichen Interesse zur Nutzung an den Mitarbeiter überreicht, so bleiben sie steuerfrei. Wichtig: Wenn die Sache zur betrieblichen Nutzung übergeben wird, wie beispielsweise ein Handy oder Laptop, bleibt die Sachleistung steuerfrei. Ist der Mitarbeiter Eigentümer einer Sache, so muss er diese zu seinem persönlichen Steuersatz versteuern. Die Freigrenze hierfür liegt bei 44 Euro pro Monat (§ 8 Abs. 2 Satz 9 EStG). Für einen zusätzlichen Lohn fallen bis zu dieser Höhe auch keine Sozialversicherungsbeiträge an.

Beispiele für Sachbezüge aus der Praxis
Eine Zuzahlung des Chefs zu den täglichen Fahrten ins Büro kennen viele. Für das Jobticket für öffentliche Verkehrsmittel oder zum Betanken des privaten Pkws darf der Arbeitgeber jedem Mitarbeiter monatlich 44 Euro geben. Für beide Seiten — Arbeitgeber und Arbeitnehmer — bleibt dieser Zusatz zum Gehalt völlig steuer- und abgabenfrei. Rechnet man diese Summe auf das normale Gehalt um, müsste der Beschäftigte bei der nächsten Gehaltserhöhung ein Plus von etwa hundert Euro brutto erhalten (abhängig von der jeweiligen Steuerklasse).

Die Firma kann 44 Euro monatlich auch für Strom, Gas, den Friseur oder Warenkäufe jeder Art zahlen. Wichtig ist dabei zu beachten, dass jeder nur einmal pro Monat diese Sachleistung erhalten kann. Es ist nicht möglich zu kombinieren und so z.B. für Tanken, Strom und Shoppen den einen Zuschuss zu gewähren.

Möglich wäre jedoch, dass die Firma dem Mitarbeiter die Fahrtkosten (z.B. Bus und Bahn) in voller Höhe zahlt oder sich mit bis zu 375 Euro pro Monat an den Tankrechnungen beteiligt. Dies würde dann pauschal mit 15 Prozent besteuert plus Solidaritätszuschlag und Kirchensteuer.

Bieten Sie den Beschäftigten an, für das Unternehmen Werbung zu machen und das private Auto mit einem Werbeaufdruck zu versehen, dann sind 21 Euro pro Monat zusätzlich für den Mitarbeiter drin. Das Einkommensteuergesetz erlaubt Arbeitgebern auch zusätzlich zum Urlaubsgeld noch einmal eine »Erholungsbeihilfe« von mehr als 300 Euro im Jahr zu zahlen, je nach Familiensituation.

Kurzgefasst: Was kann ich meinen Arbeitnehmern steuerfrei zahlen?
Im Folgenden gebe ich Ihnen einen Überblick über mögliche steuerfreie Leistungen, die ein Arbeitgeber seinen Mitarbeitern anbieten kann:

Aufmerksamkeiten, z.B. Blumen, Bücher, Genussmittel, die aus persönlichem Anlass des Arbeitnehmers wie Geburtstag, Jubiläen etc. überreicht werden, oder Mahlzeiten während außergewöhnlicher Arbeitseinsätze (R 19.6 LStR 2008).

Aufwendungen im Rahmen einer Betriebsveranstaltung wie Ausflügen, Feiern, Festen u. Ä., falls die Aufwendungen pro teilnehmendem Arbeitnehmer 110 nicht überschreiten (R 19.5 Abs. 4 LStR 2008).

Erstattung von Reisekosten, soweit der Arbeitgeber keine höheren Beträge ersetzt, als der Arbeitnehmer ansonsten als Werbungskosten abziehen könnte (§ 3 Nr. 13 und 16 EStG).

Erstattung von Umzugskosten im privaten Dienst bei dienstlich veranlasstem Umzug bis zur Höhe der Beträge, die nach dem Bundesumzugsrecht als höchstmögliche Umzugskostenvergütung gezahlt werden könnten (§ 3 Nr. 16 EStG).

Erstattung bei Mehraufwendungen durch eine doppelte Haushaltsführung im Rahmen der gesetzlichen Höchstbeträge, soweit der Arbeitgeber keine höheren Mehraufwendungen ersetzt, als der Arbeitnehmer ansonsten als Werbungskosten geltend machen könnte (§ 9 EStG, R 9.11 Abs. 5 bis 11 LStR 2008).

Verpflegungskostenzuschüsse bei einer Abwesenheit von über 8 Stunden sowie am An- und Abreisetag bei einer Reise mit Übernachtung 12 Euro. Bei einer Abwesenheit von 24 Stunden oder mehr können Arbeitgeber ihren Mitarbeitern einen Verpflegungskostenzuschuss in Höhe von 24 Euro für jeden Kalendertag zahlen sowie die tatsächlichen Übernachtungskosten oder pauschal 20 Euro brutto pro Übernachtung (ohne Frühstück). Die Beträge gelten einheitlich für eine Auswärtstätigkeit (§ 3 Nr. 16 EStG); bei Auslandsreisen fallen andere Beträge an, diese finden Sie in einer Auslandsreisekostentabelle.

Mittagessen: Gibt es in der Firma keine eigene Kantine, so kann die Verpflegung der Mitarbeiter bezuschusst werden. Häufig werden dafür sogenannte Essenschecks verwendet. Diese lassen sich nicht nur in Restaurants, sondern auch bei Imbissen, Lieferanten oder Supermärkten einlösen. Bis zu 6,03 Euro pro Arbeitstag z. B. in Form eines Restaurantchecks bleiben abgabenfrei.

Beispiel: Essensbons !

Ein Mitarbeiter bekommt am Monatsanfang 15 Essensbons und erhält damit mehr als 90 Euro abgabenfrei dazu. Um auf das gleiche Netto-Plus zu kommen, müsste der Arbeitgeber zusätzlich etwa 180 Euro brutto mehr zahlen.

Berufliche Fort- und Weiterbildungen. Diese Maßnahmen müssen im überwiegenden Interesse des Arbeitgebers durchgeführt werden. Darunter fallen alle Weiterbildungen, die die Einsatzfähigkeit des Arbeitnehmers im Unternehmen erhöhen. Sie sind für den Arbeitnehmer steuerfrei, wenn der Arbeitgeber den Vertrag über die Weiterbildungsmaßnahme abschließt.

Maßnahmen der betrieblichen Gesundheitsförderung. Laut § 3 Nr. 34 EStG i.d.F. des JStG 2009) sind bestimmte betriebliche Gesundheitsfördermaßnahmen bis 500 Euro pro Mitarbeiter und Jahr steuerfrei. Solche Zuschüsse zur Gesundheitsförderung sind beispielsweise Wirbelsäulenübungen, Antistress- oder Burn-out-Trainings, Entspannungs- und Nichtraucherkurse sowie Lehrgänge rund um die gesunde Ernährung. Wichtig: Es ist nicht mehr möglich, die Beiträge für ein Fitnessstudio auf diese Weise zu reduzieren. Nur solche Gesundheitsförderungen werden anerkannt, die in den Leitfäden der Krankenkassen angeboten werden. Darunter fallen keine Mitgliedschaften bei Sportvereinen und Fitnessstudios. Es kann im Zweifelsfall zu einer Besteuerung der Leistungen kommen, wenn die Maßnahme nicht eindeutig zugeordnet werden kann oder den Höchstbetrag übersteigt.

Fahrtkostenzuschuss für Fahrten zwischen Wohnung und Arbeitsstätte im eigenen PKW und Nutzung des Privatwagens für betriebliche Zwecke je Entfernungskilometer mit 0,30 Euro.

Berufskleidung, wenn diese typisch für diesen Beruf ist und dem Arbeitnehmer unentgeltlich oder verbilligt überlassen wird (z.B. Uniform bei Stewardessen, Pförtnern; Schutzbekleidung) (§ 3 Nr. 31 EStG).

Erholungsbeihilfen — Zuschuss zum Urlaub

Zum Beispiel in Krankheits- oder Unglücksfällen ist eine solche Zahlung dem Anlass nach gerechtfertigt und kann bis 600 Euro jährlich betragen (darüber hinaus nur bei besonderem Notfall). Zu berücksichtigen sind die Einkommensverhältnisse und der Familienstand (R 3.11 Abs. 2 LStR 2008). Die Beihilfen werden dann pauschal versteuert (bis zu 156 Euro zzgl. 104 EUR für den Ehegatten und 52 Euro für jedes Kind) (§ 40 Abs. 2 Nr. 3 EStG).

Kinderbetreuungszuschuss, zusätzliche Leistungen des Arbeitgebers zur Unterbringung und Betreuung von **nicht schulpflichtigen Kindern** in betriebsfremden oder betriebseigenen Kindergärten und andere Kinderbetreuungskosten. Diese Kosten können dem Arbeitnehmer in tatsächlicher Höhe erstattet werden. Einen Höchstbetrag gibt es nicht. Wichtig ist, dass diese Leistungen nicht Teil des Lohns sind, sondern zusätzlich zum ohnehin geschuldeten Lohn gezahlt werden. Dazu zählen neben den Gebühren für die Betreuung selbst auch die Verpflegungskosten in nachgewiesener Höhe (§ 3 Nr. 33 EStG).

Solche Zuschüsse zur Kinderbetreuung sind abgabenfrei bis zu der Summe, die die Einrichtung als Beitrag verlangt. Auch Hortgebühren oder das Honorar für eine Tagesmutter können vom Chef bezuschusst oder gar komplett übernommen werden.

Beispiel: Zuschuss zur Kinderbetreuung

!

Ein junger Vater erhält statt einer Gehaltserhöhung von 150 Euro monatlich denselben Betrag als Zuschuss zu den Kindergartengebühren, so profitiert die Familie davon 1:1. Dagegen blieben von der Gehaltserhöhung um diesen Betrag durchschnittlich gerade einmal knapp 70 Euro übrig.

Internetnutzung: Hier sind pauschal versteuerte Arbeitgeberzuschüsse zur laufenden privaten Internetnutzung bis zu 50 Euro monatlich möglich. Überlässt die Firma dem Mitarbeiter die Hard- und Software, kann ein Zuschuss in unbegrenzter Höhe gewährt werden. Dabei ist es unerheblich, ob die Geräte auch beruflich oder nur privat genutzt werden. Wichtig ist nur, dass der Arbeitgeber sie ausschließlich zur Nutzung überlässt und sie nicht verschenkt. Bei einem Geschenk würden Steuern fällig.

Sachprämien aus Kundenbindungsprogrammen wie z.B. Miles and More oder ähnliche Programme sind bis 1.080 Euro im Kalenderjahr steuerfrei möglich (§ 3 Nr. 38 EStG).

Telefon: Ohne Nachweis ist es möglich, einem Arbeitnehmer 20 Euro pro Monat zu zahlen, wenn er betrieblich veranlasste Telefongespräche in der eigenen Wohnung glaubhaft machen kann (z.B. Außendienstmitarbeiter, flexible Arbeitszeiten).

Warengutscheine bis 44 Euro brutto im Kalendermonat. Unter Warengutscheine fallen unter anderem Tankgutscheine, Gutscheine für Hörbücher, Bücher, Fachzeitschriften oder das Jobticket. Bei den 44 Euro für Warengutscheine handelt es sich um eine Freigrenze und nicht um einen Freibetrag. »Liegt der Warenwert über den 44 Euro im Monat, also zum Beispiel bei 50 Euro, muss der komplette Betrag versteuert werden, da es sich um eine Freigrenze handelt und nicht um einen Freibetrag«, gibt der Bund der Steuerzahler zu bedenken. Deutlich einfacher ist es nach einem BFH-Urteil inzwischen bei den oben erwähnten Tankgutscheinen geworden. Laut Urteil ist der Arbeitnehmer berechtigt, an einer beliebigen Tankstelle zu tanken. Anschließend reicht er den Rechnungsbeleg dem Arbeitgeber ein und dieser kann die Kosten bis zu 44 Euro monatlich erstatten.

!

Wichtig: Freiwillige betriebliche Zusatzleistungen versteuern

Freiwillige betriebliche Zusatzleistungen wie Dienstfahrzeuge zur privaten Nutzung, Weihnachtsgeld oder Zuschüsse für die Kinderbetreuung müssen versteuert werden. So muss der Arbeitnehmer bei einem Dienstwagen monatlich ein Prozent des Kaufpreises versteuern. Für beide Seiten attraktiver können dagegen die steuerfreien Benefits sein, wie ein Zuschuss zu den Spritkosten, kostenfreie Parkplätze in Arbeitsplatznähe (wenn Parken sonst problematisch ist), die Verpflegung durch betriebseigene Kantinen oder Zuschüsse beim Mittagsessen.

Wer die geldwerten Vorteile geschickt nutzt, dem steht unter dem Strich netto mehr Geld zur Verfügung als zum Beispiel bei einer Gehaltserhöhung. Und auch für Unternehmen können die geldwerten Extras von Vorteil sein.

Gerade kleinere Unternehmen können nicht immer große Gehaltserhöhungen verkraften, sagt der Bundesverband der Lohnsteuerhilfevereine. Aber die Möglichkeit, den Arbeitnehmern und Angestellten der Firma Waren oder Dienstleistungen verbilligt oder völlig unentgeltlich anzubieten, sprengt nicht gleich deren finanziellen Rahmen.

6.3.2 Mit steuerfreien Sachbezügen Mitarbeiter erfolgreich binden

Oft reichen ein hohes Gehalt und flexible Arbeitszeiten als Instrumente der Personalbindung allein nicht aus. Wichtiger ist Arbeitnehmern häufig eine individuelle Unterstützung. Hier sind steuerfreie Sachbezüge oder Fringe Benefits das Mittel der Wahl. Mit ihrer Hilfe können Unternehmen dort unterstützend tätig werden, wo den Mitarbeitern ganz konkret geholfen werden kann. Dabei geht zudem kaum etwas von der Unterstützung durch Steuerabzüge verloren. Neben einem guten, wertschätzenden Führungsstil und einer guten Vereinbarkeit von Beruf und Familie sind dies ganz konkrete Schlüsselelemente, um gute Mitarbeiter zu binden.

Gerade junge Familien haben hohe Ausgaben, um Beruf und Familie meistern zu können und in vielen Städten sind die Ausgaben für die Kinderbetreuung hoch.

Doch nicht nur Familien können Arbeitgeber auf diese Weise unterstützen. In allen Lebensphasen lassen sich Möglichkeiten der Unterstützung finden und auf diese Weise lassen sich mit einem zukunftsorientierten und strategischen Potenzialmanagement die Gewinnung, Entwicklung, Bindung und Bewahrung von Leistungsträgern sicherstellen.

Um herauszufinden, welche Maßnahmen sich die Mitarbeiter von ihrem Unternehmen wünschen, bietet sich eine Mitarbeiterbefragung an. Gleichzeitig drücken Firmenleitung und Führungskräfte so ihre Wertschätzung aus, was wiederum steigernd auf die allgemeine Motivation wirkt.

Bevor Sie solche Fringe Benefits in Ihrem Unternehmen einführen, sollten Sie sich fragen, welche genau in das Firmenkonzept passen und firmeninterne Strategien ergänzen können. Wie möchte das Unternehmen von außen wahrgenommen werden? Eine Webseite, auf der kaum Frauen zu sehen sind, wird auch kaum Bewerbungen von Frauen nach sich ziehen. Strategie und Kultur und damit Firmen- und Personalpolitik sowie das Unternehmensleitbild sollten zusammenpassen. Will eine Firma beispielsweise vor allem junge Männer gewinnen, die sich mehr wünschen, als bis spät in die Nacht am Schreibtisch zu sitzen (wie z.B. ITler), sollte es verschiedene Modelle für die Arbeitszeit und den Arbeitsort anbieten. Will ein Unternehmen Mitarbeiter mit kleinen Kindern binden und unterstützen, sollte es darüber hinaus die Kinderbetreuungskosten übernehmen.

Wichtig ist, dass diese Zusatzleistungen dann etwas bringen, wenn sie individuell angeboten und zusammen mit den Mitarbeitern vereinbart werden. In welcher Lebenssituation befindet sich ein Mitarbeiter gerade? Wem nützt zum Beispiel ein Zuschuss zum Kindergartenplatz, wem ein Entspannungskurs? Junge Berufseinsteiger würden wahrscheinlich kein Sabbatical nehmen, fragt man Mitarbeiter mittleren Alters, ist dies eher ein Thema.

Sicherlich kennen Sie aus Ihrem beruflichen Alltag noch weitere Trends und Möglichkeiten. In einer sich immer rascher verändernden Arbeitswelt ändern sich ebenso schnell die Bedürfnisse. Dachte eine Firma gerade noch über einen eigenen Betriebskindergarten nach, sind bis zum Ende der Planfertigstellung die Kinder bereits im schulpflichtigen Alter und der Bedarf der Eltern liegt jetzt mehr in der Betreuung während der immerhin vierzehn Wochen Schulferien. Nehmen Sie Ihre Mitarbeiter mit ins Boot bei der Auswahl geeigneter Maßnahmen und entscheiden Sie gemeinsam, so erreichen Sie auch alle mit den angebotenen Zusatzleistungen.

Denn Fringe Benefits sind keine »milden Gaben« des Unternehmens. Sie bringen dem Arbeitgeber auch einen erheblichen Gewinn.

Der Gewinn sind zufriedene und hoch motivierte Mitarbeiterinnen und Mitarbeiter mit hohem Leistungsvermögen. In Zeiten spürbaren Fachkräftemangels kann dieses Kapital der Unternehmen nicht hoch genug eingeschätzt werden.

6.4 Rechtliches rund um den Wiedereinstieg

Nach der Elternzeit möchten viele Beschäftigte erst einmal in Teilzeit zurück in den Beruf.

6.4.1 Anspruch auf Arbeitszeitverkürzung

Vorgesetzte, Personalabteilung oder Arbeitgeber müssen dabei das Recht auf Arbeitszeitverkürzung und -verlängerung der Beschäftigten beachten, das im Teilzeit- und Befristungsgesetz (TzBfG) geregelt ist. Laut Gesetz ist ein Arbeitgeber verpflichtet, den Wunsch der Beschäftigten nach Teilzeitarbeit zu prüfen. Ein Arbeitnehmer ist dann teilzeitbeschäftigt nach § 2 Abs. 1 TzBfG, wenn dessen Wochenarbeitszeit kürzer ist als die eines vergleichbaren vollzeitbeschäftigten Mitarbeiters. Teilzeitbeschäftigt sind auch geringfügig Beschäftigte (§ 8 Abs. 1 Nr. 1 SGB IV).

Einen Anspruch auf Arbeitszeitverkürzung haben Beschäftigte unter folgenden Bedingungen (§ 8 TzBfG):

- Die Mitarbeiter arbeiten in einem Unternehmen mit mehr als 15 regulären Beschäftigten.
- Das Arbeitsverhältnis besteht seit mehr als sechs Monaten.
- Eine gewünschte Arbeitszeitverkürzung wurde formlos drei Monate vor dem geplanten Termin angekündigt. Wird der Teilzeitwunsch nicht fristgemäß gestellt, verschiebt sich lediglich der Beginn der neuen Arbeitszeit auf den erstmals zulässigen Zeitpunkt.
- Es gab keine Verkürzung der Arbeitszeit in den letzten zwei Jahren.
- Es liegt keine wirksame Ablehnung des Antrags in den letzten zwei Jahren vor.
- Bei Antragstellung sollte die gewünschte Verteilung der Arbeitszeit angegeben werden, dies ist jedoch kein Muss. Spätestens im Erörterungstermin mit dem Arbeitgeber ist die Wunschaufteilung der Arbeitszeit anzugeben. Ist diese Verteilung der Arbeitszeit ausschlaggebend für den Wunsch auf eine Stundenreduzierung, kann das Angebot vom Arbeitgeber nur einheitlich angenommen oder abgelehnt werden.
- Wie vorher schon erwähnt, sollen Arbeitgeber und Arbeitnehmer die gewünschte Verringerung der Arbeitszeit erörtern, um zu einer einvernehmlichen Vereinbarung zu gelangen. Aus Arbeitgebersicht kann der Anspruch auf Teilzeitarbeit nur in den wenigsten Fällen abgewehrt werden, weshalb diese Einvernehmlichkeit in der Praxis besonders beherzigt werden sollte.
- Schnell verändert sich etwas im Leben einer Familie. Der zugesagte Kinderbetreuungsplatz kommt nicht zustande und eine andere Einrichtung ist teurer und bietet andere Öffnungszeiten. Dann kommt oft der Wunsch auf, den

Teilzeitantrag an die geänderten Umstände anzupassen. Hier ist es wichtig zu wissen, dass der Mitarbeiter, nachdem er den Antrag auf Verringerung der Arbeitszeit gestellt hat, bis zum Ablauf der dreimonatigen Frist an das Verringerungsverlangen gebunden. Der Arbeitgeber muss nur auf dieses reagieren, nicht aber auf eine Änderung des bereits geäußerten Teilzeitwunsches.

6.4.2 Ablehnung der Arbeitszeitverkürzung durch den Arbeitgeber

Dem Antrag auf Arbeitszeitverkürzung zu widersprechen ist schwierig. Die Grenzen für eine Ablehnung sind eng gefasst. Möglich ist eine Ablehnung gemäß § 8 Abs. 4 S. 2 TzBfG z.B. dann, wenn betriebliche Gründe wie die Verursachung unverhältnismäßiger Kosten, die Beeinträchtigung der Organisation, des Arbeitsablaufs oder der Betriebssicherheit dem Anspruch entgegenstehen.

Beispiele für betriebliche Gründe:

- Jobsharing: Wenn die beiden Teilzeitkräfte an sehr kostspieligen Fortbildungsmaßnahmen teilnehmen müssten, um die Vollzeitstelle erfüllen zu können.
- Teilzeit würde das im Unternehmen praktizierte komplexe Schichtsystem erheblich beeinträchtigt (zum Beispiel aufgrund der damit zu geringen Auslastung von Maschinen).

Schriftlich und spätestens einen Monat vor dem gewünschten Termin muss eine Ablehnung der Arbeitszeitkürzung durch den Arbeitgeber gemäß § 8 Abs. 5 S. 1 TzBfG erfolgen. Eine Begründung der Ablehnung ist nicht erforderlich. Der Arbeitgeber kann vor Gericht die Ablehnung aber nur auf solche Gründe stützen, die er dem Arbeitnehmer vorher im Erörterungsgespräch mitgeteilt hat.

Wichtig: Versäumt der Arbeitgeber die frist- und formgerechte Ablehnung, wird die Arbeitszeit in dem vom Arbeitnehmer gewünschten Umfang verringert (§ 8 Abs. 5 S. 2 TzBfG).

Ist der Arbeitgeber nicht mit der gewünschten Verteilung der Arbeitszeiten nach der Verringerung einverstanden, muss er diesem Verteilungswunsch explizit schriftlich und spätestens einen Monat vor dem gewünschten Termin widersprechen. Schweigen gilt in diesem Fall als Zustimmung und die Verteilung als festgelegt (§ 8 Abs. 5 S. 3 TzBfG).

Versäumt hingehen der Arbeitnehmer die Fristen, um seine Änderungswünsche zu stellen, wird die in § 8 Abs. 5 S. 2, 3 TzBfG genannte Zustimmungsfunktion nicht ausgelöst.

6.4.3 Möglichkeit eines stufenweisen Wiedereinstiegs

Diese Möglichkeit bietet sich gerade bei einem frühen Wiedereinstieg an, wenn die Kinder noch sehr klein sind oder die Mitarbeiterin nur eine Kinderbetreuung gefunden hat, die lediglich wenige Stunden Betreuung bietet. Liegen für eine Zustimmungsverweigerung vonseiten des Unternehmens keine betrieblichen Gründe vor, ist durch eine Vereinbarung der stufenweise Wiedereinstieg möglich. Arbeitgeber und Arbeitnehmer sollten dann eine Zusatzvereinbarung zum bestehenden Arbeitsvertrag schließen. Diese kann befristet oder unbefristet sein.

!

Beispiel: Rückkehr aus der Elternzeit nach einem Jahr

1. Stufe (Dauer 2 Jahre): Die wöchentliche Arbeitszeit beträgt 20 Stunden an vier Tagen mit jeweils fünf Arbeitsstunden.
2. Stufe (Dauer 1 Jahr): Die wöchentliche Arbeitszeit beträgt 30 Stunden an fünf Tagen mit jeweils sechs Arbeitsstunden.
3. Stufe (Vollzeit): Die wöchentliche Arbeitszeit beträgt 40 Stunden an fünf Tagen mit jeweils acht Arbeitsstunden.

6.4.4 Rechtslage nach der Elternzeit

Nach der Rückkehr der Mitarbeiterin aus der Elternzeit tritt das Arbeitsverhältnis wieder in vollem Umfang in Kraft (§ 15 Abs. 5 BEEG). Zu häufigen Missverständnissen und Unmut führt, wenn nicht derselbe Arbeitsplatz angeboten werden kann wie vor der Elternzeit. Denn es besteht grundsätzlich kein Anspruch der Mitarbeiterin auf den früheren Arbeitsplatz. Es ist dem Arbeitgeber erlaubt, im Rahmen des ihm zustehenden Direktionsrechts andere Arbeiten zuzuweisen.

Rückkehr an einen anderen Arbeitsplatz

Kann der Arbeitnehmer nach der Elternzeit nicht an den Arbeitsplatz zurückkehren, den er oder sie vor der Elternzeit hatte, muss ein gleichwertiger Arbeitsplatz angeboten werden.

Nachträgliche Änderungen während der Teilzeit

Arbeitsrechtlich ist es für den Arbeitgeber möglich, die bereits festgelegte Verteilung der Teilarbeitszeit wieder zu ändern. Dabei muss das betriebliche Interesse an der erneuten Veränderung das Interesse des Arbeitnehmers an der Beibehaltung überwiegen (§ 8 Abs. 5 S. 4 TzBfG). Die Ankündigungsfrist ist dafür ein Monat. Aufseiten des Arbeitnehmers ist eine erneute Verringerung der Arbeitszeit frühestens nach Ablauf von zwei Jahren, nachdem der Arbeitgeber einer Verringerung zugestimmt oder sie berechtigterweise abgelehnt hat (§ 8 Abs. 6

TzBfG), möglich. Diese Frist von zwei Jahren gilt nur für das Teilzeitverlangen nach TzBfG. Unberührt davon bleiben andere Anspruchsgrundlagen wie zum Beispiel § 15 Abs. 4 BEEG oder § 81 Abs. 5 SGB IX.

Möchte ein Mitarbeiter später die Arbeitszeit wieder erhöhen, besteht hierfür ein Rechtsanspruch im Rahmen von § 9 TzBfG. Bei der Besetzung einer entsprechend freien Stelle muss dieser Arbeitnehmer bei gleicher Eignung bevorzugt berücksichtigt werden. Eine solche Umsetzung muss arbeitsvertraglich möglich sein und mit dem Wechsel auf einen anderen Arbeitsplatz dürfen keine Einbußen beim Entgelt verbundenen sein. Dringende betriebliche Gründe oder Arbeitszeitwünsche anderer Arbeitnehmer können einem solchen Wechsel des Arbeitsplatzes entgegenstehen (§ 9 TzBfG). Der Arbeitgeber muss den Mitarbeiter jedoch über unbesetzte Arbeitsplätze im Unternehmen informieren und bevorzugt bei der Besetzung einer geeigneten freien Stelle berücksichtigen.

6.5 Das Rückkehrgespräch: Herzlich willkommen zurück

Nachdem der Ausstieg bereits gut vorbereitet und strukturiert erfolgte, während der Elternzeit fortwährend Kontakt bestand, gilt es jetzt, auf dieser Basis in einem Rückkehrgespräch an die bisherigen Vorbereitungen und Absprachen anzuknüpfen.

Ein guter Zeitpunkt für das Gespräch zum Wiedereinstieg in den Beruf ist kurz vor dem tatsächlichen Einstieg. Gerade bei der Kinderbetreuung kann sich kurzfristig noch etwas ändern. Neben der Mitarbeiterin sollten der frühere Vorgesetzte, ein Mitarbeiter der Personalabteilung und wenn notwendig der Vorgesetzte des zukünftig geplanten Einsatzbereichs Gesprächspartner sein.

Im Gespräch zum Wiedereinstieg in die Firma sollten Wünsche und Rahmenbedingungen für die Rückkehr abgeglichen und ein für beide Seiten attraktives Arbeitsmodell entwickelt werden. Beachten Sie, dass vor allem die Stundenzahl und zeitliche Lage der Arbeit sowie eventuell noch erforderliche Qualifizierungsmaßnahmen sowie ein Orientierungsseminar zum Wiedereinstieg wichtige Themen für dieses Gespräch sein sollten.

Die Vorteile eines Rückkehrgesprächs gelten für beide Seiten. Für das Unternehmen, weil es mit zeitlichem Vorlauf Planungssicherheit schaffen kann. So lassen sich gerade auch organisatorische Fragen rechtzeitig klären. Hinzu kommen geringe Kosten, da nicht erst nach der Rückkehr der Mitarbeiterin mit der Überlegung der Einarbeitung begonnen wird. Kollegen und Vorgesetzter sind vorbereitet und der Ablauf ist geplant.

Für die Arbeitnehmerin ergibt sich ebenfalls eine Planungssicherheit für die letzten Wochen vor dem Wiedereinstieg. Sie weiß, was auf sie zukommt, wann es losgeht und was bis dahin noch zu tun ist. Das schafft Sicherheit, sodass sich Ängste oder Hürden viel weniger aufbauen. Darüber hinaus schaffen der Abgleich gegenseitiger Erwartungen, eine rechtzeitige Fortbildung entsprechend der neuen Anforderungen und die Vorbereitung der Kinderbetreuung eine gute Basis für die erfolgreiche Rückkehr in die Firma.

6.6 Checklisten und Vorlagen

Die folgenden Vorlagen und Checklisten sollen Sie dabei unterstützen, den Wiedereinstieg optimal zu gestalten.

6.6.1 Vorlage: Das Rückkehrgespräch

Grundlage: §§ 8, 9 Teilzeit- u. Befristungsgesetz (TzBfG), §§ 15 bis 19 Bundeselterngeld- und Elternzeitgesetz (BEEG)

!

Das Rückkehrgespräch

Gespräch kurz vor dem Wiedereinstieg zwischen:
Vorgesetztem/Vorgesetzter
Name, Vorname/Abteilung ______________________
Mitarbeiterin/Mitarbeiter
Name, Vorname/Abteilung ______________________

Grund der Beurlaubung: ______________________
voraussichtlicher Wiedereinstieg: ____.____.______

Arbeitszeitmodelle, die nach der Elternzeit infrage kommen könnten

____

____

Zu welchen Zeiten soll/kann gearbeitet werden?

____

____

Sind die notwendigen Vorbereitungen bezüglich der Arbeitszeitregelung (Teil- oder Vollzeit) und Verteilung der Arbeit getroffen worden?

Ja Nein

Bemerkungen:

____

____

Welche Einsatzmöglichkeiten sind mit der gewünschten Stundenzahl vorstellbar?
Möglichkeiten:

____

____

Wiedereinstieg und Einarbeitungszeit

- Ist es möglich, an den »alten« Arbeitsplatz zurückzukehren oder wird ein gleichwertiger Arbeitsplatz zur Verfügung gestellt?
- Besteht ein Rechtsanspruch auf einen gleichwertigen Arbeitsplatz nach der Elternzeit?

Der Wiedereinstieg ist geplant für: ____________________

Vorstellungen der Mitarbeiterin bezüglich des Wiedereinstiegs

____

____

Kinderbetreuung

Kinderbetreuung momentan:
Wurde eine zufrieden stellende Lösung bezüglich der Kinderbetreuung gefunden?
Wie sieht diese aus?

____

____

Betriebliche Angebote und Möglichkeiten zur Unterstützung:

____

____

Betriebliche Angebote und Möglichkeiten zur Unterstützung sind nicht vorgesehen.

Weiteres Vorgehen des Arbeitgebers

Wie wird die Einarbeitung ablaufen?

____

____

Wer übernimmt die Einarbeitung?
Name: ______________________________
Bemerkungen:

____

____

Wie lange dauert die Einarbeitung?

____

Planung der Arbeitsorganisation

Wie ist die Rückkehr der Mitarbeiterin/des Mitarbeiters vorbereitet? Ist zum Beispiel der Arbeitsplatz/das Büro bereits eingerichtet?

____

Lassen sich Aufgaben und Stellen aufteilen?

Ja Nein

Bemerkungen:

____

____

Weiterbildung in der Elternzeit

Wurden besprochene Weiterbildungsmaßnahmen bereits begonnen oder sogar abgeschlossen?

Welche:

Ja Nein

Sind geplant für: ______________________________

Sind weitere Weiterbildungen gewünscht oder benötigt?

Ja Nein

Bemerkungen:

____

____

Möchte die Mitarbeiterin an einem Orientierungsseminar zur Vorbereitung des Wiedereinstiegs oder zur gelungenen Vereinbarkeit von Beruf und Familie teilnehmen?

Ja Nein

Bemerkungen:

____

____

Spezielle Vorstellungen der Mitarbeiterin, um die berufliche Tätigkeit wieder aufzunehmen:

____

____

Sind externe Angebote notwendig?

Ja Nein

Wird Unterstützung benötigt?

____

Weiteres Vorgehen/Termine:

____

____

____

Sofern die Erstellung eines neuen Arbeitsvertrags notwendig war:
Wurden alle relevanten Inhalte bezüglich der Arbeitsbedingungen und Vergütung besprochen?

- Ja, aber ein neuer Vertrag muss noch erstellt werden. Bis______________
- Ja, der Vertrag ist bereits unterschriftsbereit.
- Nein, es muss noch folgendes geklärt werden:

____

____

Bemerkungen:

____

____

Unterlagen für den Arbeitgeber

- Antrag auf Verlängerung der Elternzeit
- Antrag auf Teilzeitarbeit nach Ende der Elternzeit

Erhalten am: ____________________

Gibt es Fragen seitens des/der Arbeitnehmers/in?

Ja Nein

Welche:

____

____

_____._____.__________ Datum

Unterschriften:
Mitarbeiterin: ____________________________

Direkter Vorgesetzter: ____________________________

6.6.2 Checkliste: Wie attraktiv sind wir als Arbeitgeber?

Mit diesem Fragenbogen können Sie sich Anregungen holen und sich mit der Thematik »Fachkräftesicherung und Arbeitgeberattraktivität« auseinandersetzen. Dies ist zwar nur ein erster Schritt – aber ein wichtiger!

Für jedes »Ja« geben Sie sich einen Punkt und addieren diese am Ende.

1. Mitarbeiterzufriedenheit und Personalentwicklung	**Ja**	**Nein**
Uns sind die Kriterien bekannt, die uns zum attraktiven Arbeitgeber machen und wir haben bereits entsprechende Maßnahmen in unserem Unternehmen getroffen.		
Wir führen regelmäßig Mitarbeitergespräche durch und wissen um die Leistungen und Potenziale unserer Mitarbeiter.		
Mitarbeiterförderung, Weiterbildung und Incentives gehören zu unserem Alltag — für alle.		
Wir haben durchdachte Laufbahnkonzepte und bieten unseren Beschäftigten gute Entwicklungsmöglichkeiten.		
Das Vertrauensverhältnis zwischen Beschäftigten und Geschäftsleitung ist positiv und das Betriebsklima ist gut.		
Wir befragen unsere Mitarbeiter regelmäßig nach Verbesserungen und setzen diese auch um.		
2. Führung	**Ja**	**Nein**
Wir verhalten uns als Vorbilder und machen so deutlich, was uns wichtig ist.		
Wir erkennen die Leistungen unserer Mitarbeiter (auch in Teilzeit) an und pflegen einen wertschätzenden Umgang.		
Unsere Führungskräfte erhalten regelmäßig Feedback über ihr Führungsverhalten.		
Wir beziehen unsere Beschäftigten in die Arbeitsplanung und Arbeitsgestaltung mit ein.		
Unsere Unternehmensziele sind unseren Mitarbeitern bekannt und wir kontrollieren deren Umsetzung regelmäßig.		
Unsere Führungskräfte wissen, was Vereinbarkeit von Beruf und Familie bedeutet und nehmen ihre Verantwortung wahr.		
3. Unternehmenskultur	**Ja**	**Nein**
Wir haben eine klare Vorstellung davon, wie wir miteinander umgehen und arbeiten.		
Wir stärken Gemeinsamkeit und Zugehörigkeit mit gemeinsamen Erlebnissen.		
Wir pflegen eine offene Informations- und Gesprächskultur, fördern den Austausch untereinander.		
Wir fördern die unternehmerische Verantwortung unserer Mitarbeiter und beteiligen sie am Erfolg.		
Wir wissen um die besonderen Belange von Arbeitnehmern mit Familienverpflichtungen und unterstützen sie.		

Wir honorieren Leistung, nicht Präsenz.		
Wir gehen auf die Bedürfnisse der unterschiedlichen Mitarbeitergruppen ein.		
Maßnahmen zur Mitarbeiterbindung kennen wir und setzen diese auch um.		
Wir achten auf unsere Gesundheit und die der Mitarbeiter und unterstützen unsere Mitarbeiter.		
4. Beschäftigungspolitische Aspekte	**Ja**	**Nein**
Wir können auf das Erfahrungswissen genügend älterer Mitarbeiter zugreifen und sorgen für einen guten Austausch im Unternehmen.		
Um Familie und Beruf vereinbaren zu können, haben wir flexible Arbeitszeiten eingeführt.		
Wir nutzen die Vorteile von Telearbeit und Homeoffice dort, wo es mit den Aufgaben und Rahmenbedingungen vereinbar ist.		
Wir haben Konzepte zum beruflichen Wiedereinstieg nach der Elternzeit oder der Angehörigenpflegezeit.		
Wir halten Kontakt zu Mitarbeitern während der Eltern- oder Pflegezeit.		
Wie haben eine betriebseigene Kita bzw. Belegplätze in einer Kita.		
Wir unterstützen unsere Mitarbeiter auch außerhalb des Unternehmens finanziell, psychologisch etc. in ihrem Alltag.		
Wir informieren unsere Mitarbeiter zu den Angeboten und Möglichkeiten, die das Unternehmen bietet.		
5. Wege der Mitarbeitergewinnung	**Ja**	**Nein**
Das Image unseres Unternehmens ist positiv, wir gelten als guter Ausbildungsbetrieb und Arbeitgeber.		
Unsere Homepage gibt Auskunft über uns als Arbeitgeber mit unseren Leistungen und macht uns erkennbar.		
Wir nutzen die Chancen des Web 2.0 zur Präsentation und für ein aktives Recruiting.		
Wir binden unsere Mitarbeiter aktiv in den Prozess, neue Mitarbeiter zu gewinnen, mit ein.		
Wir haben ein transparentes Auswahlverfahren und nachvollziehbare, valide Auswahlkriterien.		
Bei uns haben Ältere, Menschen mit Handicaps, Migranten und Frauen ausdrücklich Chancen.		
Wir binden Mitarbeiter während und nach einer familienbedingten Pause an unser Unternehmen.		
Summe		

Die Auswertung

Geben Sie sich für jedes »Ja« einen Punkt und addieren Sie diese:

24—36 Punkte: Sie sind auf dem richtigen Weg und besser als viele andere! Schauen Sie sich die Felder an, die Sie noch verändern wollen, und informieren Sie sich über weitere Verbesserungen — und alles in Ihrem Tempo!

12—23 Punkte: Nicht schlecht! Schauen Sie sich Ihre guten Ansätze an und versuchen Sie gemeinsam mit den Mitarbeitern zu ermitteln, wo noch Verbesserungspotenziale stecken, die Sie nutzen wollen.

0—11: Punkte Vorsicht! Sie sollten sich Gedanken darüber machen, wie Sie attraktiver werden können. Beziehen Sie Ihre Mitarbeiter mit ein, sonst sind andere im Wettbewerb um die Guten um Längen vor Ihnen!

Selbstverständlich ersetzt dieser kleine Check keine gründliche Analyse und sicher ist nicht jeder einzelne Punkt gleich wichtig. Aber er zeigt Ihnen, wo Sie nacharbeiten können, was Sie schon erreicht haben, womit Sie zufrieden sein können und ist eine erste Anregung.

6.6.3 Checkliste: Flexible Arbeitszeitgestaltung und familienunterstützende Maßnahmen

Wie es um Ihre aktuellen Qualitäten im Hinblick auf flexible Arbeitszeitgestaltung und familienunterstützende Maßnahmen bestellt ist, können Sie anhand der folgenden Checkliste prüfen.

Arbeitszeitgestaltung	Bieten wir an	Zukünftig möglich
Es besteht ein Angebot an Arbeitsplätzen, die mit der Familie vereinbar sind.		
Verschiedene Teilzeitmodelle werden angeboten.		
Es gibt Gleitzeit/flexible Arbeitszeit.		
Sie bieten die Möglichkeit des Jobsharing an.		
Es gibt eine individuelle, flexible Pausenregelung.		
Es besteht die Möglichkeit, Zeitguthaben für Engpässe anzusammeln.		
Beschäftigte mit schulpflichtigen Kindern bekommen vorrangig in den Ferien Urlaub.		

Arbeitszeitgestaltung	Bieten wir an	Zukünftig möglich
Eine Änderung der Arbeitszeit ist nach Absprache möglich.		
Sie bieten die bezahlte Freistellung (einen oder mehrere Tage) bei plötzlich auftretenden dringenden familiären Problemen an.		
Eine unbezahlte Freistellung wegen familiärer Pflichten ist möglich.		
Bei familiären Anlässen (wie z.B. Geburt, Hochzeit, Umzug ...) gewähren wir Sonderurlaub.		
Wir bieten unterschiedliche familienfreundliche Arbeitszeitmodelle.		
Belegplätze in einer Kita bieten wir an.		
Wir haben eine eigene Betriebskita.		
Für Notfälle (z.B. Kita Streik) können wir eine Betreuung durch Tagesmütter anbieten.		
Wir bieten den Kindern unserer Mitarbeiter ein Ferienprogramm.		
Familienangehörige können in unserer Kantine essen.		
Wir unterstützen Familien finanziell (z.B. mit einem Willkommensgeld zur Geburt eines Kindes).		
Wir beteiligen uns als Firma an den Betreuungskosten der Kinder unserer Mitarbeiter.		
Fort- und Weiterbildungsangebote bieten wir zu familienfreundlichen Bedingungen an (z.B. mit Kinderbetreuung).		
Wir informieren regelmäßig zu den verschiedenen Möglichkeiten und Angeboten.		

6.7 Für die Mitarbeiterin — so gelingt der Neustart

Frauen, die für ihre Kinder zu Hause bleiben, werden als »Hausfrauen« oft nicht ernst genommen und Frauen, die trotz der Kinder arbeiten gehen, werden als »Rabenmütter« beschimpft. Mütter können es heute niemanden mehr recht machen. Finden Sie deshalb Ihren eigenen Weg. Verwirklichen Sie Ihre Wünsche und Ziele.

6.7.1 Da bin ich wieder – die Rückkehr in den Job

Als Wiedereinsteigerin sollten Sie Ihr Licht auf gar keinen Fall unter den Scheffel stellen. Je besser Ihre Qualifikation, desto höher Ihre Chancen für die berufliche Rückkehr. Fachkräfte sind in einigen Bereichen schon knappes Gut und die demografische Entwicklung zwingt viele Unternehmen dazu, gute Arbeitnehmerinnen zu halten. Nutzen Sie Teilzeitangebote oder informieren Sie sich über Zeitarbeit. Konzentrieren Sie sich auf Ihre Stärken, denn für Arbeitgeber bieten Sie genügend Vorteile. Rücken Sie deshalb Ihre Stärken in den Fokus und nicht Ihr Familienleben.

Wenn Frauen sich eine Zeit lang der Familie widmen, ist mangelndes Selbstbewusstsein die erste Hürde auf dem Weg zurück ins Berufsleben. Deshalb sollte jede Frau ganz am Anfang für sich klären:

- Was kann ich?
- Was kann ich besonders gut?
- Wo bin ich unschlagbar?

Machen Sie sich bewusst, welche Kompetenzen und Fähigkeiten Sie haben. Sie selber und auch Ihr Arbeitgeber sind sich dieser vielleicht gar nicht so bewusst. Es fällt uns leicht aufzuzählen, was wir nicht gut können, was uns schwerfällt und wo wir Probleme sehen. Doch aus dem Stegreif die eigenen Kompetenzen und Leistungen aufzuzählen, fällt gerade Müttern schwer.

In Bezug auf den beruflichen Wiedereinstieg haben Frauen eine ganze Menge Hindernisse zu überwinden. Ganz konkrete, aber auch einige, die nur in unseren Köpfen entstehen.

Erste Hürde: »Ich bin so lange aus dem Job raus, die Kollegen sehen mich sicher nur noch als Mutter.«

Passen Sie sich kleidungstechnisch an die Kollegen an und vermeiden Sie, zu viel über Ihr Kind und die Elternzeit zu reden, so zeigen Sie Professionalität.

Zweite Hürde: »Es ist zeitlich so schwierig, Familie und Beruf zu vereinbaren.«

Klären Sie für sich, wie viel Zeit Sie mit Ihrem Kind, mit dem Haushalt und mit dem Partner verbringen wollen. Dann suchen Sie die für sich richtige Betreuungsmöglichkeit und besprechen Sie mit Ihrem Partner die Aufteilung der Arbeiten im Haushalt und der Kinderbetreuung. Die Rückkehr in den Beruf muss nicht unbedingt eine Belastung sein. Viele Mütter wundern sich, wie »chillig« ihre

Arbeit im Büro im Vergleich zur Familienarbeit ist. Die Vorteile: Wenn sie einige Stunden außer Haus tätig sind, kehren sie motivierter zurück und ungeliebte Hausarbeiten fallen ihnen leichter. Außerdem: Kinder von berufstätigen Müttern nörgeln oft weniger und benehmen sich pflegeleichter, weil sie die freie Zeit mit Mama schätzen lernen.

Dritte Hürde: »Betreuungsplätze sind rar und teuer.«

Starten Sie mit der Suche nach einem Betreuungsplatz nicht erst, wenn Sie wieder zurück in den Job möchten, sondern am besten frühzeitig. In Großstädten wie München heißt das, dass Sie bereits während der Schwangerschaft nach einem Krippenplatz schauen und sich nicht nur auf die nähere Umgebung beschränken sollten. Denken Sie auch an Tagesmütter, Elterninitiativen, Leihomas und Au-pairs.

Vierte Hürde: »Ich kann mein Kind doch nicht jemand anderem geben, ohne mich läuft alles schief«.

Natürlich braucht Ihr Kind Sie. Eine Mama ist unersetzbar. Vielleicht haben Sie sich aber auch ohne Not unentbehrlich gemacht und Ihr häusliches Reich zu sehr verteidigt. Wenn Sie Ihrem Mann das Kind aus der Hand reißen, weil er vergessen hat, dem Kleinen eine Mütze aufzusetzen oder statt stillem Wasser einen Saft spendiert hat oder Sie ihm den Putzlappen aus der Hand reißen, wenn er anders sauber macht als Sie, statt diese andere Art zu akzeptieren, dann geschieht das oft aus der Angst heraus, im eigenen Wirkungsbereich den Chefposten zu verlieren. Lassen Sie Ihren Mann und Ihren Kindern ruhig mehr Aufgaben im Haushalt übernehmen und übertragen Sie auch Ihrem Mann mehr Verantwortung (wie z.B. das Einkaufen), wenn Sie Ihren Wiedereinstieg in das Berufsleben angehen.

Fünfte Hürde: »Vielleicht gefährde ich durch den Wiedereinstieg in den Job meine Ehe«

Machen wir uns nichts vor. Ja, auch heute noch verdienen in der Regel die Männer besser als Frauen und — bis auf wenige Ausnahmen während der Elternzeit — übernehmen Frauen auch heute noch die Erziehung. Und ja, Ihre Familie wird die perfekte Hausfrau verlieren. Dafür gewinnt Ihr Partner aber im besten Fall eine anregendere und zufriedenere Gesprächspartnerin und Ihnen steht mehr Geld zur Verfügung z.B. für einen Babysitter und einen Abend zu zweit. Durch den beruflichen Wiedereinstieg der Frau ins Arbeitsleben kommt ein frischer Wind in Ihre Beziehung und der tut jeder Ehe gut.

Vielleicht werden Sie denken: »Wie soll ich als Wiedereinsteigerin oder Wiedereinsteiger diesen zunehmenden Anforderungen gerecht werden, zumal die Erwartungen an Mütter und Väter in Deutschland ebenfalls kontinuierlich steigen?« Lassen Sie sich nicht entmutigen.

Machen Sie sich Ihre individuellen Stärken bewusst. Finden Sie Ihr persönliches Lebensmodell und sehen Sie diese Veränderungen als Chance. Zahlreiche Unternehmen, wie beispielsweise IBM, bevorzugen heute die Arbeit vom Homeoffice aus, um kostenintensive Büroräume einzusparen, oder sie bieten alternierende Telearbeit an, bei der sich Arbeitszeiten im Büro und von zu Hause aus abwechseln. Durch diese Möglichkeiten können Sie den Kontakt zum Betrieb halten, während Sie an einigen Tagen Wegezeiten einsparen und ihre Arbeitszeit optimal auf die Bedürfnisse der Familie abstimmen können.

6.7.2 In Dir muss brennen, was du in anderen anzünden willst

Dieser Satz stammt von Augustus.

Aber ist das so? Kann ich anderen nur das vermitteln, wofür ich mit Leidenschaft stehe?

Wie geht es Ihnen? Gehen Sie gern jeden Tag an Ihren Arbeitsplatz oder ist der Job einfach nur ein Job?

Muss die Arbeit Spaß machen? Jeden Tag?

Wir erwarten heute, dass der Job uns herausfordert, Spaß macht, uns weiterbringt, immer wieder mehr Geld auf das Konto fließt, wir mit Stolz vor Freunden, Verwandten und Bekannten darüber erzählen können, was wir alles geleistet haben und so weiter.

Muss das so sein?

Fragt sich das ein Bauer, der den Betrieb in der soundso vielten Generation führt, jeden Tag oder bleibt dafür im Alltag keine Zeit? Muss der Beruf einem Spaß machen oder darf er auch einfach nur ein Mittel sein, um jeden Monat die Rechnungen zu bezahlen und sich ab und an etwas Schönes zu gönnen?

Wir verbringen die meiste Zeit des Tages mit unserer Arbeit und den Kollegen. Ich denke die Rahmenbedingungen müssen stimmen, damit ich meine Aufgaben gut erledigen kann. Denn es sagt sich so leicht: »Fang doch noch einmal etwas Neues an«. Aber nicht für jeden stimmen die Rahmenbedingungen. Wenn mein

Arbeitgeber mir die Möglichkeiten gibt, Familie und Beruf unter einen Hut zu bekommen, warum sollte ich dann wechseln? Und wovon sollte z.B. eine über 50-jährige Verkäuferin leben, die noch einmal eine ganz neue Ausbildung beginnen soll? Hinterher gibt es auch nur äußerst selten einen Job zum Durchstarten für sie.

Fazit: Wenn die Unternehmen erkannt haben, dass eine gelungene Vereinbarkeit von Beruf und Familie Belastungen von Eltern oder pflegenden Angehörigen nimmt und die Rahmenbedingungen darauf abstimmen, dann wird viel Stress von den Arbeitnehmern genommen und jeder kann seine Aufgaben mit mehr Engagement erfüllen. Vielleicht stellen sich Fragen nach Überforderung oder neudeutsch Burn-out dann nicht mehr, die Unternehmen haben motivierte Mitarbeiter, die ihren Job voll erfüllen können, ohne private Probleme im Kopf zu haben, und auf die die Arbeitgeber langfristig setzen können.

Schöne Aussichten, oder?

6.7.3 Was kann man ganz allgemein tun?

Im Folgenden gebe ich Ihnen Tipps, wie Sie sich im Alltag entlasten können:

- Überdenken Sie die alltäglichen Arbeiten. Muss die Bettwäsche gebügelt sein? Müssen die Fenster alle 4 Wochen geputzt werden?
- Entwickeln Sie Toleranz. Wenn Sie Aufgaben an andere (Familienmitglieder, Kollegen etc.) abgeben, dann gestatten Sie dem anderen, sie auf seine Art zu erledigen. Hauptsache die Arbeit wird getan, wie ist doch eigentlich nebensächlich.
- Lassen Sie Dinge auch einmal liegen. So muss z.B. vor Weihnachten nicht alles perfekt sein, es ist eh schon genug zu tun.
- Suchen Sie sich Unterstützung. Schreiben Sie doch einmal auf, was im Haushalt alles zu erledigen ist und überlegen Sie, wer außer Ihnen das tun kann. Alice Schwarzer sagte einmal: »Hausarbeit ist Menschenarbeit, nicht Frauenarbeit«.
- Schreiben Sie auch die einzelnen Tätigkeiten auf, die zu einer großen Tätigkeit gehören. Was muss ein Kind tun, wenn es sein Zimmer aufräumen soll?

6.7.4 Das Rückkehrgespräch vorbereiten

Nicht immer läuft alles angenehm und glatt. Unbequeme Fragen sind beliebt und kaum ein Mitarbeitergespräch läuft ohne sie ab. Die folgenden Fragen werden Wiedereinsteigerinnen häufig gestellt, gut, wenn sie Sie nicht unvorbereitet erwischen:

1. Was denkt Ihr Partner über Ihren Wiedereinstieg?
2. Wie werden Sie die Betreuung Ihrer Kinder organisieren?
3. Trauen Sie sich zu, die angebotene Position voll auszufüllen?
4. Können Sie sich neben Haushalt, Kindern und Familie überhaupt für den Beruf motivieren?
5. Was haben Sie in den letzten Monaten/Jahren unternommen, um beruflich in Kontakt mit Ihrer Firma und dem Beruf zu bleiben?
6. Sind Sie für diese Stelle nicht überqualifiziert?
7. Was tun Sie, wenn Ihr Kind krank ist?
8. Welche Unterstützung wünschen Sie sich von der Firma?
9. Welche Unterstützung brauchen Sie in der Einarbeitungsphase?
10. Was tun Sie, wenn Sie diese Stelle nicht bekommen?
11. Wie sieht Ihre weitere Lebensplanung aus?

7 Stufe 4: Maßnahmen nach dem Wiedereinstieg

Die ersten drei Schritte Ihres Vierstufenkonzepts waren erfolgreich: Die Vorbereitung der Mitarbeiterin oder des Mitarbeiters auf die Elternzeit lief gut, die Kontaktpflege während der Auszeit hat wunderbar funktioniert und auch der Wiedereinstieg ist gelungen. Wozu bedarf es dann noch der vierten Stufe »Maßnahmen nach dem Wiedereinstieg«? Doch wie heißt es so schön: »Nach dem Spiel ist vor dem Spiel«.

Jetzt gilt es, ständig am Ball zu bleiben, nicht bequem zu werden, sondern die familienfreundliche Unternehmenskultur weiter zu pflegen und im Idealfall stetig weiterzuentwickeln.

Bevor ich Ihnen dazu konkrete Maßnahmen empfehle, möchte ich Ihnen zunächst das aktuelle Panorama, das sich berufstätigen Eltern in der deutschen Unternehmenslandschaft zeigt, schildern. Sie werden sehen: Es gibt vorbildliche Unternehmen, aber für viele gibt es noch jede Menge Handlungsbedarf.

Wie oben schon angeklungen, steigen die meisten Mütter nach der Geburt eine Zeit lang aus dem Beruf aus. Der Wiedereinstieg ist dann häufig mit Ängsten und Sorgen verbunden. Wer gestern noch im Sandkasten gewühlt hat und dessen Leben sich um das Kind drehte, für den könnte nach der Rückkehr in den Beruf schon ein Papierstau im Drucker eine Katastrophe sein. Den Anforderungen im Beruf nicht mehr gewachsen zu sein, das befürchten viele Wiedereinsteiger.

Berufstätige Eltern stehen nach der Elternzeit vor ganz neuen emotionalen und organisatorischen Herausforderungen. Auf einmal sind ganz andere »Managementaufgaben« und »Führungskompetenzen« gefordert.

Nur eines ist sicher: Für die Vereinbarkeit von Familie und Beruf gibt es keine Standardlösungen. Zielorientierung gepaart mit Pragmatismus und Realitätssinn ist gefragt.

! **Praxisbeispiel Krieger & Schramm GmbH & Co. KG**

Um hier nur ein Beispiel zu nennen: Umfassende familienfreundliche Maßnahmen bietet das Bauunternehmen Krieger + Schramm aus Dingelstädt seinen ca. 70 Beschäftigten. Familienfreundliche Maßnahmen stehen allen Mitarbeitern zur Verfügung und das trotz der saisonal unterschiedlichen Auftragslage und dem damit schwankenden Personalbedarf. Auch beim Wiedereinstieg nach der Elternzeit kommt das Bauunternehmen seinen Beschäftigten entgegen. Die Rückkehr kann stufenweise erfolgen und auch variable Arbeitsstunden beinhalten. Wer z.B. auf Montage für das Unternehmen arbeitet, bekommt ein besonderes Arbeitszeitmodell. Die Baufachleute sind die meiste Zeit auf Montage eingesetzt und können ihre Arbeitszeit komprimieren. So arbeiten sie zwar Vollzeit, diese aber an weniger Tagen die Woche und sie erhalten damit mehr Zeit für die Familie. Auch bei der Kinderbetreuung unterstützt Krieger + Schramm seine Mitarbeiter und beteiligt sich finanziell an den Betreuungskosten. Bei Bedarf (z.B. bei Ausfall der Betreuungsperson oder Krankheit) können Eltern ihre Kinder mit ins Unternehmen bringen.

5 Probleme von Unternehmen, Mitarbeiter mit Familienverpflichtungen zu binden

Problem 1: Bisher entlassen Sie Mitarbeiterinnen ungeplant in eine Elternzeit

Das mag in Zeiten, in denen Bewerber Schlange standen und bei Ihnen arbeiten wollten, funktioniert haben. Wenn Ihr Unternehmen aber neue Wege gehen will und sich für die eigenen Fachkräfte und Bewerber attraktiv präsentieren möchte, brauchen Sie eine Strategie, die die Zeichen der Zeit erkannt hat und auf Entwicklung ausgerichtet ist.

Problem 2: Mitarbeiterinnen mit Kindern wollen doch nur noch Teilzeit arbeiten

Wenn Ihr Unternehmen darauf verzichtet, aktiv und strukturiert auf Mitarbeiterinnen mit Kindern zuzugehen, müssen Sie nehmen, wer sich bei Ihnen bewirbt. Im schlechtesten Fall stimmt die Chemie nicht und der neu gewonnene Mitarbeiter geht wieder bzw. passt nicht richtig, dann geht die Suche von vorne los und Ihr Unternehmen kauft wieder die Katze im Sack. Besser wäre es doch, die Fachkräfte, die bereits Teil des Unternehmens sind, und ihr Know-how zu sichern.

Problem 3: Kinder sind doch ständig krank und Mitarbeiterinnen fallen deshalb häufig aus

Krankheitsbedingte Ausfälle sind überschaubar und mit Sicherheit lösbar. Wenn Ihr Unternehmen hier Möglichkeiten bietet, wie z.B. im Krankheitsfall von zu Hause aus zu arbeiten, oder ein Eltern-Kind-Büro, wohin das Kind mitgenommen werden kann, heben Sie sich von der Masse ab und binden wertvolle Fachkräfte an das eigene Unternehmen.

Problem 4: Der Ausfall einer Mitarbeiterin während der Elternzeit ist für unser Unternehmen sehr schwierig zu handhaben
Ja, das stimmt, wenn in Ihrem Unternehmen die Mitarbeiterinnen die Elternzeit erst kurz vor ihrem Beginn, also lediglich gemäß dem rechtlichen Rahmen, bekannt geben und sich innerhalb der Elternzeit auch nicht verbindlich festlegen wollen. Wenn Ihr Unternehmen jedoch einen wertschätzenden und offenen Umgang pflegt, werden Mitarbeiterinnen sehr viel früher und ohne Angst, beruflich in einer Sackgasse zu landen, gemeinsam mit dem Vorgesetzten die Elternzeit und den Wiedereinstieg in den Beruf planen.

Problem 5: Familienfreundliche Maßnahmen interessieren unsere Mitarbeiter und Bewerber nicht
Wenn Ihr Unternehmen nach allen Richtungen offen ist, scheint das auf den ersten Blick positiv. In Sachen Mitarbeiterbindung und die richtigen Bewerber auf Ihre Stellenangebote zu finden, bedeutet es jedoch, dass Sie nicht genau wissen, welche Bedürfnisse Ihre Zielgruppe hat. Wen möchten Sie ansprechen mit einer Stellenanzeige? Was brauchen Ihre Fachkräfte, um motiviert und leistungsfähig zu sein? Ein Arbeitgeber, der die Bedürfnisse der Mitarbeiter und Wunschbewerber kennt und sich dann deutlich positioniert, hebt sich von der Masse der Firmen ab und erreicht so, dass Mitarbeiter sich wertgeschätzt fühlen und mehr Leistung erbringen, sich die passenden Bewerber melden und damit die Recruiting- und Fluktuationskosten sowie die Zahl der Fehltage sinken.

7.1 Gut sein — besser werden — Mitarbeiter erfolgreich binden

Wie Sie bereits wissen, ist für Unternehmen in Zeiten schrumpfender Bewerberzahlen die Bindung guter Mitarbeiter überlebensnotwendig. Was motiviert Menschen, bei Ihrem Arbeitgeber zu bleiben?

7.1.1 Jobzufriedenheit: Gehalt ist nicht alles

Für Arbeitnehmer steht die gute Vereinbarkeit von Beruf und Privatleben im Vordergrund bei der Job Wahl. Das zeigt eine Umfrage des Onlineanzeigenportals Kalaydo.de im Jahr 2015[1]. Über 1.500 Bewerber nahmen zum Thema »Was macht ein Unternehmen für Sie zu einem begehrten Arbeitgeber?« Stellung. Über 50 Prozent nannten dabei Work-Life-Balance als wichtigstes Kriterium. Ein attraktives Gehalt und spannende Aufgaben sind hingegen nur für gut 22 bzw.

1 Quelle: http://bit.ly/1I77hgu — abgerufen am 3.12.2014.

27 Prozent der Bewerber ein wichtiges Argument. Nicht jeder Mitarbeiter setzt gleiche Maßstäbe an und so fallen die Gründe, im Unternehmen zu bleiben, je nach Berufsrichtung sehr unterschiedlich aus.

Die eine kurze Zeit später veröffentlichte Studie des Karrierenetzwerks Xing[2] fand heraus, dass für 80 Prozent der Befragten die Vereinbarkeit von Familie und Beruf ein wichtiges Kriterium bei der Jobsuche ist. Für knapp die Hälfte der Frauen ist es sogar das entscheidende Kriterium und immer mehr Männer stimmen dem zu. Inzwischen würde mehr als jeder Dritte (35 Prozent) einen Job ablehnen, wenn die Vereinbarkeit von Familie und Beruf nicht gewährleistet werden kann. Das Gehalt ist dabei nicht so wichtig, zu diesem Ergebnis kam die Umfrage.

Beklagt wird von einem Großteil der Arbeitnehmer in dieser Studie ein zu viel an Stress, ein zu wenig an Geld und die mangelnde Vereinbarkeit von Familie und Beruf.

7.1.2 Jede zweite Frau, die Teilzeit arbeitet, möchte mehr arbeiten

Viele der Frauen, die in Teilzeit arbeiten, würden gerne mehr Stunden arbeiten, zu diesem Urteil kommt unter anderem die Arbeitskräfteerhebung zur Arbeitszeit des Statistischen Bundesamts im Juni 2015[3]. Fast die Hälfte der weiblichen Beschäftigten in Teilzeit würde ihre Arbeitszeit gerne ausweiten und das über alle Branchen hinweg. Jedoch verhindern mangelnde Betreuungsplätze für die Kinder, fehlende flexible Angebote und eine immer noch herrschende Präsenzkultur in Unternehmen den Wunsch vieler berufstätiger Mütter. Zu diesem Schluss kam eine Studie des Instituts für Arbeitsmarkt- und Berufsforschung (IAB) im Auftrag der IG Metall[4] zum Weltfrauentag 2014.

In Zeiten knapper werdender Fachkräfte wird es daher für Unternehmen immer wichtiger, Arbeitsbedingungen anzubieten, bei denen sich Job und Leben vereinbaren lassen.

Leider wird jede vierte Frau unterhalb ihrer Qualifikation eingesetzt, das ergab eine von der IG Metall veröffentlichte Umfrage unter 500.000 Arbeitnehmern[5]. Bei Männern dagegen sehen die Zahlen ganz anders aus.

2 Quelle: http://bit.ly/20t5X7Y – abgerufen am 17.8.2015.
3 Quelle: http://bit.ly/1KcOkTz – abgerufen im Juni 2015.
4 Quelle: http://bit.ly/1OnBCUo – abgerufen am 17.7.2015.
5 Quelle: http://bit.ly/1MGJCzB – abgerufen am 14.7.2015

7.1.3 Mitarbeiter erfolgreich binden

Eine innovative Personalpolitik, die die Bedürfnisse der heutigen Mitarbeiter- und Elterngeneration aufgreift, bietet die notwendigen Rahmenbedingungen für eine gelungene Mitarbeiterbindung und sichert die Zukunft des Unternehmens. Nur wer als Arbeitgeber den eigenen Mitarbeitern Wege aufzeigen kann, wie sie trotz Familie, Pflege und verlängerter Lebensarbeitszeit eine gesunde Balance von Beruf und Privat schaffen, stellt sich im Wettbewerb mit anderen Unternehmen attraktiv dar.

5 Erfolgsfaktoren attraktiver Arbeitgeber – die Mitarbeiter im Mittelpunkt

1. Engagiertes Topmanagement
Ein Unternehmen, das attraktiv für Mitarbeiter und Bewerber ist, hat erkannt, dass die Mitarbeiter ein wesentlicher Schlüssel zum Erfolg sind. Unternehmensleitung und Führungskräfte vermitteln erfolgreich das Gefühl, das die Mitarbeiter das wichtigste Kapital des Unternehmens sind. Vergleicht man sie mit anderen Unternehmen, so sind die Unternehmensführung und das Management für die Angestellten besser sichtbar und ansprechbar, die Vertrauensbasis zwischen Management und Mitarbeitern stimmt. Die Führungskräfte erfolgreicher Arbeitgeber kommunizieren die Strategien, Visionen und Zielsetzungen des Unternehmens regelmäßig. Auch die Rolle der Mitarbeiter bei der Zielerreichung wird offen und klar besprochen.

2. Unverwechselbare Unternehmenskultur
Ein attraktives Unternehmen bietet seinen Mitarbeitern eine positive und unverwechselbare Unternehmenskultur und achtet darauf, dass Neulinge zu Werten und Kultur der Firma passen. Dem Unternehmen ist es wichtig, dass Erfolge gewürdigt und kommuniziert werden. Talente im eigenen Unternehmen werden gefördert und weiter entwickelt. Erwünscht sind außerdem Feedback und Vorschläge der Mitarbeiter, zudem werden die Mitarbeiter häufiger als in anderen Unternehmen in den Entscheidungsprozess einbezogen.

3. Mitarbeitermotivation und -bindung
Mit ihren Personalprogrammen unterstützen attraktive Arbeitgeber genau das, was für das Unternehmen strategisch wichtig ist und sie wissen um die Wünsche, Sorgen und Probleme ihrer Mitarbeiter. Für sie endet die Sorgfalt für den Mitarbeiter nicht an der Unternehmenstür. Als Toparbeitgeber ist dem Unternehmen eine gelungene Vereinbarkeit von Beruf und Privatem wichtig. Nur so können die Angestellten gute Leistungen für das Unternehmen bringen. Ein attraktives Unternehmen weiß zudem, dass die Bindung der Leistungsträger in Zeiten des Fachkräftemangels eine entscheidende Komponente für den Unternehmenserfolg ist.

4. Talentmanagement
Attraktive Arbeitgeber geben ihren Mitarbeitern Möglichkeiten, sich beruflich und persönlich weiterzuentwickeln, denn sie wissen, welche Mitarbeiter sie zum Erreichen des Unternehmenserfolgs benötigen. Aus diesem Wissen heraus entwickeln sie ihre Talente intern weiter, anstatt sie extern zu rekrutieren. Darüber hinaus implementieren sie Prozesse zur Identifikation, Entwicklung und Bindung ihrer Spitzenkräfte.

5. Übertragung von Verantwortung
Ein attraktiver Arbeitgeber ermöglicht seinen Mitarbeitern eigenverantwortliches Handeln und erkennt Leistungen entsprechend an. Die individuellen Ziele und die Unternehmensziele werden klar kommuniziert. Nur so wissen die Mitarbeiter, was von ihnen erwartet wird.

7.1.4 Familienfreundlichkeit darf nicht nur Fassade sein

Viele Berufstätigen sehnen sich vergebens nach der Vereinbarkeit von Familie und Beruf. Der Fachkräftemangel könnte dabei helfen, sagt NRWs Familienministerin Ute Schäfer. Doch profitieren alle davon? Ministerin Schäfer in einem Interview: »In der Tat ist noch mehr nötig und möglich. Teilzeit, flexible Arbeitszeit, Telearbeit und Homeoffice für Väter gehören leider noch immer nicht zum selbstverständlichen Unternehmensalltag. Und für Frauen führt Teilzeit häufig in die Karrierefalle.

In den meisten Unternehmen gibt es keine Teilzeitkultur für Führungskräfte. Deshalb arbeiten lediglich rund fünf Prozent von ihnen in Teilzeit, was für die anderen 95 Prozent viel zu oft bedeutet, dass sie nur am Wochenende wirklich Zeit für ihre Kinder haben. Aber genau das wollen die meisten Eltern nicht. Sie wünschen sich nicht nur Einrichtungen, in denen ihre Kinder gut betreut werden, sondern auch gemeinsame Zeit mit ihren Kindern. Deshalb reicht es nicht, genügend Kitaplätze zur Verfügung zu stellen. Für die Vereinbarkeit von Familie und Beruf brauchen wir auch familienfreundliche Arbeitsbedingungen in den Unternehmen.«

Unternehmen, bei denen die Vereinbarkeit von Familie und Beruf einen hohen Stellenwert hat, sind wirtschaftlich erfolgreicher als jene, für die Familienfreundlichkeit eine geringere Rolle spielt. Das ist ein zentrales Ergebnis des Unternehmensmonitors Familienfreundlichkeit 2013[6], den das Institut der deutschen Wirtschaft Köln (IW) für das Bundesfamilienministerium erstellt hat[7].

Nur 30 Prozent der Firmen haben laut Unternehmensmonitor eine »ausgesprochen familienfreundliche« Einstellung. Und das, obwohl bereits heute rund acht von zehn Unternehmen dem Thema Vereinbarkeit eine eher hohe Bedeutung zumessen. Dass die Balance von Arbeit und Privatleben künftig noch wichtiger wird, nicht zuletzt wegen des zunehmenden Wettbewerbs um die besten Köpfe, davon gehen knapp drei Viertel der Befragten aus.

Bei Arbeitnehmern stehen vor allem individuelle Arbeitszeitmodelle hoch im Kurs.

Was machen die 70 Prozent der nicht ausgesprochen familienfreundlichen Unternehmen?

7.1.5 Vereinbarkeit von Beruf und Familie ist oftmals reine Theorie

Obwohl viel und überall darüber geredet wird, ist Familienfreundlichkeit in deutschen Unternehmen längst noch keine Selbstverständlichkeit. Zu diesem Ergebnis kommt die Managementberatung A.T. Kearney in einer Studie[8].

So sieht eine überwältigende Mehrheit der arbeitenden Frauen mit Kindern oder Kinderwunsch (88 Prozent) einen Engpass bei Notfallbetreuungen für ihre Kinder (51 Prozent) und bei der Kinderbetreuung in den Schulferien (45 Prozent).

Mütter und Frauen mit Kinderwunsch wünschen sich auch Auszeit- und Sonderurlaubsregelungen (33 Prozent). Den Männern fehlen darüber hinaus Spezialangebote für Väter (43 Prozent).

Beide Geschlechter, Männer und Frauen, sehen einen großen Nachholbedarf beim Thema Vorbilder. So haben nur 26 Prozent der Befragten Führungskräfte und Vorgesetzte, die in puncto »Vereinbarkeit« mit gutem Beispiel vorangehen.

6 Quelle: http://bit.ly/1MbD8mH — abgerufen am 12.8.2015.
7 Quelle: http://bit.ly/1XOhzQy — abgerufen am 12.8.2015.
8 Quelle: http://bit.ly/1WxOrKX — abgerufen am 14.8.2015.

Es gibt also viel zu tun, um dem Fachkräftemangel entgegenzuwirken und Mitarbeiter zu binden.

Denn die künftige Überlebensfähigkeit in einem Bewerbermarkt hängt in großem Maße davon ab, wie die Bindung guter Mitarbeiter gerade auch in mittelständischen Unternehmen gelingt.

7.1.6 Was wünschen sich Mitarbeiter?

Standen lange Zeit Status und materieller Erfolg ganz oben auf der Wunschliste der Menschen, so hat sich dies gewandelt.

An erster Stelle stehen für die Befragten einer Parship Studie aus dem Jahr 2014[9] Glück und Zufriedenheit, wenn es um die persönlichen Lebenswünsche geht. Die Frage lautete:

Was sind für Sie persönlich die wichtigsten Glücksfaktoren?
1. Gesundheit (60 Prozent)
2. Partnerschaft/Liebe (53 Prozent)
3. Kinder/Enkel (34 Prozent)
4. Finanzielle Unabhängigkeit (30 Prozent)
5. Familie (Eltern, Geschwister) (29 Prozent)
6. Persönliches Umfeld/Freunde (25 Prozent)
7. Selbstbestimmung/Persönliche Freiheit/Selbstverwirklichung (23 Prozent)
8. Arbeit/Job (17 Prozent)
9. Freizeit/Hobbies/Sport (13 Prozent)
10. Eigentum/Materieller Besitz (5 Prozent)

n = 1.089 Personen

Eigentum und materieller Besitz finden sich erst ganz am Schluss. Gerade einmal fünf Prozent der Befragten gaben diese Punkte als Glücksfaktor an.

Für mehr als die Hälfte (60 bzw. 53 Prozent) der Deutschen ist ganz klar: Die wichtigsten Glücksfaktoren in ihrem Leben sind Gesundheit, Liebe und Partnerschaft. Das ergab die repräsentative Studie unter mehr als 1.000 Personen zwischen 18 und 65 Jahren. Faktoren wie Job oder materieller Besitz spielen für das persönliche Wohlbefinden also eine deutlich untergeordnete Rolle.

9 Quelle: http://bit.ly/1WvnXyR – abgerufen am 12.7.2015.

Wichtig: Vereinbarkeit von Beruf und Familie
Die Personalmarketingstudie 2012 des Marktforschungsinstitut GfK in Nürnberg im Auftrag des Bundesministeriums für Familie, Senioren, Frauen und Jugend[10] stellte fest, dass Vereinbarkeit von Familie und Beruf für jüngere und ältere Beschäftigte gleichermaßen wichtig ist. So spielt für 91 Prozent der befragten Beschäftigten zwischen 25 und 39 Jahren mit Kindern unter 18 Jahren die Vereinbarkeit von Beruf und Familie eine wichtigere oder ebenso wichtige Rolle wie das Gehalt.

Fast sieben von zehn Befragten zwischen 40 und 49 Jahren gaben an, dass die Familienfreundlichkeit eines Unternehmens ein wichtiger Faktor bei der Entscheidung für einen Arbeitgeber ist.

Denken Sie also beim nächsten Mitarbeitergespräch auch einmal an diese Studie.

Emotionale Mitarbeiterbindung wirkt wie eine Schutzimpfung gegen Fluktuation. Investieren Sie also in die Bindung Ihrer Mitarbeiter und in die Zufriedenheit. Ihre eigene und die Ihrer Mitarbeiter.

7.1.7 Personalpolitik nach Lebensphasen

Zunehmend erhält die lebensphasenorientierte Personalpolitik Bedeutung, denn die Erfüllung persönlicher Ziele, Lebensmodelle und -pläne ist heute sowohl jungen als auch älteren Menschen sehr wichtig. Doch jede Lebensphase hat ganz unterschiedliche Bedürfnisse und Prioritäten.

In aller Munde sind Mitarbeiter mit kleinen Kindern und Frauen, die familienbedingt aus dem Job aussteigen. Hier geht es um eine bessere Vereinbarkeit von beidem und der Möglichkeit, nicht ins berufliche Abseits zu geraten oder sich nicht zwischen Beruf und Familie aufzureiben.

Doch was können Unternehmen tun, um ihre Mitarbeiter zu unterstützen und sich so als attraktiver Arbeitgeber zu positionieren?

10 Quelle: http://bit.ly/1MGKh3Z — abgerufen am 17.7.2015.

10 Tipps, wie Unternehmen ihre Mitarbeiter unterstützen und binden können:

1. Work-life-Balance ist kein »nice to have«

In entscheidender Weise hängt der Unternehmenserfolg auch von der **Balance von Arbeits- und Privatleben** der Mitarbeiter ab. Nur wenn der Arbeitgeber seine Mitarbeiter aktiv unterstützt, kann er auf deren Loyalität, Leistungsfähigkeit und Leistungsbereitschaft zählen und sich vor Abwerbungsversuchen schützen.

Zudem rechnen sich — wie Sie bereits wissen — auch betriebswirtschaftlich gesehen diese Investitionen, wie verschiedene Studien zeigen. Nicht nur Kosten für Recruiting und Einarbeitung neuer Mitarbeiter sinken, auch krankheitsbedingte Fehlzeiten und deren Kosten reduzieren sich.

Weitere Vorteile sind:

- Eine bessere **Gewinnung** qualifizierter Fach- und Führungskräfte,
- stärkere **Bindung** guter und wichtiger Mitarbeiter an das Unternehmen,
- höhere **Loyalität** der Mitarbeiter mit dem Unternehmen,
- gesteigerte **Flexibilität** und höheres **Engagement** der Mitarbeiter,
- bessere Nutzung des **Kreativitätspotenzials**,
- Sicherung des **Know-hows**,
- **Kostenersparnis** durch geringere Fluktuation und kürzere familienbedingte Pausen,
- **Imagegewinn** durch innovative Mitarbeiterführung und gelebte Unternehmenskultur.

2. Den Wert der Leistung schätzen

Nicht die Präsenz am Arbeitsplatz, in der Teeküche, beim Betriebsausflug, bei späten Meetings etc. ist entscheidend: Die Leistung zählt.

3. Für jede Lebensphase die passende Unterstützung

Statt starrer Einsatzpläne, Kernzeiten etc. sollte durch eine lebensphasenorientierte Personalpolitik auf die individuellen Bedürfnisse eingegangen werden, zudem sollten Gestaltungsmöglichkeiten und Freiräume geschaffen werden.

4. Neue Zeiten brauchen neue Lösungen

Ein Umdenken ist wichtig. Die nachrückenden Fachkräfte stellen ganz andere Forderungen, als Arbeitgeber es von ihren bisherigen Bewerbern gewohnt sind. Doch Fachkräfte sind rar und werden immer gefragter. Work-Life-Balance kann hier mit kleinen Lösungen viel für die Attraktivität eines Unternehmens leisten.

5. Den Mitarbeitern die Kontrolle über ihre Zeit zurückgeben

Dann machen sie, was sie wollen? Ja, ihre Arbeit. Denn wer seine Arbeitszeit in den Alltag integrieren kann, arbeitet vielleicht zu anderen Zeiten als gewohnt, aber deutlich produktiver.

6. Familienfreundlichkeit großschreiben

Mitarbeiter mit Familienverpflichtungen sind mehrfachen Belastungen ausgesetzt. Schaffen Unternehmen es unterstützend und entlastend einzugreifen, nehmen sie großen Druck von den Arbeitnehmern und gewinnen leistungsfähige und leistungswillige Mitarbeiter, die dies auch noch nach Außen tragen. Ein perfektes Employer Branding.

7. Auszeiten ermöglichen

Egal, ob Sabbatical oder Familienpflegezeit, hier handelt es sich um Zeit, in der Mitarbeiter auftanken und sich weiterbilden. Einige Firmen setzen diese Auszeiten bereits jetzt einem Auslandsaufenthalt gleich.

8. Gesundheits- und Fitnessangebote

Unternehmen, die ihre Mitarbeiter unterstützen, fit und gesund für den Job und bis zum Erreichen der Rente zu sein, senken so auch ihre Kosten. Es muss nicht gleich eine Fitnessstudiomitgliedschaft für jeden sein. Vorgesetzte, die Sport und Gesundheit vorleben, motivieren auch ihre Mitarbeiter. Oder bieten Sie die Möglichkeit an, nach Feierabend regelmäßig zusammen zu joggen oder an einem Firmenlauf teilzunehmen.

9. Führungskräfte schulen

Vorgesetzte, die um die Bedürfnisse und Belastungen ihrer Mitarbeiter wissen, sich wertschätzend und familienbewusst verhalten, binden auch Angestellte und steigern so die Attraktivität des Unternehmens für die eigenen Fachkräfte und im Recruiting

10. Unternehmenskultur

Durch eine lebensphasenorientierte Personalpolitik hebt sich das Unternehmen von anderen ab. Mehr Geld können gerade große Arbeitgeber bieten, doch der Mix aus Work-Life-Balance Maßnahmen und einer wertschätzenden Führung macht den Unterschied aus.

Ausgeglichene Mitarbeiter identifizieren sich mehr mit dem Unternehmen

Oft sind es kleine Dinge wie Änderungen im Verhalten der Führungskräfte oder die Wiedereinstiegsplanung nach einer Auszeit, die eine große Wirkung erzeugen. Und wer die Erfahrung gemacht hat, vom Arbeitgeber als ganzer Mensch und nicht nur als Arbeitskraft respektiert zu werden, entwickelt eine höhere Bindung an ein Unternehmen.

7.2 Die Doppelbelastung als Stressfaktor

Die Anforderungen im Beruf und im Privaten werden täglich mehr. Immer anstrengender werden der Arbeitsalltag und eine gelungene Vereinbarkeit von Beruf und Privatleben. Zwar haben die Menschen statistisch gesehen heute mehr Freizeit als früher, doch die Möglichkeiten, diese zu füllen, und die Geschwindigkeit in unserer globalen Welt nehmen stetig zu und bringen einen oft an die Grenzen der Belastbarkeit.

7.2.1 Der Druck im Beruf steigt

Laut einer Studie der Bertelsmann-Stiftung aus dem Jahr 2015[11] klagen mehr als 40 Prozent über stetig steigenden Druck. Fast ein Viertel der Vollzeitbeschäftigten macht keine Pausen. Ausbrechen aus dem Teufelskreis können Arbeitgeber und Arbeitnehmer nur gemeinsam.

Stress kennen wir alle, denn Stress ist eine natürliche Reaktion des Körpers auf Druck, Spannung oder Veränderung. Brauchten Menschen früher Stress zum Überleben, so kann eine gewisse Dosis an Stress heute das Leben interessanter machen. Stress kann auch positiv sein, nämlich dann, wenn er uns beflügelt und motiviert. Doch ein Zuviel kann schädlich sein. Krankheiten oder Unfälle sind dann die Folge.

11 Quelle: http://bit.ly/18KM0m5 — abgerufen am 9.8.2015.

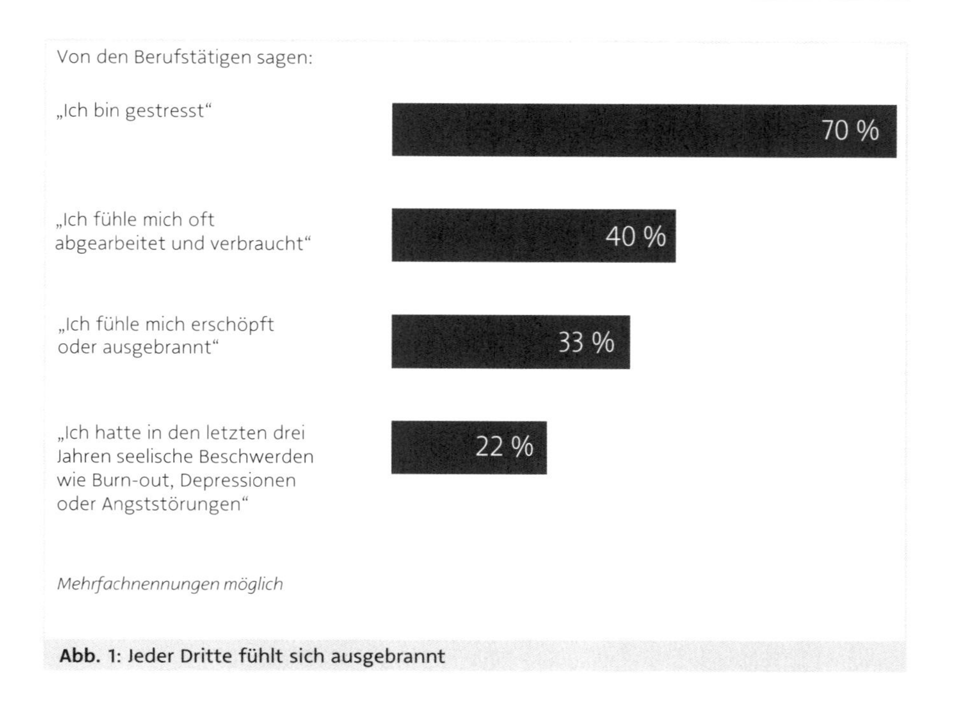

Abb. 1: Jeder Dritte fühlt sich ausgebrannt

Mancher mag sich fragen, ob die ganze Debatte um Burn-out und Stress nicht nur eine Modeerscheinung ist. »Was bin ich im Stress« oder »ich fühle mich total gestresst von ...« hören wir an nahezu jeder Ecke. Doch die Zahlen der Krankenkassen sprechen für sich (wie die TK-Studie 2013 zeigt), auch in den Online- und Printmedien oder TV Beiträgen wird darüber berichtet. Der Wettbewerbsdruck durch die Globalisierung und die immer kürzeren Erneuerungszyklen der IT (wie z.B. neue und komplexere Betriebssysteme) führen dazu, dass der Druck auf Unternehmen und Belegschaften steigt.

Früher fiel Mancher irgendwann einfach um. Warf ihn oder sie ein Herzinfarkt aus dem Leben auf der Überhohlspur, so sind die Menschen heute sensibler und gestehen sich eher ein, erschöpft zu sein. Burn-out klingt auch nicht so schlimm wie Depression. Wer ausgebrannt ist, hat vorher gebrannt für etwas. Auch Ärzte sind heute eher bereit, Erschöpfungszustände oder Burn-out als Gründe für eine Krankschreibung anzuerkennen.

Unternehmen sollten mit diesem Trend nicht zu leichtfertig umgehen. Psychische Erkrankungen als Grund für krankheitsbedingte Ausfälle haben um 100 Prozent zugelegt. Die Burn-out-Fälle sogar um 700 Prozent (BPtK-Studie 2012) und dieser Trend hält bis heute an. In der Zukunft werden wir also nicht weniger, sondern eher mehr Krankheitstage wegen Überlastung haben.

7.2.2 Was überlastet Mitarbeiter?

Zuviel Arbeit, also eine Arbeitsüberlastung, fällt sicherlich jedem als erstes ein. Doch welche Punkte sind außerdem relevant und können zu einem Burn-out führen?

1. **Arbeitsüberlastung** — die Menge an Aufgaben oder die Länge der täglichen Arbeitszeit übersteigt anhaltend die persönlichen und zeitlichen Ressourcen.
2. **Mangel an persönlicher Kontrolle** — zu wenig Kommunikation oder starre Arbeitsbedingungen engen Mitarbeiter in ihrem Leistungsvermögen ein.
3. **Zu wenig positives Feedback** — keine Kritik ist ein Lob, so wird leider noch häufig verfahren.
4. **Zusammenbruch des sozialen Zusammenhalts** — Konflikte innerhalb des Teams, mit Vorgesetzten oder Kunden oder Konkurrenz untereinander, aber auch Probleme im privaten Bereich belasten Arbeitnehmer.
5. **Mangel an Fairness** — ob echt oder empfunden, beides belastet.
6. **Wertekonflikte** — die Arbeit wird nicht als sinnvoll betrachtet oder das Unternehmen vertritt nach außen eine ganz andere Meinung, als intern kommuniziert wird.

Wir investieren einen Großteil unserer Lebensenergie in unseren Job, doch der berufliche Alltag kann nicht nur Energien bringen, er kann auch belasten. Kommen dann noch Belastungen im privaten Bereich dazu, ist schnell die Belastungsgrenze erreicht.

Zwar erlebt die Mehrheit der Arbeitnehmerinnen und Arbeitnehmer ihren Beruf als vielseitig und abwechslungsreich, doch nur die Hälfte von ihnen empfindet das Verhältnis zwischen Arbeit und Privatleben als zufriedenstellend. Zu diesen Ergebnissen kam eine aktuelle Umfrage unter 2.000 Berufstätigen im Auftrag der Initiative für Gesundheit und Arbeit (iga)[12].

Kommt die Balance zwischen Privat- und Berufsleben aus dem Gleichgewicht, kann das negative Auswirkungen auf die psychische Gesundheit haben, in jedem Fall wirkt sie sich auf die Zufriedenheit und Leistungsfähigkeit der Mitarbeiter aus.

Doppelbelastung als Stressfaktor

Laut Studien sind es nicht wie bisher häufig beschrieben die männlichen Manager, die von Stress betroffen sind. Weitaus häufiger als Männer trifft es berufs-

12 Quelle: http://bit.ly/18KM0m5 — abgerufen am 9.8.2015.

tätige Frauen. Beruf, Familie und Privates – diese Mehrfachbelastung bedeutet Stress. Schnell ist die Belastungsgrenze erreicht. Inzwischen haben immer mehr Arbeitgeber erkannt, dass diese Belastung die Arbeitskraft reduziert.

Präsentismus und seine Folgen: Gesunde Mitarbeiter kosten Geld – kranke ein Vermögen

Leider gilt häufig immer noch ein niedriger Krankenstand in den meisten Betrieben als Indikator für eine gesunde und produktive Belegschaft. Dies ist ein großer Irrtum. Trotz gesundheitlicher Beschwerden arbeiten immer mehr Arbeitnehmer, doch in so einem Zustand sind sie nicht sonderlich produktiv und leistungsfähig. Bereits 2011 bestätigte eine von der Felix Burda Stiftung veröffentlichte Studie der Strategieberatung Booz & Company[13], dass die krankheitsbedingten Kosten für Unternehmen nur zu einem Drittel durch Fehlzeiten und zu zwei Dritteln durch Präsentismus entstehen.

Wer krank ist, sollte im Bett bleiben und sich richtig auskurieren. Doch ein Großteil von immerhin 57 Prozent der Arbeitnehmer geht laut dem Stressreport Deutschland 2012 der baua[14] dennoch zur Arbeit. Gründe dafür gibt es viele. Neben der Sorge, dass die Arbeit sonst liegen bleibt, rangieren die Angst um den Arbeitsplatz und der Wunsch, Ärger mit den Kollegen zu vermeiden, auf den ersten Plätzen. Gerade Menschen, die chronisch oder psychisch erkrankt sind, neigen zu Präsentismus. Sie fürchten negative Auswirkungen durch die häufigen Ausfallzeiten beziehungsweise die mangelnde Nachvollziehbarkeit der Krankheit für Kollegen und Vorgesetzte.

Betriebliche Gesundheitsförderung für die Mitarbeiter zu betreiben muss im Interesse eines jeden Unternehmens liegen, sagte Kurt Grieshaber, Präsident der IHK Hochrhein-Bodensee.

Alleine durch Krankheitsfälle entstehen den Unternehmen in Deutschland pro Jahr Produktivitätsausfälle in Höhe von rund 129 Milliarden Euro, wie eine Studie der Felix-Burda-Stiftung[15] errechnet hat. Ein riesiges Volumen, das nach Angaben der Bundesanstalt für Arbeitsschutz und Arbeitsmedizin zu 30 bis 40 Prozent durch eigene Maßnahmen der Betriebe vermeidbar wäre.

Man kann die Mittagspause nicht schlechter nutzen als zum Arbeiten

Mehr Belastbarkeit und Motivation, dazu weniger Stress. Den Kopf wieder freibekommen und – dafür ist eine gut genutzte Mittagspause enorm wichtig. Bereits

13 Quelle: http://bit.ly/20t9QcU – abgerufen am 12.8.2015.
14 Quelle: http://bit.ly/1jnx53g – abgerufen am 12.8.2015.
15 Quelle: http://bit.ly/20t9QcU – abgerufen am 12.8.2015.

wenige Minuten können dazu beitragen, Leistungsfähigkeit, Leistungswillen und Produktivität Ihrer Mitarbeiter deutlich zu steigern. Bei regelmäßiger Anwendung kann auf Dauer der Krankenstand gesenkt und Mitarbeiter können ans Unternehmen gebunden werden, denn Stress und Überlastung machen krank.

Die eigene Kraft bündeln, die Konzentration steigern, die Effektivität erhöhen und dennoch gelassen bleiben – das sind die Schwerpunkte einer gesunden Mittagspause.

Die Deutsche Angestellten-Krankenkasse (DAK) empfiehlt die Mittagspause im Verhältnis 60:30:10 aufzuteilen – 60 Prozent der Zeit für Essen, 30 Prozent für Bewegung und 10 Prozent für Entspannung.

Einige Unternehmen machen es vor, so werden bei der Deutschen Post, Otto und dem Flughafen Frankfurt z.B. Entspannungstechniken wie Yoga oder Tai Chi angeboten. Man trifft sich zu bewegten Pausen, die Bänder ruhen für einen Moment. Das sind Maßnahmen, mit denen gestresste Angestellte wieder fit gemacht werden sollen. Für Angestellte, die viel sitzen müssen, kommen z.B. in einigen Firmen mobile Physiotherapeuten ins Firmengebäude. In einem ruhigen Raum werden beanspruchte Nacken und Rücken gelockert.

7.3 Unternehmenskultur und Umgang mit dem Thema Familienfreundlichkeit

Auch der Führungsstil hat Einfluss auf die Menschen in einem Unternehmen. In diesem Kapitel geht es deshalb detailliert um eine wertschätzende Führung.

7.3.1 Kind krank – Chef sauer?

Wer sich als Mitarbeiter vor einem autoritären Chef fürchtet, wird sich auch krank ins Büro schleppen, statt sich in Ruhe auszukurieren. Wichtig ist deshalb, Verständnis für die Mitarbeiter und deren Lebenssituation zu haben. Eine Mitarbeiterin, die sich kaum traut, anzurufen, weil ihr Kind krank ist, wird am Arbeitsplatz jedoch kaum Leistung bringen. Gedanklich ist sie sicherlich ganz woanders. Kinder werden krank, das ist kein böser Wille der Beschäftigten. Ganz im Gegenteil, es ist eher eine angstbeladene Situation, weil die Eltern Unverständnis und Kritik erwarten, wenn sie den Arbeitgeber wieder einmal wegen eines kranken Kindes informieren müssen und am Arbeitsplatz fehlen.

Laut Gesetz hat jedoch jeder Arbeitnehmer das Recht, von der Arbeit fernzubleiben, wenn das eigene Kind krank ist. Den rechtlichen Rahmen bildet § 616 des

Bürgerlichen Gesetzbuchs sowie § 45 des Sozialgesetzbuchs. Dieser § 45 SGB besagt, dass sich jeder Elternteil von pflegebedürftigen Kindern unter zwölf Jahren zehn Tage pro Jahr für die Betreuung freinehmen darf. Bei Alleinerziehenden erhöht sich dieser Anspruch auf 25 Tage pro Jahr. Eine Lohnfortzahlung des Arbeitgebers begründet sich auf § 616 BGB. Dieser sieht vor, dass jeder Arbeitnehmer, der unverschuldet fehlt, und dazu zählt ein krankes Kind, Anspruch auf bis zu fünf Tage Lohnfortzahlung hat. Erforderlich dafür ist ein ärztliches Attest. Danach gibt es Kinderkrankengeld von der gesetzlichen Krankenkasse. Privat versicherte Arbeitnehmer haben diese finanzielle Absicherung nicht.

Fehlt ein Arbeitnehmer häufig wegen der kranken Kinder, sollten Sie ihn oder sie frühzeitig darauf ansprechen. Bevor eine schlechte Stimmung aufkommt, der Mitarbeiter oder die Kollegen unzufrieden werden, kann der Arbeitgeber hier eingreifen. Dabei ist es wichtig, das Problem von verschiedenen Seiten aus zu betrachten und gemeinsam Lösungen zu suchen — und zwar bevor die Situation zu einem Problem wird. Vielleicht können Gleitzeitregelungen oder ein Arbeitszeitkonto Erleichterung für berufstätige Eltern bringen. Bevor ein Elternteil wegen eines kranken Kindes zu Hause bleibt, wäre ein Eltern-Kind-Zimmer vielleicht eine Alternative. Generell sollte den Kollegen und dem Vorgesetzten Einblick in wichtige Aufgaben und Termine gegeben werden und nach der Rückkehr eine Übergabe gemacht werden. So lassen sich viele Stolperfallen auf beiden Seiten umgehen.

7.3.2 Kennzeichen einer positiven Unternehmenskultur

Ein attraktives Unternehmen bietet seinen Mitarbeitern eine positive und unverwechselbare Unternehmenskultur und achtet darauf, dass Neulinge zu Werten und Kultur der Firma passen. Dem Unternehmen ist es wichtig, dass Erfolge gewürdigt und kommuniziert werden. Talente im eigenen Unternehmen werden gefördert und weiter entwickelt. Erwünscht sind außerdem Feedback und Vorschläge der Mitarbeiter. Diese Vorschläge werden häufiger als in anderen Unternehmen in den Entscheidungsprozess einbezogen.

Für das Unternehmen sollte eine gelungene Vereinbarkeit von Beruf und Privatem der Mitarbeiter wichtig sein. Nur so können die Angestellten gute Leistungen für das Unternehmen bringen. Ein attraktives Unternehmen weiß zudem, dass die Bindung der Leistungsträger in Zeiten des Fachkräftemangels eine entscheidende Komponente für den Unternehmenserfolg ist.

7.4 Führung und Demografie: Mitarbeiterorientiertes Denken und Handeln

Es genügt nicht zu wissen, man muss es auch anwenden.
Es genügt nicht zu wollen, man muss es auch tun.
Johann Wolfgang von Goethe

Ein wesentlicher Schlüssel zum Erfolg ist für Unternehmen, zu erkennen, dass die eigenen Mitarbeiter und Führungskräfte der Schlüssel zum Erfolg sind. Dann vermitteln Unternehmensleitung und Führungskräfte erfolgreich das Gefühl, das die Mitarbeiter das wichtigste Kapital des Unternehmens sind. Vergleicht man sie mit anderen Unternehmen, so sind Unternehmensführung und Management für die Angestellten besser sichtbar und ansprechbar, die Vertrauensbasis zwischen Management und Mitarbeitern stimmt. Die Führungskräfte erfolgreicher Arbeitgeber kommunizieren die Strategien, Visionen und Zielsetzungen des Unternehmens regelmäßig. Auch die Rolle der Mitarbeiter bei der Zielerreichung wird offen und klar besprochen.

Es gibt zwei Arten, Hirte zu sein: Der eine läuft hinter der Herde her,
treibt sie, wirft mit Steinen, brüllt und drückt.
Der gute Hirte macht das ganz anders: Er läuft vornweg,
singt, ist fröhlich, und die Schafe folgen ihm.
Unbekannt

Indirekt oder direkt beeinflusst das Verhalten der Führungskräfte alle Bereiche im Unternehmen:

- Führen heißt Kommunizieren
- Führen heißt Gespräche führen
- Führen heißt Verantwortung tragen
- Führen heißt Freiräume schaffen
- Führen heißt Menschen verstehen und fördern
- Führen heißt Menschen zum Erfolg führen
- Führen heißt Ziele setzen und realisieren
- Führen heißt weiterbilden
- Führen heißt dienen und Vorbild sein
- Führen heißt Vertrauen schenken
- Führen heißt vorangehen
- Führen heißt gemeinsam Ziele erreichen
- Führen heißt Richtung und Sicherheit geben
- Führen heißt Kontakt behalten

Das Verhalten der Führungskraft hat ein entscheidendes Gewicht für die Leistungsfähigkeit und Motivation der Mitarbeiter. Es ist eine entscheidende Komponente im betrieblichen Alltag, mit ihm stehen und fallen die Attraktivität des Unternehmens als Arbeitgeber und der Unternehmenserfolg.

Geben Sie Ihren Mitarbeitern Arbeit, bei der sie ihre Fähigkeiten voll ausschöpfen müssen. Geben Sie ihnen alle notwendigen Informationen. Erläutern Sie ihnen klipp und klar, was es zu erreichen gilt. Und dann – lassen Sie sie in Ruhe.
Robert Waterman (Amerikanischer Unternehmensberater)

7.4.1 Wertschätzende Führung

Zunehmend wird die Wirkung von Wertschätzung auf die physische und psychische Gesundheit der Mitarbeiter anerkannt. Die richtigen Haltungen und die Verhaltensweisen vorausgesetzt, ist Wertschätzung ein Bestandteil guter Führung.

Personaler und Mitarbeiter sehen Führungskräfte kritisch:

Die Studie »Deutschland führt?!«[16] von HR Flow und dem Magazin Personalwirtschaft zeigt, dass sich Mitarbeiter und Führungskräfte darin einig sind, wie die Führungsaufgaben im Wesentlichen definiert werden. Die Führungskraft soll Mitarbeiter anleiten und ihnen einen Handlungsspielraum geben. Laut Studie weichen Selbstwahrnehmung und Fremdbild sehr voneinander ab. Führungskräfte sind zu 62 Prozent davon überzeugt, ihre Mitarbeiter zu fördern, zu motivieren und zu inspirieren. Das sehen lediglich 36 Prozent der Mitarbeiter genauso. Noch auffälliger ist, dass die Mitarbeiter im Verhalten ihrer Vorgesetzten eher die destruktiven Elemente wahrnehmen. 68 Prozent fühlen sich von ihrer Führungskraft unter Druck gesetzt, kontrolliert und sogar verunsichert.

Mitarbeiter kommen wegen des Jobs und kündigen auch wegen der Führungskräfte, ist eine gängige Aussage.

Häufiger Stress, Zeitdruck und dann noch ein paar unpassende Worte des Vorgesetzten, schon sinken Motivation und das persönliche Engagement der Mitarbeiter.

16 Quelle: http://bit.ly/1jxTT3Z — abgerufen am 9.8.2015.

7.4.2 Wegen fehlender Wertschätzung leidet die Produktivität

Kleine und mittelständische Unternehmen haben einige Vorteile gegenüber großen Konzernen, gerade bei den Familienbetrieben wird Wertschätzung groß geschrieben. Seniorchefs leben die Wertschätzung der Mitarbeiter vor und geben diese Haltung an die nachfolgende Generation weiter. Gehörten die Mitarbeiter früher doch sozusagen zur Familie und man empfand Verantwortung ihnen gegenüber. KMU sollten den Mitarbeitern Werte vermitteln, nach denen im Unternehmen dann auch gehandelt wird.

Druck, Stress und Angst aktivieren bei jedem unangenehme Gefühle und können Gegenwehr, Flucht oder Erstarrung auslösen. Dinge, die für den Arbeitsalltag und den Unternehmenserfolg kontraproduktiv sind.

7.4.3 Keine Kritik ist ein Lob?

Oft höre ich: »Keine Kritik ist ein Lob«. Mitarbeiter wünschen sich aber mehr Lob und Motivation.

Kein Kuschelkurs ist notwendig, um Mitarbeiter zu animieren, motiviert, selbstständig und bestmöglich zu arbeiten. Es geht vielmehr darum, sich auf den einzelnen Mitarbeiter einzulassen. Dafür müssen sich Führungskraft und Mitarbeiter nicht einmal sympathisch sein. Wenn ich bereit bin, den anderen anzunehmen, so wie er oder sie ist, ihm oder ihr Achtung und Wertschätzung entgegen bringe, dann schaffe ich die Rahmenbedingungen einer wertschätzenden Führung. Doch nicht nur Führungskräfte profitieren von dieser Einstellung. Auch Kollegen untereinander. So profitieren nicht nur die Teams und jeder einzelne für sich, sondern auch das Unternehmen. In einer solchen Arbeitsumgebung, in der sich Menschen mit ihrem Arbeitsplatz identifizieren und nicht persönliche Neigungen oder Präsenz zählen, können sich Eigeninitiative und neue Ideen entwickeln — wichtige Bausteine für den unternehmerischen Erfolg.

In der Praxis fehlt es jedoch nicht nur Mitarbeitern an Wertschätzung. Auch Führungskräfte brauchen Wertschätzung. Deshalb finden auch ihre Bedürfnisse Berücksichtigung in den nachfolgenden Tipps.

Im Alltag gehen solche »Nettigkeiten« leider häufig unter. Dabei zeigen neue Studien, je zufriedener die Mitarbeiter sind, desto zufriedener sind auch Ihre Kunden. Wertschätzende Führung ist eine Frage der Haltung, die in einer positiven Einstellung gegenüber den Mitarbeitern ihren Ausdruck findet. Dies gilt gerade auch in unserer globalisierten Welt, in der die Vielfalt im Unternehmen zunimmt.

Die nachfolgenden Tipps geben Ihnen einige einfache Möglichkeiten, Anerkennung zu zeigen, an die Hand.

Wertschätzung zeigen:

1. Zeigen Sie echtes Interesse — auch an privaten Dingen — und nehmen Sie am Leben des Mitarbeiters Anteil.
2. Auch Ihr eigener Belastungszustand und Ihre eigenen Gefühle spielen im Miteinander eine große Rolle. Achten Sie deshalb auf Ihre innere Ausgeglichenheit und Gesundheit.
3. Hören Sie aufmerksam zu und versuchen Sie, Ihren Mitarbeiter bzw. seine Fragen, Anregungen, Bedürfnisse zu verstehen.
4. Reden Sie nicht vor anderen negativ über einen Kollegen oder Mitarbeiter.
5. Haben Sie Geduld. Jeder Mensch ist anders und verarbeitet Informationen anders.
6. Als Vorgesetzter geben Sie klar die Richtung vor, bleiben Sie dabei freundlich.
7. Schauen Sie ganz bewusst auf das, was gut läuft und sehen Sie nicht nur Schwächen.
8. Lachen Sie öfter. Auch über sich selber und die kleinen Missgeschicke, die jedem von uns passieren. Humor entkrampft viele Situationen und zeigt uns von der sympathischen Seite.
9. Fragen Sie sich öfter: Was kann ich tun, um die Situation für alle Beteiligten zu verbessern.
10. Ihr Job ist nicht nur ein Job. Als Führungskraft sind Sie auch Vorbild. Gehen Sie deshalb voran, motivieren Sie und begeistern Sie.
11. Schauen Sie genau hin. Wer ist zwar ständig da und zeigt Präsenz? Und wer erledigt die ihm oder ihr gestellten Aufgaben und hat gleichzeitig Zeit, sich zu regenerieren und für die Familie da zu sein? Leistung hat nichts mit Präsenz und vielen Überstunden zu tun, machen Sie sich das bewusst.
12. Haben Sie ein offenes Ohr für Ihre Mitarbeiter. Seien Sie auch kurzfristig erreichbar, statt sich hinter vielen Terminen oder einer Assistenz zu verbergen.
13. Seien Sie offen für Ideen und Vorschläge, nutzen Sie so das Wissen und die Innovationen Ihrer Mitarbeiter.
14. Berufliche Auszeiten können für Unternehmen und Mitarbeiter eine Sackgasse oder eine Chance sein. Entscheiden Sie sich dafür, diese Herausforderung als Chance zu sehen.

7.4.4 Personalführung nur für Superhelden?

Niemand wird sich komplett verändern können, der bisher einen eher autoritären Führungsstil hatte. Wie bei allen Themen dieses Buchs geht es darum, sensibler zu werden und an einzelnen Schrauben zu drehen. Wertschätzende Führung meint, mit den Mitarbeitern in Kontakt zu treten, menschlich sein, Eigeninitiative und Motivation zu fördern, ein offenes Ohr für Wünsche, Bedürfnisse und Ideen im Team zu haben. Zeigen Sie Interesse für Ihre Mitarbeiter und deren Privatleben. Nur wer den Kopf frei hat von privaten Sorgen, kann im Job 100 Prozent bringen. Nur wer sich ernst genommen und unterstützt fühlt, wird seine volle Leistungskraft einsetzen.

Wertschätzung im Betrieb lässt Menschen gern und mit Freude zusammenarbeiten:

- Ist das Betriebsklima vertrauensvoll und unterstützend, fühlen sich die Mitarbeiter am Arbeitsplatz wohl.
- Wichtig für die Mitarbeiterzufriedenheit ist die Art und Weise der Führung.
- Schlechte Führung demoralisiert, fördert Hilflosigkeit und Angst.
- Gute Führung stärkt Zuversicht und Vertrauen mit dem Ziel: Aufbau einer Unternehmenskultur.

Mit vergleichsweise geringem Aufwand lässt sich so eine große Wirkung bei Führungskräften und Mitarbeitern entfalten.

Neben den bereits beschriebenen positiven Effekten einer wertschätzenden Führungskultur gibt es zwei Aspekte, die bisher unerwähnt blieben: Konfliktsituationen am Arbeitsplatz können besser verstanden und gelöst werden und es entsteht eine Kultur der Veränderungsbereitschaft im Unternehmen.

Werte kann man nicht lehren, sondern nur vorleben.
Viktor Frankel

Kurzgefasst: Wertschätzung im Alltag zeigen

- Seien Sie ein positives Vorbild für alle Mitarbeiter.
- Legen Sie Wert darauf, dass Menschen gerne bei Ihnen arbeiten.
- Wie wollen Sie miteinander umgehen? Machen Sie sich hierzu ein paar Gedanken.
- Stellen Sie sicher, dass jeder Mitarbeiter klare Aufgaben und Verantwortungsbereiche hat.
- Versorgen Sie Ihre Mitarbeiter immer mit allen notwendigen Informationen.
- Beziehen Sie Ihre Mitarbeiter in die Planung der Arbeitsprozesse mit ein.
- Bieten Sie Weiterbildungsmöglichkeiten.
- Seien Sie offen für Vorschläge.
- Belohnen Sie Leistung, nicht bloße Präsenz.

7.4.5 Mitarbeitergespräche

Mitarbeitergespräche stehen in den meisten Firmen einmal im Jahr an und sind auf beiden Seiten wenig beliebt: Sie bedeuten für Mitarbeiter und Vorgesetzte eine Menge Vorbereitung, können anstrengend und manchmal auch unangenehm sein.

Damit solche Gespräche für beide Seiten vorteilhaft sind, sollten mehrere relevante Faktoren berücksichtigt werden. Wichtig ist es neben einer guten Vorbereitung, sich die Ziele eines solchen Gespräches vor Augen zu führen.

Warum gehört das Mitarbeitergespräch zu den Kerninstrumenten der Führung?
Meine Erfahrung ist, dass Führungskräfte eine gute, meist ständige Erreichbarkeit per E-Mail oder Telefon für optimal erachten. Sie befürworten eine Politik der offenen Tür und informelle Kontakte auf dem Flur. Dagegen halten viele formelle Kommunikationswege wie Teambesprechungen und Mitarbeiterversammlungen für weniger erstrebenswert und so laufen diese dann häufig ab. Das bestätigen mir Führungskräfte auch und räumen selbst viele Kommunikationsfehler ein, wie z.B. ungenaue, vage, nicht präzise Anweisungen und Informationen, Über- oder Unterschätzung der Mitarbeiter und unproduktive, viel zu lange Meetings und Diskussionen. Dass sie sich mit ihren Mitarbeitern zu wenig austauschen, bestätigen dagegen die wenigsten.

Hohe Kommunikationsbereitschaft der Vorgesetzten bringt Mitarbeitern wenig
Der Anspruch einer guten Erreichbarkeit ist positiv und die Absichten dahinter sind gut, doch merke ich immer wieder in den Gesprächen, dass die Mitarbeiter von der insgesamt hohen Kommunikationsbereitschaft ihrer Vorgesetzten eher wenig haben. Die Führungskräfte zeigen keine aktive nach Außen gerichtete Kommunikation, sondern erwarten die Handlung, die Gesprächsaufnahme etc. vom Mitarbeiter und eine solche Kommunikation geht dann häufig im hektischen Tagesgeschäft doch unter. Besser ist es, Informationen nicht als Holschuld zu sehen, sondern von sich aus aktiv zu informieren.

Mitarbeitergespräche als Kerninstrument der Führung
Das Mitarbeitergespräch ist also auch weiterhin ein Kerninstrument der Führung, denn nur hier kann ich meinen Mitarbeitern wertschätzend gegenübertreten, den Blick also auf das, was gut gelaufen ist, richten und mit einem gut geführten Mitarbeitergespräch den Grundstein für ein engagiertes und motiviertes Arbeiten im neuen Arbeitsjahr legen. Gemeinsam können sich Führungskraft und Mitarbeiter für neue Aufgaben begeistern und motivieren. Das Mit-

arbeitergespräch ist also eine Chance und keine reine Pflichtveranstaltung, die der Führungskraft auferlegt wurde.

Es hakt bei den Mitarbeitergesprächen?

Wir waren 2014 in Osttirol, wo es diesen Winter besonders heftig schneite, und so war auch unser Auto unter einem großen Schneeberg verschwunden. Nichts ging mehr, der Wagen steckte fest. Es ging auch nicht vor und nicht zurück, nachdem wir das Auto ausgebuddelt hatten. Das war für alle eine sehr unangenehme Situation, für die es natürlich sofort eine Lösung brauchte mit dem Ziel: Das Auto befreien und weiterfahren.

Doch als Vorgesetzte stecken wir manchmal in ganz ähnlichen Situationen. Wieder stehen Mitarbeitergespräche an. Es geht nicht richtig voran im Team, der Umsatz könnte besser sein, das Team könnte besser und produktiver zusammenarbeiten. Die eigene Work-Life-Balance stimmt vielleicht auch nicht.

Was können Führungskräfte tun, um Mitarbeitergespräche für beide Seiten gewinnbringender zu gestalten?

- Der Vorgesetzte sollte sich gut auf das Mitarbeitergespräch vorbereiten. Er sollte sich aktiv Klarheit über die betrieblichen und privaten Prioritäten im Team verschaffen.
- Im Alltag lassen sich Gespräche mit Mitarbeitern fördern, auf Teamsitzungen sollte ein offener Dialog über die betrieblichen Ziele auf der einen Seite und die Ziele der Mitarbeiter und des Teams auf der anderen Seite gepflegt werden. Wichtig ist es hier, auch die unterschiedlichen privaten Belange wertzuschätzen und zu akzeptieren. Was wie eine Binsenweisheit klingt, gerät häufig in Vergessenheit: Nicht jeder Mitarbeiter ist gleich.
- Sie sollten die ganze Person eines Mitarbeiters fördern und fordern, denn jeder erfüllt in einem Team, in einer Firma verschiedene Rollen.
- Eine Teamkultur, in der ein Ausgleich unterschiedlicher betrieblicher, familiärer und privater Interessen möglich ist, sollte gefördert werden.
- Eine Führungskraft sollte die Ergebnisorientierung fördern und nicht die bloße Präsenz am Arbeitsplatz oder in der Teeküche.
- Angestrebt werden sollte eine größtmögliche Flexibilität im Team. Führungskräfte sollten Aufgaben delegieren und diese Fähigkeiten auch bei den Mitarbeitern fördern und fordern. Voraussetzung ist natürlich das Vertrauen in die unterschiedlichen Fähigkeiten der Mitarbeiter und Mitarbeiterinnen und die Bereitschaft, das Risiko einzugehen, dass so Aufgaben auch einmal anders als gewohnt erledigt werden.
- Und ganz wichtig: Schauen Sie bei einem Mitarbeiter auf das, was gut gelaufen ist, anstatt es so zu machen, wie es bisher in vielen Firmen getan wird, nämlich ganz bewusst auf das zu sehen, was schlecht lief, wo Fehler

gemacht wurden. Dies entzieht der Firma die Motivation und Leistungsbereitschaft des Mitarbeiters, der vielleicht in 98 Prozent der Fälle einen guten Job macht, aber eben das eine mal nicht.

7.5 Für die Mitarbeiterin – muss Beruf plus Familie 200 Prozent Einsatz bedeuten?

Eine gute Zeitplanung, ein sinnvoller Umgang mit den eigenen Kräften, aber auch eine Portion Selbstbewusstsein – all das kann Ihnen dabei helfen, den beruflichen Alltag mit Ihrem »Job« als Mutter in Einklang zu bringen. Dieses Kapitel wird Ihnen dazu eine Reihe von Anregungen geben.

7.5.1 Zeit sinnvoll nutzen

An manchen Tagen hätten wir gern mehr Zeit. Da scheinen die 24 Stunden des Tages einfach nicht auszureichen, um alles zu schaffen. Wir hetzten von Termin zu Termin, von To-do zu To-do und scheinen doch der Zeit hinterher zu rennen.

Sicherlich kennen Sie auch diese typischen Fallen:

- Zu viel auf einmal tun wollen,
- planlos drauflos arbeiten,
- überflüssige und zu lange Besprechungen absitzen,
- unangenehme Aufgaben aufschieben,
- nicht »Nein« sagen können,
- sich mit Perfektionismus aufhalten,
- durch mangelnde Selbstdisziplin ins Stolpern kommen.

Eine strukturierte Zeitplanung kann hier viel bewirken.

Die eigene Arbeit, die Termine und Verpflichtungen systematisieren – klingt für mich, die ich ungern Listen schreibe, furchtbar öde und nach noch mehr Arbeit. Es ist aber sinnvoll, um Prioritäten setzen zu können, sich nicht zu verzetteln und die innere Balance zu bewahren.

Sonst habe ich wieder einen Vormittag mit lauter Dingen verbracht, die zwar erledigt werden müssen, die aber meine To-dos im Job nicht voran gebracht haben. Das muss sich ändern. Ein Tipp, um weniger Zeit zu vertrödeln mit ungeplanten Dingen ist, den kommenden Tag bereits am Ende des Vortages zu planen, gedanklich den nächsten Tag durchzugehen und zu überlegen, was ansteht. Tragen Sie in einen Kalender mit einseitiger Tagesübersicht ein, was anliegt, also Termine, To-dos, Telefonate, Ziele und Ideen. Über Nacht kann sich so das Unterbewusstsein schon einmal ein paar »Gedanken dazu machen«, und Sie gehen gut vorbereitet in den neuen Tag.

Doch nicht nur den neuen Tag bereits im Vorfeld zu strukturieren, gibt mehr Transparenz und Struktur, auch die folgenden Tipps können allen helfen, die ihr Leben — ob privat oder beruflich — besser managen wollen.

Räumen Sie auf

Nein, nicht das Kinderzimmer oder den Keller sollten Sie aufräumen, auch wenn Unordnung dort nerven kann und an den Kräften zehrt. Es geht um Ihren Arbeitsplatz. Den Schreibtisch am Ende des Tages aufzuräumen, hat besser geklappt, als ich noch fest angestellt in einem Verlag arbeitete. Doch auch heute bemühe ich mich, abends Ordnung zu schaffen und nicht am nächsten Morgen zurück ins Chaos zu kehren. Es soll ja Menschen geben, die das »kreative Chaos« brauchen, die meisten — und zu denen zähle ich auch — verlieren dabei aber den Überblick und einiges andere mehr.

Doch nicht nur der Schreibtisch ist anschließend aufgeräumt. Beim Ordnen von Post, Papieren und Notizen kommt auch Ordnung in Ihren Kopf. So haben Sie hinterher schnell alle Informationen parat, die Sie für Ihre Planung brauchen. Gleiches gilt übrigens für die Ecke, in der Sie alle Prospekte, Zettel aus dem Kindergarten, Einkaufslisten etc. sammeln. Auch hier gilt es aufzuräumen.

Planen Sie Pausen ein

Wie oben schon erwähnt, könnten manche Tage mehr Stunden haben, als einem zur Verfügung stehen und ich sinke am Ende erschöpft auf die Couch. Doch der Tagesplan und das Pensum, das man sich auferlegt, sollten realistisch sein. Packen wir zu viel in einen Tag, können wir das Pensum nicht schaffen und werden nie mit uns zufrieden sein. Zeitliche Puffer zwischendurch für Unvorhergesehenes oder Pausen zur Entspannung sind also unbedingt notwendig, um am Ende des Tages weder frustriert, noch erschöpft zu sein.

Setzen Sie Prioritäten

Stellen Sie sich immer wieder von neuem die Fragen nach den Prioritäten: Worauf kommt es heute an? Was bringt mich meinen Zielen näher? Was würde passieren, wenn ich diese Aufgabe oder diesen Anruf heute nicht erledige? Alles, was sofort erledigt werden muss, sollte man auch gleich tun. Dinge aber, die nicht dringend und nicht wichtig sind, dürfen gerne auch auf die lange Bank geschoben werden. Manches erledigt sich dann vielleicht auch mit der Zeit von selber.

Bilden Sie Zeitblöcke

Die Kinder sind in der Schule oder im Kindergarten? Wunderbar, denn zwischen neun und zwölf Uhr sind die meisten Menschen am kreativsten. Deshalb sollten Sie am besten anspruchsvolle und wichtige Arbeiten, To-dos, Telefonate, Termine etc. auf den Vormittag legen. Routinearbeiten, unproblematische Anrufe und E-Mails dagegen lassen sich auch in das Mittagstief (zwischen 13 und 15 Uhr) schieben. Und am Nachmittag kann es dann zum Beispiel mit weniger dringenden und wichtigen Aufgabe weitergehen.

Planen Sie Belohnungen ein

Sie haben ein unangenehmes Telefonat geführt? Eine schwierige Aufgabe erledigt? Dann gönnen Sie sich etwas Gutes, zum Beispiel eine Teepause oder eine Entspannungsübung.

»Was ist wichtig für mich?«

Kinder, Partner, Kollegen oder Chefs, die meisten Menschen, die etwas von uns wollen, hätten dies am liebsten sofort. Auch wenn es vielleicht gar nicht so dringend ist. Ständig durchkreuzt irgendetwas oder irgendwer unsere so schön gemachte Planung. Dagegen lässt sich etwas tun, seien Sie ruhig einmal egoistisch und fragen Sie sich ab und an »Was ist wichtig für mich?«. Niemand kann alles auf einmal erledigen und es allen recht machen.

Beenden Sie den Tag positiv

Planen Sie am Ende des Arbeitstags Raum für Aufgaben ein, die Sie gerne tun, so starten Sie nicht gehetzt in Ihre privaten Termine und To-dos, sondern kommen dort entspannt und gut gelaunt an.

Gleiches gilt für den privaten Alltag, auch hier sollten Sie den Tag positiv zu Ende gehen lassen und es sich mit einem Buch gemütlich machen, sich mit dem Partner unterhalten, schöne Dinge Revue passieren lassen und den neuen Tag gedanklich schon einmal strukturieren.

Dann versinken die Tage nicht mehr im Chaos und wir fragen uns nicht mehr, wo ist nur die Zeit geblieben.

7.5.2 Überleben im Alltag

Der Haushalt und das Saubermachen sind um einiges schwieriger für eine berufstätige Mutter. Sie sollten sich deshalb nicht selber unter Druck setzen. Gehen Sie mit System vor und schrauben Sie Ihre Ansprüche etwas herunter. Es verlangt niemand von Ihnen, dass Ihr Zuhause klinisch rein und perfekt aufgeräumt ist. Einmal die Woche sauber machen reicht vollkommen aus.

! **Tipp: Ein Putzplan hilft**

Auch wenn Sie ungern Listen schreiben und denken, das kostet doch nur Zeit, erstellen Sie einen Putzplan. Was muss wann getan werden? Wie lange brauchen Sie für die einzelnen Tätigkeiten? Und überlegen Sie auch, wer außer Ihnen diese Aufgabe erledigen kann. Vielleicht liegt der Supermarkt sowieso auf dem Heimweg Ihres Partners und den lästigen Wocheneinkauf könnte deshalb er übernehmen. Ältere Kinder können Sie auch in den Putzplan mit aufnehmen und ihnen Aufgaben, wie den Müll raustragen, das eigene Zimmer aufräumen, beim Wäscheaufhängen helfen übertragen. Das Wissen, wie lang Sie für die unterschiedlichen Aufgaben brauchen, und die Neuverteilung der Aufgaben nimmt Ihnen dann vielleicht die Angst vor dem Putzen.

Es gilt – wie im Job auch – Prioritäten zu setzen. Der Kuchen für das Fest im Kindergarten darf auch ruhig ein gekaufter sein, wenn der Tag so für alle entspannter wird. Niemand muss bei dem »höher, schneller, weiter« im Ringen um die Trophäe für die beste Supermama mitmachen.

Gleiches gilt beim Thema bügeln. In einer Familie mit Kindern scheinen die Wäscheberge nie kleiner zu werden. Früher, als Paar, hatte man viel weniger, wo kommt das nur alles her ... Besser, als die Wäscheberge vor sich her zu schieben und ihnen beim Wachsen zuzusehen, ist die eigenen Maßstäbe anzupassen. Was von der Wäsche kann zusammengelegt werden und wieder im Schrank verschwinden? Dann machen Sie es auch gleich. Überlegen Sie auch, was wirklich gebügelt werden muss, denn bügeln tut kaum jemand gern und es frisst eine Menge Zeit. Zeit, die man lieber mit den Kindern oder für sich selber nutzen kann. Müssen also Handtücher, Unterwäsche oder Bettwäsche wirklich gebügelt werden? Durch genaues überdenken des eigenen Handelns lassen sich die Wäscheberge reduzieren.

Mal eben kurz in den Supermarkt?

Als berufstätige Mutter ist das gar nicht so leicht. Zeit ist plötzlich Mangelware. Auch hier sollten Sie überlegen, ob sich die vielleicht täglichen Besuche im Supermarkt nicht zu einem wöchentlichen Großeinkauf bündeln lassen. Studien haben nachgewiesen, dass wir so weniger einkaufen und damit weniger ausgeben, als bei den vielen kleinen »mal eben schnell auf dem Heimweg« Zwischenstopps im Supermarkt. Schreiben Sie immer gleich auf, was fehlt, das spart lange Überlegungen für eine Einkaufsliste und diese sollten Sie immer dabei haben.

Nachdem Großeinkauf können Sie gleich noch einen Essensplan für die kommenden Tage erarbeiten. Warum? Lästiges »Was essen wir heute?« entfällt und wenn der Partner vor Ihnen da sein sollte, kann er oder sie auch schon mit den Vorbereitungen anfangen.

7.5.3 Wie werde ich optimistischer?

Manche Tage sind einfach nicht die unseren. Das Leben zieht sich so hin, manche Tage erscheinen wie aus Kaugummi gemacht und es erscheint einem alles trist und öd. Wie komme ich aus so einem Tief wieder heraus? Wie gehe ich wieder optimistischer durchs Leben?

Zuversicht muss man wollen

Manchmal ist so eine gewisse Art von Pessimismus auch gar nicht so schlecht, oder? Eine gute Ausrede, um Anstrengungen zu vermeiden oder gar nicht erst etwas in Angriff zu nehmen. »Ich nehme doch eh nicht ab, warum sollte ich meine Ernährung ändern?« oder »Warum sollte ich mich anstrengen, hier sieht doch eh keiner meine Leistungen, ich bin doch nur die Teilzeitkraft«. So bauen wir uns ganz schnell eine Negativfalle und aus der kommt man meist schwer wieder heraus. Doch Erfolg zu haben, bedeutet auch Arbeit. Ich muss etwas tun, um etwas zu erreichen. Der Traummann wird wohl kaum an meiner Haustür klingeln, wenn ich dort auf ihn warte. Dieses Beispiel leuchtet uns allen ein. Also warum nicht auch in anderen Bereichen aktiv werden?

Suchen Sie sich erreichbare Ziele

Stellen Sie sich einmal vor, Sie setzen sich als Ziel, im Lotto zu gewinnen, denn dann, ja dann sind all Ihre Sorgen und Probleme gelöst. Aber ist das ein erreichbares Ziel? Haben Sie es selber in der Hand, das Ziel zu erreichen? Ein anderes Beispiel: Sie nehmen sich fest vor, am Wochenende einen entspannten Badetag am See zu verbringen. Die Kinder können baden, Ball spielen und Sie liegen entspannt mit einem Buch auf der Luftmattratze. Erreichbar? Ja vielleicht, wenn wir ein stabiles Hoch haben, doch wenn man die letzten Wochen aus dem Fenster schaute, war von einem stabilen Sommer Hoch nichts zu sehen. Wer sich solche Ziele setzt, darf sich also über Misserfolge nicht wundern. Ziele müssen vielmehr machbar, messbar und in kleinen Schritten erreichbar sein. Ein positiv formuliertes Ziel, das ich selber erreichen kann, das mich nicht überfordert und demotiviert zurück lässt, ein solches Ziel motiviert mich dagegen und spornt mich an.

Eigenlob stinkt gar nicht

Haben Sie sich heute schon gelobt? Gestern? Letzte Woche? Nein? Sie loben doch sicherlich auch Ihre Kinder, Ihren Mann, die Freundin, die nette Kollegin – warum dann nicht sich selber? Ich kann das selber ganz schlecht, doch es tut gut, abends zurückzuschauen und sich zu fragen: »Was habe ich heute richtig gut gemacht?« Vielleicht hilft es sogar, die Antwort aufzuschreiben und in Momenten, in denen wir wieder einmal alles grau und schwarz sehen, die Liste zur Hand zu nehmen und zu schauen, was uns alles gut gelungen ist in letzter Zeit.

Das hilft, den Blick wieder auf die eigenen Stärken zu lenken, statt wie gewohnt die Schwächen zu sehen.

Alles halb so wild

Bevor Sie wieder einmal denken, dass etwas »ja doch nicht klappt« oder »ganz sicher schief gehen wird«, fragen Sie sich lieber, was das Allerschlimmste wäre, wenn Sie dieses Ziel wagen würden. Schaut man sich die Risiken nämlich genauer an, so sind sie eigentlich meistens überschaubar und die Angst vor einer Herausforderung ist etwas, was sich meistern lässt.

Aufstehen, Krone richten, weitergehen!

Manchmal bringen mich Gespräche auf die Palme. Da werden wieder einmal Schubladen geöffnet und alles wird hineingestopft, was passt oder auch nicht. Das kennen Sie sicher auch. Doch Negatives ist nicht die Norm und der große Unterschied zwischen Optimisten und Pessimisten ist die Fähigkeit, Negatives als einen Einzelfall zu sehen. Also nicht: »Alle anderen haben schon einen, aber wir bekommen ja doch keinen Kindergartenplatz«, sondern dies als abgeschlossen betrachten. »Ok, die Schreiben der öffentlichen Kindergärten sind raus und wir bekamen nur Absagen, aber was ist mit den Elterninitiativen und privaten Kindergärten bei uns in der Nähe? Welche Alternativen gibt es, wenn ich bereit bin, nicht nur nebenan zu schauen, sondern mal in die benachbarten Stadtteile? Könnte nicht mein Mann das Kind morgens mitnehmen in den Kindergarten? Welche liegen auf seinem Weg?« usw.

Als Mutter Karriere machen

Leider haben immer noch manche Menschen Vorurteile gegenüber berufstätigen Müttern. Vielfach haben Mütter heute gar nicht die Wahl, sich zwischen Karriere oder Kindern entscheiden zu können. Gerade in Großstädten sind die Lebenshaltungskosten und Mieten rapide gestiegen, sodass schon aus finanzieller Sicht nicht einmal denkbar ist, nach der Elternzeit ganz zu Hause zu bleiben. Hinzu kommen die steigenden Zahlen Alleinerziehender und ein neues Unterhaltsrecht. Mütter sind geradezu aufgefordert, sich selbst und das Kind auch alleine finanziell versorgen zu können.

Viele Frauen wollen heute Beruf und Familie aber auch kombinieren. Immerhin haben wir die am besten ausgebildete Frauengeneration aller Zeiten. Warum sollten sie ihre Ausbildung, die Berufserfahrung und ihr Potenzial veröden lassen? Gleichzeitig fehlen der Wirtschaft in vielen Bereichen Fachkräfte. Und – die Berufstätigkeit der Mutter bedeutet eben nicht zwangsläufig, dass die Kinder vernachlässigt werden. Wie Sie Karriere und Berufstätigkeit für sich gestalten, sollten Sie also für sich selber definieren.

Entscheidend für die gelungene Vereinbarkeit von Beruf und Familie sind folgende Fragen:

1. Was verstehen Sie persönlich unter Karriere?
2. Wie sehen Sie Ihre Chancen?
3. Wie schaffen Sie selber Gelegenheiten, das zu erreichen, was Ihnen wichtig ist, und ein zufriedenes Familienleben zu führen?
4. Welches Familieneinkommen ist derzeit nötig, um die laufenden Kosten inklusive finanzieller Rücklagen zu decken?
5. Wie sichern Sie Ihr Alter finanziell ab?
6. Welche Ressourcen stehen Ihnen zur Verfügung? Zum Beispiel Charaktereigenschaften, Verbündete, finanzielle Mittel, Know-how, Zeit, Ausdauer, Erfolge. Machen Sie eine Liste all Ihrer Stärken, Talente und sonstigen Ressourcen.
7. Was fehlt Ihnen noch?
8. Was hält Sie davon ab, die ersten Schritte zu tun?

7.5.4 Schritte für berufstätige Mütter

Abschließend möchte ich Ihnen noch ein paar Tipps geben, die Ihnen dabei helfen können, den Spagat zwischen Beruf und Privatem gut zu bewältigen:

1. Seien Sie selbstbewusst – ja es gibt Beschränkungen. Ja, als Mutter muss man jeden Tag aufs Neue den Spagat zwischen Beruf und Familie meistern. Aber es geht und Sie haben viel zu bieten.
2. Bleiben Sie realistisch – Projekte bis spät in die Nacht, kurzfristige Geschäftsreisen und Meetings zu Zeiten, in denen der Kindergarten schon geschlossen hat, dürften schwierig werden und kosten Sie und ihre Kinder wertvolle Lebensqualität. Doch richten Sie Ihren Blick nicht auf das, was nicht geht, sondern auf die Chancen, die sich Ihnen bieten, und planen Sie mutig darauf hin.
3. Denken Sie langfristig – über Nacht kommt der Erfolg leider nur selten. Erfolg und Karriere (wie immer man das für sich definiert) bedeuten Ausdauer, Kraft, Durchsetzungsvermögen und konstante Leistung sowie eine angemessene Bezahlung. Wie bereits zuvor gelernt, sind Ziele wichtig. Kinder sind nicht lange klein. Warum also nicht die Rushhour des Lebens entzerren und kleinere Zwischenziele angehen, statt sofort das große Ganze? Mit den Kindern werden dann auch die Schritte größer.
4. Planen Sie – wo wollen Sie in einem Jahr, in drei und fünf Jahren stehen? Wenn Sie später einmal auf Ihr Leben zurückschauen, was möchten Sie dann sehen? Formulieren Sie diese Ziele und überlegen Sie auch, welche Zwischenziele auf diesem Weg liegen könnten und was Sie für die einzelnen Schritte tun müssen.
5. Suchen Sie sich Helfer – Netzwerken Sie mit anderen berufstätigen Müttern.

6. Treffen Sie gemeinsam Entscheidungen – wie Sie die Kinderbetreuung und die Pflichten im Haushalt aufteilen möchten, wer wann wie viel im Job leisten muss usw.
7. Erweitern Sie Ihren Horizont, denn stellen Sie sich einmal vor, Sie hätten die Entwicklung von Smartphones und Co. nicht mitbekommen. Wir reden nicht umsonst vom lebenslangen Lernen.
8. Nutzen Sie Instrumente effektiven Arbeitens und Organisierens.
9. Seien Sie gut zu sich – manchmal wird einem alles zu viel: Beruf, Familie, Partnerschaft, Freunde und Verwandte. Stress ist heute allgegenwärtig, kaum jemand kann sich ihm entziehen.

8 Elternzeit, Elterngeld und das neue Elterngeld Plus

Dieses Kapitel betrachtet die Themen Elternzeit, Elterngeld und Elterngeld Plus aus der rechtlichen Perspektive. Während zunächst ein allgemeiner Blickwinkel eingenommen wird, finden Eltern am Ende des Kapitels viel Wissenswertes darüber, was insbesondere für sie relevant ist.

8.1 Elterngeld und Elterngeld Plus

Seit 2007 gibt es das Bundeselterngeld- und Elternzeitgesetz. Diese Gesetze zielen darauf ab, Familien nach der Geburt eines Kindes zu unterstützen und finanziell abzusichern, sodass sie Beruf und Kinderbetreuung zum Wohl des Kindes unter einen Hut bekommen können. Das Elterngeld ersetzt einen Teil des Einkommens, das durch die reduzierte Stundenzahl wegfällt.

Für Kinder, die nach dem 1. Juli 2015 geboren wurden, gelten neue Elterngeldregeln. Eltern können jetzt zwischen Basiselterngeld (bisherigem Elterngeld) und dem neuen Elterngeld Plus wählen oder beides miteinander kombinieren. Das neue Elterngeld Plus ermöglicht es Eltern, die nach der Geburt ihres Kindes schnell wieder in Teilzeit arbeiten wollen, den Bezug von Elterngeld zu verlängern. Ein weiterer Pluspunkt für Eltern sind die Partnerschaftsbonusmonate. Das sind vier Monate, in denen beide gemeinsam Teilzeit arbeiten.

8.1.1 Elterngeld beantragen

Der Antrag auf Elterngeld muss schriftlich bei der sogenannten Elterngeldstelle gestellt werden. In Deutschland gibt es keine einheitliche Elterngeldstelle. Für jedes Bundesland gilt eine eigene Regelung, weshalb in manchen Bundesländern die Kommune, in manchen der Landkreis oder aber ganz andere Behörden zuständig sind. Mit der zentralen Rufnummer 115 erreichen Sie die öffentliche Verwaltung. Dort können Sie Fragen rund um die Themen Elternzeit, Elterngeld und Elterngeld Plus stellen.

Schon bei der Antragstellung müssen sich die Eltern für eine Elterngeldvariante entscheiden. Es ist jedoch möglich, nachträglich die ursprüngliche Variante zu wechseln. Die Eltern müssen sich monatsweise festlegen, ob sie Basiselterngeld oder Elterngeld Plus beziehen möchten. Der Wechsel innerhalb eines Monats ist also nicht möglich. Auch muss jeder Elternteil einen eigenen Antrag auf Elterngeld einreichen. Nachträglich kann der Elterngeldantrag auch noch für die

Monate geändert werden, in denen kein Elterngeld gezahlt wurde. Es ist auch möglich, nachträglich Elterngeld zu beantragen. Der Antrag muss nicht sofort nach der Geburt gestellt werden. Bis zu drei Monate wird das Elterngeld rückwirkend gezahlt.

Zu beachten ist, dass Eltern mindestens zwei Monate Elterngeld beantragen müssen. Das heißt, ein Elternteil muss für mindestens zwei Lebensmonate Elterngeld beziehen, entweder in der bisherigen Form oder das Elterngeld Plus.

8.1.2 Wie hoch ist das Elterngeld?

Der Mindestbetrag für nicht erwerbstätige Eltern beträgt 300 Euro monatlich. Das Elterngeld Plus beträgt dann mindestens 150 Euro. Voraussetzung ist, dass die Eltern das Kind selbst betreuen und die Person, die Elterngeld bezieht, nicht mehr als 30 Stunden pro Woche arbeitet. Wer elterngeldberechtigt ist, bekommt 67 Prozent des in den zwölf Monaten vor der Geburt des Kindes durchschnittlich erzielten Einkommens, bis zu einem Höchstbetrag von 1.800 Euro monatlich.

Der Lohnersatz beträgt regelhaft 65 Prozent des durchschnittlichen monatlichen Nettoeinkommens der letzten zwölf Kalendermonate vor der Geburt. Bei einem Verdienst von unter 1.240 Euro beträgt das Elterngeld 66 Prozent. Unter 1.200 Euro monatlichen Nettoeinkommens steigt der Satz auf 67 Prozent des monatlichen Nettoeinkommens der letzten zwölf Kalendermonate vor der Geburt des Kindes.

Geringverdiener mit monatlich weniger als 1.000 Euro netto erhalten eine sogenannte Ersatzrate. Damit fällt der prozentuale Ausgleich für sie höher aus. Für jede 20 Euro, die das Nettoeinkommen unter der Grenze von 1.000 Euro liegt, steigt der Prozentsatz um 1 Prozent. Es ist so möglich, dass ein Elternteil 100 Prozent des früheren Lohns erhält. War die Mutter vor der Geburt beispielsweise nur geringfügig beschäftigt und ihr monatliches Nettoeinkommen lag bei 450 Euro, so beträgt die Differenz zur 1.000 Euro Grenze 550 Euro. Geteilt durch 20 Euro ergibt dies einen Aufschlag von 27,5 Prozent. Die Mutter erhält damit 27,5 Prozent prozentualen Ausgleich. Insgesamt erhält sie 94,5 ihres Nettogehaltes als Elterngeld.

Darüber hinaus können ältere Geschwisterkinder oder Mehrlingsgeburten den Elterngeldanspruch erhöhen — wie Sie später im Detail erfahren werden.

Besonderheit bei der Berechnung des Elterngeld Plus

Das Elterngeld Plus berechnet sich wie das Basiselterngeld. Im Unterschied dazu beträgt es jedoch nur die Hälfte des Elterngeldbetrags, der den Eltern ohne Teilzeittätigkeit nach der Geburt ihres Kindes zustünde. Jedoch wird das Elterngeld Plus doppelt so lange gezahlt. Ein Monat Basiselterngeld sind zwei Monate Elterngeld Plus. So haben Eltern auch über den 14. Lebensmonat des Kindes hinaus die staatliche Leistung und können mehr Zeit mit ihrem Kind verbringen.

Der Gedanke des Gesetzgebers war, eine bessere Vereinbarkeit von Beruf und Familie zu ermöglichen. Durch den längeren Bezugszeitraum sollen Eltern früher in Form von Teilzeit wieder ins Berufsleben einsteigen. So bleibt der Kontakt zur Firma und zum Beruf erhalten. Gleichzeitig aber können Eltern länger bei ihrem Kind bleiben.

Beispiel: Berechnung des Elterngelds !

Eine Mutter hatte im Jahr vor der Geburt ein monatliches Nettoeinkommen von 2.000 Euro. Das zu berücksichtigende monatliche Nettoeinkommen nach der Geburt beträgt 900 Euro. Damit fallen 1.100 Euro monatlich weg. Würde sie in der Elternzeit nicht arbeiten, hätte sie einen Anspruch auf Basiselterngeld von 1.300 Euro (65 Prozent des letzten Nettoeinkommens in Höhe von 2.000 Euro). Mit Elterngeld Plus erhält sie die Hälfte des Basiselterngeldanspruchs, also 650 Euro (1.300 Euro geteilt durch 2).

Wie lange zahlt der Staat Basiselterngeld und Elterngeld Plus?

Maximal 14 Monate lang zahlt der Staat das Basiselterngeld. Die Familienleistung erhalten Eltern, die ihr Kind nach der Geburt 14 Monate lang selber betreuen. In dieser Zeit sind sie nicht oder nicht in Vollzeit berufstätig. Die Eltern können 12 Monatsbeiträge unter sich aufteilen. Nehmen beide Eltern Elternzeit, so erhöht sich der Bezugszeitraum staatlicher Leistungen auf 14 Monate, die sogenannten Partnermonate. Zu beachten ist dabei, dass diese zusätzlichen Monate nur dann gezahlt werden, wenn nicht nur die Mutter allein Elternzeit nimmt, sondern auch der Vater.

Die Elternzeit können die Eltern frei unter sich aufteilen, wobei jedes Elternteil mindestens zwei Monate lang eine Auszeit vom Beruf nehmen muss, damit die Familie die 14 Monate voll ausschöpfen kann.

Es ist auch möglich, gemeinsam in Elternzeit zu sein.

Setzt dagegen nur die Mutter von ihrem Job aus oder einer der beiden Eltern setzt weniger als zwei Monate aus, zahlt der Staat höchstens für 12 Monate Elterngeld. Ebenso entfallen die beiden Partnermonate, wenn ein Elternteil vor der Geburt kein Erwerbseinkommen hatte. Auch dann ist die Gesamtzahl der Bezugsmonate auf 12 Monate beschränkt.

! **Wichtig**

Finanziell wird auch das Mutterschutzgeld angerechnet, d.h., die Mutter bekommt in den ersten 2 Monaten kein Elterngeld, sondern Mutterschutzgeld. Für die Elterngeldberechnung werden diese Monate so bewertet, als würde die Mutter Basiselterngeld beziehen. So sind es eigentlich nur 10 Monate, die eine Frau Basiselterngeld beziehen kann. In diesen Monaten ist der Bezug von Elterngeld Plus nicht möglich.

Keinen Anspruch auf Elterngeld haben Eltern, die im Kalenderjahr vor der Geburt ihres Kindes zusammen 500.000 Euro brutto oder mehr verdient haben. Bei Alleinerziehenden liegt diese Obergrenze bei einem Jahreseinkommen von 250.000 Euro.

Bei der Berechnung des Elterngelds werden Einnahmen, die nicht im Inland versteuert werden oder nicht inländischen Einnahmen gleichgestellt sind, nicht mehr berücksichtigt (§ 2 Abs. 1 BEEG: »[...] die im Inland zu versteuern sind«). Dabei sind jedoch die in der EU versteuerten Einnahmen denen im Inland versteuerten gleichgestellt. Auch Einnahmen aus anderen EU Staaten werden als Einkommen beim Elterngeld berücksichtigt.

8.1.3 Eine Besonderheit beim Elterngeld Plus ist der Partnerschaftsbonus

Arbeiten beide Eltern gleichzeitig in vier aufeinander folgenden Monaten monatlich durchschnittlich 25 bis 30 Wochenstunden, so erhält jedes Elternteil für vier weitere Monatsbeiträge Elterngeld Plus. Die Höhe des Elterngelds in einem Partnerschaftsbonusmonat wird genauso berechnet wie in einem Elterngeld Plus-Monat. Durch diese Regelung soll die partnerschaftliche Aufteilung von familiären und beruflichen Aufgaben in der Familie gefördert werden und Frauen soll gleichzeitig eine frühere Rückkehr in den Beruf ermöglicht werden.

Hierbei handelt es sich um einen einmaligen Anspruch für beide Elternteile. Ein Mehrfachbezug ist nicht möglich. Erfüllen Eltern mehrmals die Voraussetzungen zum Erhalt des Partnerschaftsbonus, so werden die vier Partnerschaftsmonate trotzdem nur einmal gewährt. Partnerschaftsbonusmonate sind immer Elterngeld Plus Monate.

Die Partnerschaftsbonusmonate können vor, während, nach oder ganz ohne Elterngeld Plus-Bezug in Anspruch genommen werden. Es darf jedoch nach dem 15. Lebensmonat des Kindes keine zeitliche Lücke ohne Bezug von Elterngeld geben und die Voraussetzungen für den Bezug müssen von beiden Elternteilen erfüllt sein. Reduziert beispielsweise der Vater seine Arbeitszeit nicht, und sei es auch nur in **einem** der vier aufeinanderfolgenden Monate, so werden die Voraussetzungen nicht erfüllt. Oder: Arbeitet ein Elternteil im Monatsdurchschnitt beispielsweise mehr als 30 Wochenstunden, so kann dies dazu führen, dass der durch den Elterngeldbescheid festgesetzte Anspruch für beide aufgehoben wird. In diesem Fall wären sogar Rückforderungen für bereits ausgezahlte Partnerschaftsbonusbeträge denkbar.

Anspruchsvoraussetzungen für den Partnerschaftsbonus
Einen Anspruch auf die Partnerschaftsbonusmonate haben Mütter und Väter, wenn folgende Voraussetzungen erfüllt sind:

- Sie betreuen und erziehen ihre Kinder nach der Geburt selbst,
- eine Erwerbstätigkeit beider Eltern von 25 bis 30 Wochenstunden liegt vor,
- sie leben mit ihren Kindern in einem Haushalt,
- sie haben ihren Wohnsitz oder gewöhnlichen Wohnsitz in Deutschland,
- beide Elternteile beantragen die Partnerschaftsmonate,
- sie erbringen den Nachweis einer Arbeitszeit, die zwischen 25 und 30 Wochenstunden liegt, durch Vereinbarung mit dem Arbeitgeber (diese vier Monate können auch die Partnerschaftsmonate sein),
- sie erfüllen die genannten Voraussetzungen für die Dauer von vier aufeinanderfolgenden Monaten.

Darüber hinaus müssen die Partnerschaftsbonusmonate unmittelbar an den Elterngeld (Plus) Bezug anschließen. Sie sollten, müssen aber nicht mit der Elternzeit verknüpft sein. Werden die Partnerschaftsbonusmonate während des Elterngeldbezugs genommen, dann schließen sich weitere Elterngeld(Plus) Monate an.

Verteilung der Elterngeldmonate auf die Eltern
Basiselterngeld, Elterngeld Plus und die Partnerschaftsmonate sind untereinander kombinierbar. Welche Gestaltung vorteilhaft ist, hängt von den jeweiligen Lebensumständen, den Möglichkeiten der Kinderbetreuung sowie den finanziellen Rahmenbedingungen ab. Eltern sollten sich dazu informieren und beraten lassen. Hilfe bietet z.B. der Elterngeldrechner auf der Internet Seite des Bundesfamilienministeriums: www.bmfsfj.de

! **Beispiel: Partnerschaftsbonus**

Beispiel 1:

Vater und Mutter wollen sich die Betreuung ihres Sohnes partnerschaftlich teilen. Beide arbeiten gern, sie möchten den Kontakt zu Kollegen und Firma und den Anschluss an den Berufsalltag nicht verlieren. Die Betreuung ihres Sohnes teilen sie sich deshalb und steigen beide nach der Geburt bzw. nach dem Mutterschutz gleich wieder ein. Sie beantragen Elterngeld Plus und arbeiten für jeweils 14 Monate in Teilzeit. So haben sie insgesamt Anspruch auf 28 Monate Elterngeld Plus. 24 Monate Elterngeld zuzüglich vier Monate Partnerschaftsbonus. Diese Elterngeld Plus-Monate können sie über den 14. Lebensmonat hinaus schieben, um so z.B. die Einschulung und die meist sehr kurzen Unterrichtszeiten auffangen zu können.

Beispiel 2:

Die Mutter bezieht für die ersten sechs Monate Basiselterngeld. Der Vater bleibt gleich nach der Geburt auch zu Hause und bezieht Basiselterngeld, die sogenannten Partnermonate. Im siebten Lebensmonat steigt die Mutter mit 25 Wochenstunden wieder in den Beruf ein und beide Eltern beziehen den Partnerschaftsbonus in den Monaten sieben bis zehn. Der Vater arbeitet mit reduzierter Stundenzahl von 30 Stunden. Vom Monat 11 bis 22 bezieht die Mutter Elterngeld Plus und arbeitet weiter in Teilzeit, während der Vater wieder in Vollzeit tätig ist.
Zusammenfassend ergeben sich folgende Anspruchsmöglichkeiten:

1. Basiselterngeld ohne Elterngeld Plus und Einkommensminderung
   12 Lebensmonate
2. Basiselterngeld ohne Elterngeld Plus mit Einkommensminderung und Partnermonate
   12 + 2 Lebensmonate
3. Elterngeld Plus ohne Partnerschaftsbonusmonate
   12 × 2 oder 14 × 2 Lebensmonate, wenn die Partnermonate doch genommen werden
4. Elterngeld Plus mit Partnermonaten und Partnerschaftsbonusmonaten
   (12 + 2) × 2 + 4 Lebensmonate

Die folgende Grafik veranschaulicht die verschiedenen Szenarien:

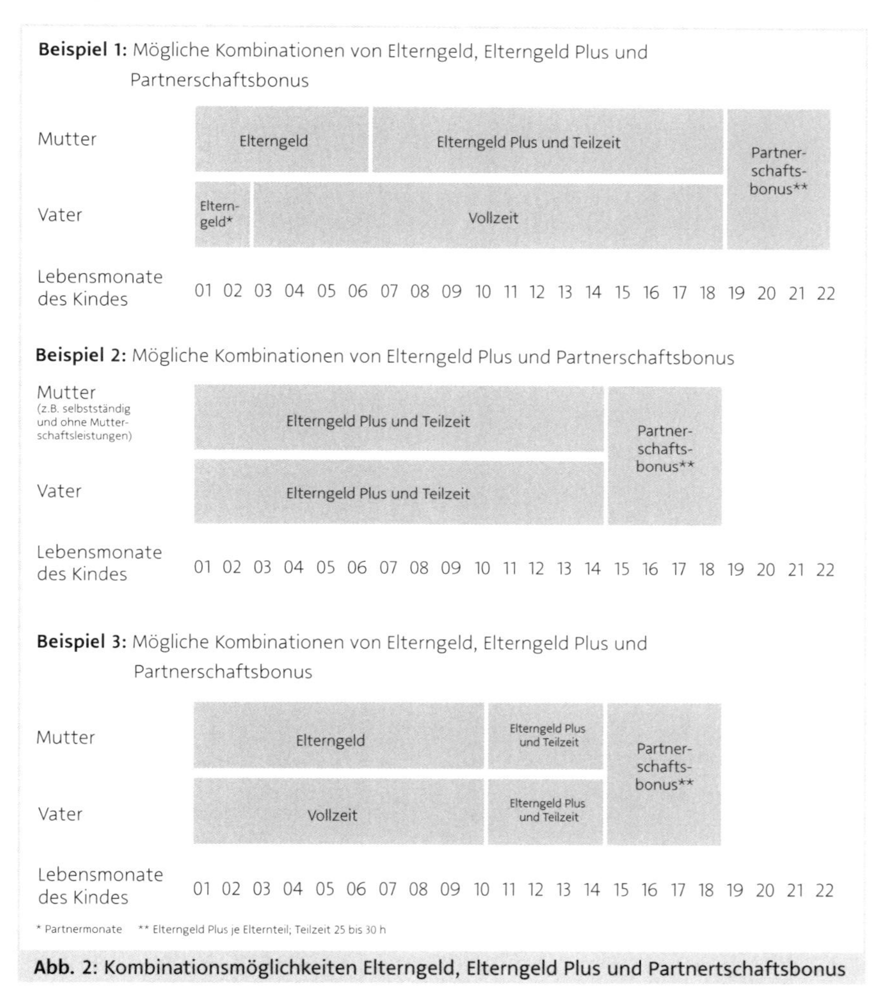

Abb. 2: Kombinationsmöglichkeiten Elterngeld, Elterngeld Plus und Partnertschaftsbonus

Partnerschaftsbonus für alleinerziehende Mütter und Väter

Alleinerziehende Eltern erhalten eine zusätzliche Förderung, die dem Partnerschaftsbonus vergleichbar ist. Sie können ebenfalls für vier weitere Monate Elterngeld Plus beziehen, wenn sie in mindestens vier aufeinanderfolgenden Monaten zwischen 25 und 30 Wochenstunden arbeiten. Für den Bezug der Partnerschaftsmonate für Alleinerziehende gelten die oben genannten Voraussetzungen. Zudem müssen die nach § 24b Absatz 1 und 2 Einkommenssteuergesetz (EStG) geltenden Bestimmungen zum steuerlichen Entlastungsbetrag erfüllt sein und der andere Elternteil darf weder mit dem Alleinerziehenden noch mit dem Kind in einer gemeinsamen Wohnung leben.

8.1.4 Elterngeld bei älteren Geschwisterkindern, Adoptiv- oder Pflegekindern, Großeltern etc.

Geschwisterbonus

Familien mit mehr als einem Kind als dem Neugeborenen können einen sogenannten Geschwisterbonus erhalten. Das den Eltern zustehende Elterngeld wird um 10 Prozent, mindestens aber um 75 Euro pro Monat erhöht. Auch Eltern, die nur den Mindestbetrag von 300 Euro Basiselterngeld oder 150 Euro Elterngeld Plus beziehen, erhalten diesen Geschwisterbonus.

Leben in der Familie zwei Kinder, so besteht der Anspruch auf Geschwisterbonus bis zum dritten Geburtstag des älteren Geschwisterkinds. Hat die Familie mehr Kinder, so dürfen mindestens zwei Kinder das sechste Lebensjahr noch nicht vollendet haben.

Den Bezug des Geschwisterbonus endet in dem Monat, in dem das Geschwisterkind drei bzw. sechs Jahre alt wird. Danach wird das normale Elterngeld jedoch weitergezahlt, wenn ein Anspruch besteht.

Lebt in der Familie ein behindertes Kind, so besteht der Anspruch auf Erhöhung des Elterngelds um den Geschwisterbonus bis das Geschwisterkind 14 Jahre alt ist.

Elterngeld bei Mehrlingsgeburten

Zum Basiselterngeld erhalten Eltern für Geburten nach dem 1. Januar 2015 einen monatlichen Mehrlingszuschlag von 300 Euro Basiselterngeld und im Rahmen des Elterngeld Plus von jeweils 150 Euro für jedes weitere neugeborene Kind. Familien, die z.B. Zwillinge bekommen, erhalten somit 300 Euro zusätzlich.

Gleichzeitig verlängert sich bei Mehrlingsgeburten der Mutterschutz nach der Geburt auf zwölf Wochen.

Alleinerziehende Mütter oder Väter

Für Kinder, die nach dem 1. Juli 2015 geboren wurden, hat sich die Rechtslage geändert. Als alleinerziehend gelten Eltern, die die Voraussetzungen des steuerlichen Entlastungsbetrags für Alleinerziehende nach § 24b Absatz 1 und 2 Einkommensteuergesetz (EStG) erfüllen. Eine weitere Voraussetzung für den Bezug von Elterngeld ist, dass sie ohne den anderen Elternteil mit dem Kind zusammenleben und dieses bei ihnen gemeldet ist. In diesem Fall ist kein Partner da, der die zusätzlichen Partnermonate beantragen könnte und sie können die vollen 14 Monate Elterngeld ausschöpfen.

Der Anspruch entfällt, wenn der oder die Alleinerziehende im Jahr vor der Geburt des Kindes 250.000 Euro oder mehr verdient hat.

Adoptiv- und Pflegekinder

Da adoptierte Kinder selten direkt nach der Geburt zu ihren neuen Eltern kommen, endet der Zeitraum des möglichen Elterngeldbezugs bei adoptierten oder Kindern, die in den Haushalt aufgenommen wurden, nicht mit der Vollendung des 14. Lebensmonats. Der Anspruch auf Elterngeld beginnt, sobald das Kind in den Haushalt aufgenommen wurde. Auch für ein älteres Kind besteht Anspruch auf Elterngeld. Hat das Kind das achte Lebensjahr vollendet, besteht jedoch kein Anspruch auf Elterngeld mehr.

Familien, die ein Kind zur Pflege aufnehmen, haben dagegen keinen Anspruch auf Elterngeld. Sie erhalten bereits vom Jugendamt Geld für den Lebensunterhalt des Pflegekindes.

Großeltern

Auch Verwandte dritten Grades wie etwa Großeltern, Tanten etc. haben Anspruch auf Elterngeld, wenn sie die Voraussetzungen erfüllen und die Eltern beispielsweise aufgrund einer schweren Krankheit, schweren Behinderung oder des Todes das Kind nicht selber betreuen können.

Elterngeld für Ausländer und Eltern mit Einkommen im Ausland

Wer seinen Wohnsitz dauerhaft in Deutschland hat, erhält Elterngeld. So haben auch nicht deutsche Eltern Anspruch auf Elterngeld.

Da innerhalb der EU Freizügigkeit herrscht, gilt für Eltern aus anderen EU-Ländern unter den gleichen Voraussetzungen wie für deutsche Staatsangehörige der Anspruch auf Elterngeld. Das Elterngeld ist abhängig vom Verdienst, nicht aber von der Staatsangehörigkeit.

Eltern aus Ländern außerhalb der EU haben kein Recht auf Freizügigkeit. Sie benötigen eine Aufenthaltserlaubnis, um in Deutschland arbeiten zu können. Von ihr hängt auch ihr Anspruch auf Elterngeld ab. Haben diese Eltern eine Niederlassungserlaubnis oder unbefristete Aufenthaltsgenehmigung in Deutschland, können sie ebenfalls Elterngeld beziehen. Asylbewerber oder Ausländerinnen und Ausländer, die befristet für eine Ausbildung in Deutschland sind, können beispielsweise kein Elterngeld beziehen.

Berücksichtigt wird für das Elterngeld nur das Einkommen, das in Deutschland oder einem anderen Mitgliedsstaat der Europäischen Union, in einem Vertragsstaat des Abkommens über den Europäischen Wirtschaftsraum, Island, Liechtenstein, Norwegen oder der Schweiz versteuert wird.

Den Mindestbetrag von 300 Euro im Basiselterngeld bzw. von 150 Euro im Elterngeld Plus erhalten Eltern mit nur ausländischen Einkünften, die nicht unter die oben genannten Richtlinien fallen. Die allgemeinen Anspruchsvoraussetzungen müssen auch sie erfüllen.

8.1.5 Elterngeld bei befristeten Verträgen oder Teilzeittätigkeit

Ein befristeter Arbeitsvertrag, der während der Elternzeit eines Arbeitnehmers endet, bedeutet nicht das Ende des Elterngelds. Maßgeblich für den Bezug des Elterngeldes war das Einkommen im Jahr vor der Geburt.

Anders sieht es aus, wenn der Vertrag im Jahr vor der Geburt endete. Monate ohne Verdienst mindern das Elterngeld. Der Mindestsatz von monatlich 300 Euro Basiselterngeld bzw. 150 Euro Elterngeld Plus steht aber allen Eltern zu.

Teilzeittätigkeit
Beziehen Eltern Elterngeld, so ist es ihnen gestattet, in Teilzeit bis zu 30 Wochenstunden zu arbeiten. Im Monatsdurchschnitt darf diese Zeit nicht überschritten werden. Wer mehr als 30 Stunden pro Woche arbeitet, verliert den Anspruch auf Elterngeld.

Im Fall einer Teilzeitbeschäftigung während der Elternzeit gleicht das Elterngeld dann den Fehlbetrag zum vorherigen, vollen Gehalt aus. Mutter oder Vater erhalten 65 bis 67 Prozent des Differenzbetrags zum vorherigen Gehalt bzw. maximal 2.700 Euro als Basiselterngeld. Wer für die Teilzeittätigkeit in Elternzeit 2.700 Euro oder mehr verdient, bekommt nur den Mindestsatz von 300 Euro Elterngeld.

Durch eine frühe Rückkehr in den Beruf in Teilzeit ist es Eltern möglich, den Bezug des Elterngelds auf insgesamt bis zu 28 Monate auszudehnen (vgl. Ausführungen oben).

!

Beispiel: Teilzeit

Eine Mutter verdient vor der Geburt 1.500 Euro netto. Nach der Geburt kehrt sie in Teilzeit zurück und verdient 800 Euro. Die Differenz zwischen beidem sind 700 Euro. Elterngeld erhält sie auf Grundlage dieses Differenzbetrags, also rund 455 Euro. Pro Bezugsmonat und gleichzeitigen Zuverdienst in Höhe von 800 Euro erhält die Frau in diesem Beispiel 455 Euro Elterngeld Plus für die Dauer von 24 Monaten.

8.1.6 Elterngeld und Steuern

Elterngeld und Mutterschaftsgeld sind zwar steuerfrei und auch nicht sozialversicherungspflichtig. Jedoch unterliegen beide dem Progressionsvorbehalt. Bei steuerlich zusammen veranlagten Ehepartnern wird das gezahlte Mutterschafts- oder Elterngeld bei der Höhe des individuellen Steuersatzes berücksichtigt. Durch diese gemeinsame Veranlagung kann sich der Einkommenssteuersatz erhöhen. Je höher das Einkommen, desto höher ist auch der Steuersatz. Dieser eventuell höhere Steuersatz wird nur auf das eigentliche Einkommen angewendet, nicht auf Mutterschaftsgeld und Elterngeld. Trotzdem verringert sich dadurch das Familieneinkommen.

Tipps: Elterngeld und Steuern !

Tipp 1: Günstiger für die Familien kann es sein, sich für das Elterngeld Plus zu entscheiden. Hier wird nur ungefähr die Hälfte des Basiselterngelds ausgezahlt, allerdings gestreckt über den auf 24 bzw. 28 Monate verlängerten Zeitraum. Durch dieses geringere Elterngeld mildert sich automatisch der Progressionseffekt. Steuersatzerhöhend kann im jeweiligen Kalenderjahr dann quasi nur die Hälfte des Elterngeldes wirken und so kann sich meist die definitive Einkommensteuerbelastung verringern. Gerade wenn der Ehepartner über eine längere Zeit gleichmäßig gut verdient, ist aus rein steuerlichen Gründen daher die verlängerte Inanspruchnahme des (hälftigen) Elterngeldbetrags zu empfehlen.
Tipp 2: Die Höhe des Elterngelds kann auch von der Steuerklassenwahl abhängen. Hier empfiehlt sich der Besuch bei einem Steuerberater vor der Geburt des Kindes.

8.1.7 Elterngeld, Krankenversicherung und Rente

Während des Bezugs von Elterngeld und in der Elternzeit bleibt die Mitgliedschaft in der gesetzlichen Krankenversicherung erhalten. Wer **Pflichtmitglied** in der gesetzlichen Krankenkasse ist und außer dem Elterngeld keine weiteren Einkünfte (zum Beispiel aus einer Teilzeittätigkeit) hat, zahlt keine Kassenbeiträge. Ebenso bleibt die Familienversicherung in der Elternzeit erhalten (§ 8 Abs. 6 Satz 1 Beitragsverfahrensgrundsätze Selbstzahler). Ob Beiträge anfallen, hängt vom jeweiligen Versicherungsstatus ab.

Sind Mutter oder Vater hingegen **freiwillig Mitglied** in einer gesetzlichen Krankenversicherung, so müssen sie trotz des Bezugs von Elterngeld weiter die Beiträge für die Krankenversicherung überweisen. Hier bietet es sich vielleicht an, in die Familienversicherung des Ehepartners zu wechseln. Für den in der Familienversicherung mitversicherten Elternteil fallen dann keine eigenen Beiträge an.

Beiträge zur Krankenversicherung müssen **Privatversicherte** während des Bezugs von Elterngeld selber zahlen. Manche private Krankenversicherung bietet dafür aber spezielle Tarife oder die Beitragsfreistellung für die ersten sechs Monate an. Hier lohnt es sich, mit der Krankenkasse zu sprechen.

Keine Beiträge fallen für die **Rentenversicherung** an während Elterngeld bezogen wird. Der Zeitraum, in dem ein Elternteil Elterngeld bezogen hat, wird diesem bei seinen Rentenansprüchen als Kindererziehungszeit angerechnet. Dabei wird der Rentenanspruch, den ein Erwerbstätiger mit dem Durchschnittsverdienst aller Versicherten in einem Jahr erwirbt, als Maßstab (Entgeltpunkt) genommen. So kann sich eine dreijährige Kindererziehungszeit durchaus steigernd auf die spätere Rente auswirken. Dieser Rentenanspruch für Kindererziehung kann jedoch nur der Elternteil in Anspruch nehmen, der das Kind überwiegend betreut hat. Die Rentenversicherung geht automatisch davon aus, dass das die Mutter ist. Sollen die Zeiten der Kindererziehung hingegen dem Vater gutgeschrieben werden, so müssen die Eltern dies rechtzeitig der Rentenversicherung mitteilen. Rückwirkend ist eine Zuordnung nur für zwei Monate möglich.

Möchten beide Eltern gleichzeitig in Elternzeit gehen, müssen sie der Rentenversicherung mitteilen, wem die Zeiten der Kindererziehung gutgeschrieben werden sollen.

Bei einer Teilzeittätigkeit während der Elternzeit und dem Bezug von Elterngeld Plus sind Eltern ganz normal rentenversicherungspflichtig, ihnen entsteht keine Lücke im Rentenanspruch.

Kurzgefasst: Basiselterngeld und Elterngeld Plus

- Seit dem 1. Juli 2015 gibt es neben dem Elterngeld das Elterngeld Plus. Statt bisher 14 Monate kann man künftig 28 Monate Förderung erhalten.
- Elterngeld Plus können Eltern beantragen, deren Kind nach dem 1. Juli 2015 geboren wurde.
- Es berechnet sich ebenso wie das Elterngeld nach dem Einkommen der vergangenen zwölf Monate und liegt zwischen 300 und 1.800 Euro.
- Arbeiten Vater und Mutter für vier Monate gleichzeitig zwischen 25 und 30 Wochenstunden in Teilzeit, haben beide Anspruch auf vier zusätzliche Partnerschaftsbonusmonate.
- Auch Alleinerziehende haben Anspruch auf die Partnerschaftsbonusmonate, wenn sie an vier aufeinanderfolgenden Monaten zwischen 25 und 30 Wochenstunden in Teilzeit arbeiten.
- Elterngeld und Elterngeld Plus lassen sich flexibel miteinander kombinieren.
- Elterngeld Plus kann auch nach dem 14. Lebensmonat des Kindes bezogen werden.

- Für beide Elternteile besteht ein maximal möglicher Anspruch von 24 + 4 Elterngeld Plus-Monaten.
- Die Vorteile des neuen Elterngelds liegen in der verlängerten Dauer der Förderung. Selbst wenn im monatlichen Vergleich die Förderung geringer erscheint — über den gesamten Zeitraum hinweg kann eine junge Familie unter dem Strich von mehr Geld profitieren.

Die Regelungen zum Elterngeld Plus mit Partnerschaftsbonus und einer flexibleren Elternzeit, die **für Geburten ab 1. Juli 2015** gelten, finden Sie im Bundeselterngeld- und Elternzeitgesetz (BEEG).

Für alle Geburten bis 30. Juni 2015 gilt das Bundeselterngeld- und Elternzeitgesetz (BEEG) in der bis zum 31.12.2014 geltenden Fassung.

Für Mehrlingsgeburten besteht seit 1. Januar 2015 nur ein Anspruch auf Elterngeld.

8.2 Regelungen zur Elternzeit

Die Elternzeit ist nach dem Bundeselterngeld- und Elternzeitgesetz (BEEG) das Recht auf eine unbezahlte Freistellung von der Arbeit, um das Kind selbst zu betreuen.

Mit den neuen, flexibleren Regelungen bieten sich Eltern mehr Spielräume zur Gestaltung ihrer Elternzeit. Es gelten weiterhin 36 Monate Auszeit vom Beruf je Elternteil bis zum dritten Geburtstag des Kindes. Statt wie bisher nur 12 Monate zwischen dem dritten und achten Geburtstag nehmen zu können, ist die Dauer auf 24 Monate erhöht worden, die die Eltern flexibel nehmen können. Mit der Neuregelung können Eltern die Elternzeit in drei Zeitabschnitte pro Elternteil aufteilen und die gemeinsame Zeit an das eigene Leben und die Kinderbetreuung anpassen.

Deshalb ist es für Arbeitgeber und Eltern wichtig, den Kontakt zu halten und frühzeitig eine verbindliche Vereinbarung treffen — wobei der Arbeitgeber dazu aber nicht verpflichtet ist. Besonders die Neuregelungen des Elterngeld Plus machen eine gute Kommunikation für Unternehmen wichtig.

8.2.1 Gesetzliche Vorgaben zur Elternzeit § 15, 16 BEEG

Arbeitnehmerinnen und Arbeitnehmer können Elternzeit geltend machen zur Betreuung

- ihres Kindes,
- mit Zustimmung des sorgeberechtigten Elternteils auch für Kinder
  - des Ehegatten oder der Ehegattin,

- des eingetragenen Lebenspartners oder der eingetragenen Lebenspartnerin,
- eines Vaters, der noch nicht wirksam als Vater anerkannt worden ist,
- oder über dessen Antrag auf Vaterschaftsfeststellung noch nicht entschieden wurde,
- die in Vollzeitpflege aufgenommen wurden,
- die mit dem Ziel der Annahme/Adoption aufgenommen wurden.
- Bei schwerer Krankheit, Schwerbehinderung oder Tod der Eltern kann Elternzeit auch für Enkelkinder, Kinder eines Bruders, Neffen oder einer Schwester oder Nichte geltend gemacht werden.
- Einschub: Großeltern und Elternzeit nach § 15 BEEG
  Damit Großeltern Elternzeit beantragen können, sind einige Voraussetzungen zu erfüllen. So müssen Vater oder Mutter des Kindes minderjährig sein oder sich in einer Ausbildung befinden, die vor dem 18. Geburtstag angetreten wurde. Die leiblichen Eltern haben selber keine Elternzeit in Anspruch genommen.
  Da Elternzeit nicht mit dem Elterngeld gelichgesetzt werden kann, besteht für Großeltern regelmäßig kein Anspruch auf Elterngeld.

Einen Anspruch auf Elternzeit haben Arbeitnehmerinnen und Arbeitnehmer wenn sie:

- mit dem Kind im selben Haushalt leben und
- dieses Kind überwiegend selbst betreuen und erziehen und
- während der Elternzeit nicht mehr als 30 Wochenstunden arbeiten.

Ändert sich etwas in den Anspruchsvoraussetzungen, weil sich die Eltern beispielsweise trennen und das Kind nun beim anderen Elternteil wohnt, so ist dies dem Arbeitgeber unverzüglich mitzuteilen.

Auch Arbeitnehmer mit befristeten Verträgen, Teilzeitarbeitsverträgen oder in geringfügiger Beschäftigung haben Anspruch auf Elternzeit. Ebenso Auszubildende, Umschülerinnen und Umschüler, zur beruflichen Fortbildung Beschäftigte oder in Heimarbeit Beschäftigte.

Für Eltern, die in einem Arbeitsverhältnis stehen, besteht ein Anspruch auf Elternzeit bis zur Vollendung des 3. Lebensjahres eines Kindes.

Die maximale Länge der Elternzeit ist drei Jahre. Für jedes Kind hat jeder Elternteil einen eigenen Anspruch auf Elternzeit. Arbeitnehmerinnen und Arbeitnehmer, die ihr Kind selbst betreuen und erziehen, haben bis zur Vollendung des dritten Lebensjahres des Kindes einen Rechtsanspruch auf Elternzeit nach dem Bundeselterngeld- und Elternzeitgesetz (BEEG). Stimmt der Arbeitgeber zu, so können

Eltern bis zu zwölf Monate der Elternzeit auf die Zeit zwischen dem dritten und dem achten Geburtstag des Kindes übertragen.

Auch ausländische Eltern können Elternzeit in Anspruch nehmen, da dieser Anspruch unabhängig vom Wohnsitz oder gewöhnlichen Aufenthalt des Anspruchsberechtigten besteht. Allein das bestehende Arbeitsverhältnis muss deutschem Arbeitsrecht unterliegen.

Auch mit den Neuregelungen gilt, dass eine einmal festgelegte Verteilung der Elternzeit grundsätzlich nur mit Zustimmung des Arbeitgebers geändert werden kann. Ebenso müssen sich Eltern dahin gehend festlegen, für welche Zeiten innerhalb von zwei Jahren bis zum dritten Geburtstag des Kindes sie Elternzeit nehmen möchten.

Wichtig: Kündigungsschutz !

Es besteht Kündigungsschutz während der Elternzeit. Dieser beginnt mit der Anmeldung der Elternzeit, frühestens jedoch acht Wochen vor deren Beginn. Ist das Kind mindestens drei Jahre alt, beginnt der Schutz, wegen der neuen Anmeldefrist der Elternzeit, 14 Wochen davor. Es ist jedoch in besonderen Fällen möglich, durch die Aufsichtsbehörde eine Kündigung für zulässig erklären zu lassen.
Auch bleibt das Arbeitsverhältnis während der Elternzeit bestehen. Die Mitarbeiterin hat nach der Elternzeit Anspruch auf den alten Arbeitsplatz oder einen vergleichbaren. Während der Elternzeit wird keinen Lohn gezahlt.

8.2.2 Aufteilung der Elternzeit unter den Eltern und gemeinsame Elternzeit

Den Eltern steht es frei, die Elternzeit flexibel unter sich aufzuteilen. Jedem Elternteil stehen drei Jahre Elternzeit zu. Elternzeit kann auch nur für einzelne Monate oder Wochen genommen werden. Ebenso ist es möglich, dass ein Elternteil seine Elternzeit nur für die Partnermonate des Elterngeldes nimmt.

Viele Möglichkeiten sind in der Praxis umsetzbar: Nur ein Elternteil nimmt allein Elternzeit, beide nehmen gemeinsam Elternzeit oder noch ganz andere Aufteilungen. Je nach individueller Situation.

Die Elternzeit bedarf dabei nicht der Zustimmung des Arbeitgebers. Auch die Unterteilung der Elternzeit in zwei beziehungsweise für Geburten nach dem 1.7.2015 drei Abschnitte ist nicht von der Zustimmung des Arbeitgebers abhängig. Die ist erst bei einer weiteren Aufteilung notwendig.

Anmeldung der Elternzeit

Die Anmeldung der Elternzeit erfolgt schriftlich und muss bis sieben Wochen vor ihrem Beginn vom Arbeitgeber verlangt werden. Soll die Elternzeit mit der Geburt beginnen, muss sie vom Vater sieben Wochen vor dem errechneten Geburtstermin beantragt werden. Die Mutter muss ihre Elternzeit spätestens sieben Wochen vor Ablauf der Mutterschutzfrist anmelden. In manchen Fällen kann diese siebenwöchige Frist nicht eingehalten werden. Dies ist z.B. bei einer Frühgeburt oder einer Adoption der Fall. In diesen Fällen ist ausnahmsweise eine angemessene, kürzere Frist möglich. Kommt das Kind erst später auf die Welt, muss die Anmeldung der Elternzeit durch die Mutter in der ersten Lebenswoche des Kindes beim Arbeitgeber sein.

Die schriftliche Anmeldung nennt Dauer und Beginn der Elternzeit sowie die verbindliche Festlegung, für welche Zeiträume innerhalb von zwei Jahren Elternzeit genommen werden soll.

Beantragt ein Elternteil nur für ein Jahr Elternzeit, folgt daraus, dass auf die Elternzeit im darauf folgenden Jahr verzichtet wird bzw. eine Verlängerung der Elternzeit innerhalb dieses Zeitraums wäre nur mit Zustimmung des Arbeitgebers möglich ist. Für den Elternteil, der länger beim Kind bleiben möchte, ist es deshalb ratsam, die Elternzeit für zwei Jahre einzureichen. Zum einen verzichtet er oder sie nicht auf das zweite Jahr Elternzeit und zum anderen ist es möglich, Elternzeit bis zum vollendeten dritten Lebensjahr ohne Zustimmung des Arbeitgebers zu nehmen. Auch dann, wenn anfangs nur ein Zweijahreszeitraum beansprucht wurde.

Die Dauer der Elternzeit regelt § 16 BEEG.

Nach der bisher gültigen Regelung war es so, dass die maximale Länge des Elterngeldbezugs in der Elternzeit 12 Monate betrug. Die Eltern mussten sich nur für die ersten zwei Jahre der Elternzeit festlegen und durften die Auszeit vom Beruf maximal zweimal unterbrechen. Die Zustimmung des Arbeitgebers war dafür notwendig. Auch ein eventueller dritter Abschnitt bedurfte der Zustimmung des Arbeitgebers, war aber dann auch bis zum vollendeten achten Geburtstag des Kindes möglich.

Wurde in dieser Zeit ein weiteres Kind geboren, so schloss sich diese Elternzeit an die erste an.

Schließt sich das dritte Jahr der Elternzeit an das zweite an, so spricht man nicht von einem neuen Abschnitt. Von einem solchen spricht man nur, wenn sich dieser neue Zeitraum nicht an die bestehende Elternzeit anschließt. Das bestehende Arbeitsverhältnis muss voll wieder aufleben, der Elternteil muss wieder berufstätig sein.

Die Anmeldung der Elternzeit für einen Zeitraum, der über den Zeitraum von zwei Jahren hinausgeht, muss erst sieben Wochen vor ihrem Beginn dem Arbeitgeber zugegangen sein.

Elternzeit zwischen dem dritten und achten Geburtstag des Kindes

Hier gilt **für Geburten bis zum 30.6.2015**, dass die Eltern jeweils einen beliebigen Anteil der dreijährigen Elternzeit von bis zu 12 Monaten ansparen und bis zur Vollendung des achten Lebensjahres übertragen können. Der Arbeitgeber muss dieser Ansparung zustimmen. Dabei wird die Elternzeit jedes Elternteils für sich betrachtet. Die Elternzeit beider Eltern wird nicht zusammen bewertet. Nicht übertragbar hingegen ist die Mutterschutzzeit. Da der Arbeitgeber seine Zustimmung geben muss, ist es sinnvoll, sich frühzeitig abzustimmen, wenn bei Mutter oder Vater der Wunsch besteht, einen Teil der Elternzeit auf die Zeit nach dem dritten Geburtstag zu verschieben. Willigt der Arbeitgeber z.B. nicht ein, weil die Zeit zur Planung einer Vertretung zu kurz war, könnte die restliche Elternzeit verfallen.

Gemäß § 315 Absatz 3 BGB muss der Arbeitgeber beide Seiten abwägen bei seiner Entscheidung, die Elternzeit nach dem dritten Geburtstag zu genehmigen oder abzulehnen.

Wichtig: Arbeitgeberwechsel !

Wechselt ein Elternteil den Arbeitgeber, so ist der neue Arbeitgeber an die Absprachen mit dem bisherigen Arbeitgeber zur Übertragung der Elternzeit auf einen späteren Zeitpunkt zwischen dem dritten und achten Geburtstag des Kindes nicht gebunden. Ausnahme gibt es bei einem Betriebsübergang: Hier geht das Arbeitsverhältnis gemäß § 613a BGB oder bei einer Umwandlung gemäß § 324 Umwandlungsgesetz mit allen Rechten und Pflichten auf den neuen Arbeitgeber über.

Elternzeit bei Mehrlingsgeburten

Auch für Mehrlingsgeburten gilt, dass Eltern für jedes Kind einen Anspruch auf Elternzeit bis zum vollendeten dritten Lebensjahr haben. Da für alle Kinder die Elternzeit mit dem vollendeten dritten Lebensjahr endet, wird der Sonderfall »Mehrlingsgeburten« erst interessant, wenn Eltern Teile ihre Elternzeit übertragen möchten. Haben Eltern beispielsweise Zwillinge, so könnten die Eltern die Elternzeit für ein Kind bis zur Vollendung des zweiten Lebensjahres des Kindes beantragen. Für den zweiten Zwilling nehmen die Eltern die Elternzeit ab dem zweiten Geburtstag des Kindes. Auf diese Weise sparen sie sich pro Kind 12 Monate Elternzeit auf. Diese können sie dann flexibel in der Zeit zwischen dem dritten und dem achten Geburtstag nehmen. Für Geburten bis 30.6.2015 ist dafür die Zustimmung des Arbeitgebers erforderlich. Auf diese Weise kämen die Eltern auf eine Elternzeit für ihre Zwillinge von 5 Jahren.

Spannend wird dieses Beispiel mit den Neuregelungen der Elternzeit im Zusammenhang mit der Einführung des Elterngeld Plus.

Für Geburten ab dem 1.7.2015 ist eine Zustimmung des Arbeitgebers zur Aufteilung der Elternzeit nicht mehr erforderlich. Eltern können mit den Neuregelungen zur Elternzeit diese deutlich flexibler einsetzen. Bis zu 24 Monate nicht genutzter Elternzeit können die Eltern zwischen dem dritten und achten Geburtstag ihres Kindes nehmen. Für Geburten ab dem 1.7.2015 ist eine Aufteilung der Elternzeit in drei Abschnitte möglich. Eine Zustimmung ihres Arbeitgebers benötigen sie dafür nicht. Jedoch ist der Arbeitgeber berechtigt, diesen dritten Abschnitt aus dringenden betrieblichen Gründen abzulehnen, wenn der Abschnitt zwischen dem dritten und achten Geburtstag liegt.

An der Länge der Elternzeit insgesamt hat sich nichts geändert. Auch weiterhin kann jedes Elternteil 36 Monate unbezahlte Auszeit vom Job bis zum dritten Geburtstag des Kindes nehmen.

Die Anmeldefrist für eine Elternzeit zwischen dem dritten und achten Geburtstag beträgt nicht mehr nur sieben, sondern 13 Wochen. Für die Anmeldung der Elternzeit vor dem dritten Geburtstag gelten weiterhin sieben Wochen.

! Beispiel: Anmeldefrist

Am 15. September 2015 wird ein Kind geboren. Der Vater hatte bereits die Partnermonate nach der Geburt und beantragt weitere drei Monate Elternzeit vom 1. August 2018 bis zum 31.Oktober 2018, um den Start seines Kindes in den Kindergarten zu begleiten. Für die Anmeldung der Elternzeit im August und bis zum 14. September gilt die sieben Wochen Frist. Die Zeit vom 15. September bis zum geplanten Ende der Elternzeit liegt nach dem dritten Geburtstag des Kindes. Hier gilt die dreizehnwöchige Anmeldefrist
Würde dieser Vater nochmals Elternzeit vom 1. September 2021 bis zum 6. Januar 2022 nehmen, um die ersten Schulferien und den Schulstart seines Kindes zu begleiten, würde die 13 Wochen Frist zur Anmeldung gelten.

Kündigung, vorzeitige Beendigung oder Verlängerung der Elternzeit

Arbeitnehmer haben das Recht, zum Ende der Elternzeit ihr Arbeitsverhältnis mit einer Frist von drei Monaten zu kündigen. Möchte ein Arbeitnehmer oder eine Arbeitnehmerin zu einem anderen Zeitpunkt kündigen, so gelten die allgemeinen Kündigungsmöglichkeiten. Die Kündigung bedarf der Schriftform. Kündigung und Kündigungsschutz sind in § 18, 19 BEEG geregelt. Die Kündigung oder Änderungskündigung durch den Arbeitgeber ist während der Elternzeit ordentlich, außerordentlich oder arbeitskampfbedingt nicht erlaubt. Nur in Ausnahmefällen und auf Antrag des Arbeitgebers kann von der zuständigen Behörde eine Kündigung erlaubt werden. Darüber hinaus gilt das Kündigungsverbot auch für Massenänderungskündigungen beispielsweise bei Insolvenz des Arbeitgebers oder bei Betriebsstilllegung.

Eine bereits ausgesprochene Kündigung bleibt bei einem erst danach gestellten Antrag auf Elternzeit wirksam. Auch ein nur befristet abgeschlossener Arbeitsvertrag endet mit Ablauf der ursprünglichen Frist.

Die Eltern können die Elternzeit nur schriftlich und mit Zustimmung ihres Arbeitgebers vorzeitig beenden. Bei der Anmeldung der Elternzeit legen sich die Eltern verbindlich für eine Länge fest.

Bei besonderen Umständen wie Tod eines Kindes oder Elternteils oder Gefährdung der wirtschaftlichen Existenz kann nach Stellung eines Antrags die Elternzeit beendet werden. Der Arbeitgeber kann nur innerhalb von vier Wochen aus dringenden betrieblichen Gründen schriftlich ablehnen.

Mit Zustimmung des Arbeitgebers kann die Elternzeit beendet werden und ein nicht genutzter Teil der Elternzeit von maximal 12 Monaten (bei Geburten bis zum 30.6.2015) bzw. 24 Monaten (für Geburten ab 1.7.2015), kann auf einen späteren Zeitpunkt übertragen (verschoben) werden.

Lehnt der Arbeitgeber den Teilzeitwunsch des Arbeitnehmers, der unter der Bedingung Elternzeit beantragt hat, dass er oder sie in Teilzeit während der Elternzeit arbeiten möchte, ab, so gilt von Anfang an kein Kündigungsschutz laut einem Urteil des Bundesarbeitsgerichts (BAG, Urteil vom 12.05.2011, 2 AZR 384/10 — Rn 35). Bei Antragstellung sollten Eltern besser davon Abstand nehmen, diesen Antrag an Bedingungen zu knüpfen.

Der allgemeine Kündigungsschutz in der Elternzeit endet mit dem letzten Tag der Elternzeit.

Wird jedoch beispielsweise ein weiteres Kind während der Elternzeit des ersten Kindes geboren wird, können Mütter, die sich dann noch in Elternzeit befinden, diese auch ohne die Zustimmung des Arbeitgebers wegen der Mutterschutzfristen für das neue Kind beenden.

Elternzeit und Urlaubsansprüche

Die Urlaubsansprüche sind in § 17 BEEG geregelt. Arbeitnehmer haben während der Elternzeit keinen Anspruch auf bezahlten Erholungsurlaub. Der Jahresurlaubsanspruch kann vom Arbeitgeber für jeden vollen Kalendermonat Elternzeit um 1/12 gekürzt werden. Zu beachten ist, dass diese Kürzung nicht automatisch geschieht. Als Arbeitgeber müssen Sie der Mitarbeiterin mitteilen, wenn Sie von diesem Recht Gebrauch machen wollen. Teilweise regeln Betriebsvereinbarungen oder einzelvertragliche Regelungen die Urlaubsansprüche. Ebenso können Arbeitgeber stillschweigend auf das Recht zur Kürzung verzichten. Es kann nur der Urlaub gekürzt werden, nicht aber ein Anspruch auf Urlaubsabgeltung bei Ende des Arbeitsverhältnisses.

Arbeitet die Mitarbeiterin während der Elternzeit in Teilzeit, so ist eine Kürzung nicht zulässig.

Hat ein Arbeitnehmer seinen Urlaub vor Beginn der Elternzeit nicht oder nicht vollständig genommen, so muss der Arbeitgeber den Resturlaub nach der Elternzeit gewähren. Dies kann noch im laufenden oder im nächsten Urlaubsjahr danach erfolgen. Der Urlaubsanspruch verfällt somit auch nach mehreren Jahren nicht. Arbeitet der Arbeitnehmer vor der Elternzeit in Vollzeit und danach in Teilzeit, dann ist der Urlaub, der in der Vollzeitphase nicht genommen werden konnte, ungekürzt in der Teilzeitphase zu gewähren.

Wichtige Fristen

- Die Elternzeit muss spätestens 7 Wochen vor Antritt schriftlich beantragt werden, und zwar durch ein formloses Schreiben an die Personalabteilung oder den Arbeitgeber.
- Ebenfalls spätestens 7 Wochen vor Ablauf der Elternzeit muss eine Verlängerung mitgeteilt werden.
- Ein Antrag auf »Teilzeit in Elternzeit« muss auch mit einer siebenwöchigen Frist vor Antritt gestellt werden.

Kurzgefasst: Was Arbeitgeber in Sachen Elternzeit und Elterngeld Plus beachten müssen

Elterngeld

- Müttern und Vätern stehen zwölf Monatsbeiträge zur Verfügung. Gehen beide Eltern in Elternzeit und beziehen Elterngeld, so wird für zwei zusätzliche Monate Elterngeld gezahlt, die sogenannten Partnermonate.
- bezieht nur ein Elternteil Elterngeld und fällt deswegen Erwerbseinkommen weg, so wird für zwei bis maximal 12 Monate Elterngeld gezahlt.

- In den ersten 14 Monaten nach der Geburt erhalten Eltern 65 bis 100 Prozent ihres Gehalts vor der Geburt. Mindestens 300 Euro bis höchstens 1.800 Euro stehen den Eltern zur Verfügung.
- Eltern, die Elterngeld beziehen, dürfen in dieser Zeit bis zu 30 Stunden pro Woche in Teilzeit arbeiten.

Elterngeld Plus

- Dieses richtet sich vor allem an Eltern, die während der Elternzeit weiter in Teilzeit berufstätig sein wollen.
- Berechnet wird es wie das Elterngeld, jedoch beträgt es monatlich maximal die Hälfte des Elterngeldbetrags, der den Eltern ohne Teilzeiteinkommen nach der Geburt zustünde.
- Die Länge des Bezugs von Elterngeld verdoppelt sich hingegen. Ein Monat Elterngeld entspricht zwei Monaten Elterngeld Plus.
- Durch den längeren Bezug profitieren Eltern auch über den 14. Lebensmonat des Kindes hinaus von staatlichen Leistungen.

Partnerschaftsbonus

- Teilen sich die Eltern partnerschaftlich die Kinderbetreuung und arbeiten beide gleichzeitig in vier aufeinanderfolgenden Monaten 25 bis 30 Stunden pro Woche, so wird dies mit vier zusätzlichen Monaten Elterngeld Plus belohnt.
- Diese Förderung erhalten auch Alleinerziehende, denn auch sie erhalten vier zusätzliche Monate Elterngeld Plus, wenn sie in vier aufeinanderfolgenden Monaten 25 bis 30 Wochenstunden arbeiten

Elternzeit

- Die flexibleren Regelungen sollen Eltern mehr Freiraum bieten, Beruf und Familie vereinbaren zu können.
- Für Geburten bis zum 30.6.2015 können Eltern zwölf Monate Elternzeit zwischen dem dritten und dem achten Geburtstag des Kindes beanspruchen. Für Geburten ab dem 1.7.2015 sind es 24 Monate.

Aufteilung der Elternzeit in 3 Zeitabschnitte

- Pro Kind beträgt die Elternzeit maximal 36 Monate und steht jedem Elternteil zu.
- Mit den Neuregelungen seit 1.7.2015 kann die Babypause nun auf drei Abschnitte verteilt werden.
- Eltern können einen nicht genutzten Anteil ihrer Elternzeit von bis zu 24 Monaten (vorher 12 Monate) auf den Zeitraum zwischen dem dritten und achten Geburtstag des Kindes übertragen.
- Die Zustimmung des Arbeitgebers ist dafür nicht erforderlich.

- Bei einem Arbeitgeberwechsel verfällt diese Möglichkeit nicht.
- Bei Antragsstellung müssen die Eltern sich lediglich festlegen, für welche Zeiten innerhalb von zwei Jahren bis zum dritten Geburtstag des Kindes Elternzeit genommen werden soll.
- Diese einmal festgelegte Verteilung der Elternzeit kann grundsätzlich nur mit Zustimmung des Arbeitgebers geändert werden.

Neue Ankündigungsfristen für Elternzeit

- Die Elternzeit im Zeitraum bis zur Vollendung des dritten Lebensjahres des Kindes muss mit einer Frist von sieben Wochen beantragt werden.
- Für den Zeitraum zwischen dem dritten Geburtstag und der Vollendung des achten Lebensjahres des Kindes gilt eine Frist von dreizehn Wochen.
- Wird diese Frist vom Mitarbeiter nicht eingehalten, so ist der Antrag auf Elternzeit trotzdem wirksam.

Längere Bezugsdauer bei Elterngeld Plus

- Eltern haben nun die Möglichkeit, bis zu 28 Monate in Elternzeit zu gehen.
- Ein Elterngeldmonat (Basiselterngeld) entspricht somit zwei Monaten Elterngeld Plus.
- Maximal die Hälfte des Basiselterngelds erhalten Beschäftigte beim Elterngeld Plus, am Ende ist es dann jedoch genauso viel Elterngeld wie beim Bezug von Basiselterngeld.
- Die Eltern haben durch die gleichzeitige Teilzeitbeschäftigung jedoch weniger Abzüge.

Änderungen im Kündigungsschutz

- Während der Elternzeit gilt Kündigungsschutz.
- Auch zwischen dem dritten und dem achten Geburtstag eines Kindes besteht Kündigungsschutz.
- Frühestens 14 Wochen vor Beginn der Elternzeit gilt der Kündigungsschutz.

8.2.3 Neue Regelungen für Elternteilzeit: Zustimmungsfiktion des Arbeitgebers bei Teilzeitverlangen

In diesem Abschnitt erhalten Sie einen Überblick über die neuen Regelungen zur Elternteilzeit:

- Arbeitnehmer können eine Teilzeitbeschäftigung während der Elternzeit verlangen.
- Mit den Neuregelungen gilt die Zustimmung des Arbeitgebers zu einer beantragten Verringerung der Arbeitszeit sowie zur Verteilung der Arbeitszeit als erteilt.

- Ausnahme: Der Arbeitgeber lehnt spätestens 4 Wochen nach Zugang des Antrags schriftlich die Teilzeit während der Elternzeit zwischen Geburt und dem vollendeten 3. Lebensjahr des Kindes ab.
  - Den Antrag auf eine Teilzeitbeschäftigung während einer Elternzeit zwischen dem 3. Geburtstag und dem vollendeten 8. Lebensjahr des Kindes muss der Arbeitgeber spätestens 8 Wochen nach Zugang des Antrags schriftlich ablehnen.
  - Wie bisher müssen jedoch dringende betriebliche Gründe einer Teilzeitbeschäftigung entgegenstehen und nachgewiesen werden können.
  - Versäumt der Arbeitgeber diese Fristen, so wird kraft Gesetzes den Wünschen des Arbeitnehmers entsprochen.

Nachweispflichten des Arbeitgebers

Arbeitgeber sind verpflichtet, den bei ihm beschäftigten Elterngeldberechtigten Bescheinigungen auszustellen über:

- die Arbeitszeit,
- das Arbeitsentgelt,
- die abgezogene Lohnsteuer
- den Arbeitnehmeranteil der Sozialversicherungsbeiträge auszustellen (vgl. § 9 BEEG).

Wichtig: Fehlerhafte Angaben können bei vorsätzlicher oder fährlässiger Unrichtigkeit ein Bußgeld (bis zu 2.000 Euro, vgl. § 14 Abs. 1 Nr. 1, Abs. 2 BEEG) nach sich ziehen.

Freiwillig gezahlte Zuschüsse während der Elternzeit

Wenn Unternehmen den Mitarbeitern in Elternzeit weiterhin freiwillige Zuschüsse, wie beispielsweise freiwillige Zuschüsse zur Sozialversicherung, bezahlten, gilt folgende Rechtslage:

- Übersteigt die Summe dieser Zuschüsse zusammen mit dem bezogenen Elterngeld das bisherige Nettoarbeitsentgelt des Mitarbeiters nicht, dann zählen die Zuschüsse nicht zum beitragspflichtigen Arbeitsentgelt, § 23c Viertes Buch Sozialgesetzbuch (SGB IV).
- Wird hingegen das bisherige Nettoarbeitsentgelt überschritten, muss der Arbeitgeber die Leistungen als beitragspflichtiges Arbeitsentgelt behandeln und die entsprechenden Beiträge abführen (§ 23c SGB IV).

8.2.4 Was ändert sich mit dem neuen Elterngeld Plus für die Unternehmen?

Das Elterngeld Plus bringt Müttern und Vätern mehr Flexibilität, für Arbeitgeber bringt es deutlich mehr Verwaltungsaufwand. Doch die Neuregelungen können für Arbeitgeber auch Vorteile mit sich bringen.

- War es bisher so, dass vor allem die Frauen für Kind und Familie auf eine eigene Berufstätigkeit verzichteten, so können sie mit dem Elterngeld Plus ohne finanzielle Einbußen früher und mit mehr Stunden schon während der Elternzeit im Beruf arbeiten. Den Unternehmen bleiben Know-how, Fachwissen und Kompetenzen erhalten. Ein langes und oft teures Recruiting bleibt so erspart.
- Berufstätige Eltern und wiederum besonders die Frauen stehen mit der Geburt eines Kindes nicht mehr zwangsläufig vor der Entscheidung Kind oder Karriere, da sie den Anschluss an das Berufsleben nicht verlieren müssen.
- 30 Wochenstunden können Eltern in der Elternzeit maximal arbeiten, dies ist nah an der Vollzeit.
- Wenn mehr Frauen während der Elternzeit arbeiten und somit nicht länger aus dem Beruf ganz aussteigen, was heute häufig der Fall ist, so stehen den Unternehmen zusätzliche Fachkräfte zur Verfügung.
- Dem, bedingt durch den demografischen Wandel, drohenden Fachkräftemangel steht ein weiteres Fachkräftepotenzial entgegen.
- Die mit 13 Wochen längere Anmeldefrist der Elternzeit zwischen dem dritten und achten Geburtstag des Kindes macht eine Planung für Arbeitgeber leichter. Nur sieben Wochen reichen häufig nicht aus, einen Ersatz oder eine Vertretung zu finden.
- Unternehmen profitieren, wenn die Mitarbeiter Familie und Beruf besser vereinbaren können.
- Firmen, die ihren Mitarbeitern eine gute Vereinbarkeit von Privat- und Berufsleben bieten, punkten klar bei Mitarbeitern und Bewerbern.

Natürlich gibt es auch Nachteile für die Arbeitgeber.

Gerade für die Personalplanung ergeben sich mit der größeren Flexibilität der Eltern neue Herausforderungen. Die kürzeren Auszeiten vom Beruf der Eltern und die nicht mehr notwendige Zustimmung des Arbeitgebers machen es für die Unternehmen schwieriger, geeignete Vertretungen zu finden. So können sich vor allem in kleineren Firmen schnell personelle Engpässe ergeben. Deshalb ist es wichtig, in Kontakt zu bleiben. So können die Wünsche der Eltern mit den betrieblichen Notwendigkeiten in Einklang gebracht werden. Eine Unterstützung durch den Arbeitgeber ist dabei die beste Möglichkeit, Beruf und Familie zu vereinbaren und für beide Seiten tragfähige Lösungen zu gestalten. Da die Familien mit den Neuregelungen sehr flexibel sind und jede Situation in der Familie und im Unternehmen anders ist, empfiehlt es sich individuelle Lösungen zu finden.

Fazit: Eltern, die während ihrer Elternzeit den Anschluss behalten und in Teilzeit weiterarbeiten wollen, profitieren vom Elterngeld Plus.

Der Gesetzgeber möchte so Frauen mehr Anreiz bieten, auch mit Kind berufstätig zu sein und schneller wieder eine Teilzeittätigkeit aufzunehmen. Das Fachwissen und die Qualifikation sollen damit erhalten bleiben. Unternehmen können weiterhin auf qualifizierte und bewährte Mitarbeiter setzen und die Zeit der Einarbeitung reduziert sich.

War bisher die Geburt eines Kinds meist mit einer längeren Auszeit vom Beruf für Frauen verbunden, so sollen Eltern dabei unterstützt werden, gemeinsam für ihre Kinder zu sorgen. Gleichzeitig sollen diese Regelungen zu mehr Flexibilität in der Arbeitswelt führen.

Unternehmen sind zukünftig mehr gefragt, auf die Wünsche und Bedürfnisse ihrer Mitarbeiter einzugehen, in engem Kontakt zu bleiben und flexible, individuelle Lösungen zu finden. Dann können die Neuregelungen zu Elterngeld Plus und Elternzeit ein echter Gewinn für beide Seiten sein.

8.2.5 Vorlagen und Checklisten

Checkliste Bescheinigungspflichten des Arbeitgebers
Arbeitgeber haben Bescheinigungspflichten für das Elterngeld.

Diese sind im § 9 Bundeselterngeld- und Elternzeitgesetz (BEEG) geregelt.

Danach müssen Arbeitgeber dem Mitarbeiter das erhaltene Einkommen für den Elterngeldantrag bescheinigen. Das gilt auch, wenn der Mitarbeiter bereits nicht mehr im Unternehmen beschäftigt ist.

Bescheinigt werden muss nach § 9 Bundeselterngeld- und Elternzeitgesetz (BEEG):

- das Arbeitsentgelt,
- die abgezogene Lohnsteuer,
- der Arbeitnehmeranteil der Sozialversicherungsbeiträge,
- die Arbeitszeit.

Bescheinigen Sie die Angaben nicht, nicht richtig oder nicht rechtzeitig, ist dies nach § 14 BEEG eine Ordnungswidrigkeit. Diese kann mit einer Geldbuße von bis zu 2.000 Euro geahndet werden.

Vorlage Bestätigung der Elternzeit an den Arbeitnehmer

!

Bestätigung des Arbeitgebers

Versorgungsnummer ____________________

Frau/Herr ____________________________

wohnhaft: ____

ist seit dem ____________________ hier beschäftigt.

Die wöchentliche Arbeitszeit hat bisher ______________ Stunden betragen.

Elternzeit wird/wurde vom ________________ bis ____________genommen.

Geburtstag des Kindes: _________________________

Nur bei Teilzeit während der Elternzeit ausfüllen:

Ab dem _______________ beträgt die wöchentliche Arbeitszeit _________ Stunden.

Das monatliche Bruttogehalt beträgt dann _________________EUR.

____

Datum Stempel / Unterschrift

____

Betriebsnummer

8.3 Für die Mitarbeiterin – das sollten Sie wissen

Zunächst möchte ich Ihnen ein paar wichtige Hinweise rund um die Themen Elterngeld und Elternzeit geben.

8.3.1 Elterngeld und Elternzeit

Alle Arbeitnehmerinnen und Arbeitnehmer, die ihr Kind selbst betreuen und erziehen, haben bis zum 3. Geburtstag des Kindes einen Rechtsanspruch auf Elternzeit. Bei Ihrem Arbeitgeber müssen Sie schriftlich einen Antrag auf Elternzeit stellen, eine Zustimmung des Arbeitgebers ist nicht erforderlich. Solange Sie in Elternzeit sind, besteht Kündigungsschutz, und zwar schon mit der Anmeldung der Elternzeit, jedoch frühestens acht Wochen vor ihrem Beginn. In manchen Fällen ist es deshalb ratsam, mit dem Antrag bis zu diesem Acht-Wochen-Zeitraum zu warten.

Als Arbeitnehmerin, Auszubildende, in Heimarbeit Beschäftigte oder Soldatin müssen Sie Ihren Anspruch auf Elternzeit geltend machen, um ihr Arbeits- oder Ausbildungsverhältnis unterbrechen oder ihre Arbeitszeit reduzieren zu können. Elternzeit und Elterngeld sind rechtlich voneinander unabhängig. So können auch Hausfrauen, Studenten und Selbstständige Elterngeld bekommen. Dagegen müssen Angestellte ihren Anspruch auf Elternzeit geltend machen, um ihre Arbeitszeit zu reduzieren und das Elterngeld zu beanspruchen. Die Elternzeit muss spätestens sieben Wochen vor ihrem geplanten Beginn angemeldet werden.

Möchten Sie nach dem 3. Geburtstag Elternzeit in Anspruch nehmen, so verlängert sich die Frist zur Anmeldung beim Arbeitgeber auf 13 Wochen vor dem geplanten Beginn. War früher die Zustimmung des Arbeitgebers notwendig, so ist die Inanspruchnahme der Elternzeit nicht mehr von der Zustimmung des Arbeitgebers abhängig.

Zur Betreuung und Erziehung eines Enkelkindes können auch Großeltern Elternzeit beanspruchen. Dies ist beispielsweise bei einem minderjährigen Elternteil des Kindes der Fall oder wenn die Mutter oder der Vater sich in einer Ausbildung in Vollzeit befindet, die vor Vollendung des 18. Lebensjahres begonnenen wurde.

Das Elterngeld muss schriftlich bei der zuständigen Elterngeldstelle beantragt werden. Dabei kann jeder Elternteil für sich einmal einen Antrag auf Elterngeld stellen. Sie haben dabei die Möglichkeit, den jeweiligen Antrag bis zum Ende des Elterngeldbezugs zu ändern, wenn Sie z.B. vom Basiselterngeld zum Elterngeld Plus wechseln möchten. Dieser Wechsel ist jedoch nur für noch nicht ausgezahlte Monatsbeträge möglich.

Die Formulare für den Elterngeldantrag in den einzelnen Bundesländern sind online verfügbar. Sie finden das für Sie relevante Formular online auf der Webseite des Familienministeriums.

Mithilfe eines Elterngeldrechners können Sie vorab unverbindlich die Höhe des Elterngeldes errechnen, das Ihnen unter Berücksichtigung Ihrer persönlichen Einkommenssituation zusteht. Einen Elterngeldrechner finden Sie beispielsweise auf der Seite des Bundes Familien Ministeriums www.bmfsfj.de. Hier finden Sie ebenfalls im Servicebereich einen Wiedereinstiegsrechner.

Zur genauen Klärung Ihrer Ansprüche wenden Sie sich jedoch bitte an die für Sie zuständigen Elterngeldstellen.

Beachten Sie bitte:

- Besser, als zuerst nur ein Jahr Elternzeit anzumelden, ist es, zwei Jahre zu beantragen. Eine nachträgliche Verlängerung der Elternzeit geht nur mit Zustimmung des Arbeitgebers. Sie müssen dann erneut einen Antrag stellen, über dessen Ablehnung oder Zustimmung der Arbeitgeber entscheidet. Dabei muss ein sogenanntes billiges Ermessen vonseiten des Arbeitgebers eingehalten werden. Der Arbeitgeber muss die Umstände abwägen und die beiderseitigen Interessen angemessen berücksichtigen. Welches Interesse überwiegt, das auf Verlängerung der Elternzeit oder auf die Rückkehr der Mitarbeiterin in die Firma, entscheidet der Arbeitgeber.
- Sobald Sie den Antrag auf Elternzeit bei Ihrem Arbeitgeber abgegeben haben, ist dieser für Sie bindend. Im Nachhinein können Sie die Zeiträume nur mit Zustimmung des Arbeitgebers verändern oder streichen. Es ist deshalb ratsam, bestimmte Voraussetzungen bereits im Antrag auf Elternzeit zu vermerken oder ein Gesprächsprotokoll mit einzureichen — beispielsweise dann, wenn eine längere Elternzeit nur in Verbindung mit einer Teilzeitbeschäftigung für Sie infrage kommt. Vermerken Sie diese Besonderheit nicht und beantragen nur Elternzeit, kann es sein, dass Sie diese nehmen müssen, obwohl der Arbeitgeber eine Teilzeittätigkeit während der Elternzeit ablehnt, z.B. aus betrieblichen Gründen.

Weiterhin sollten Sie folgende Punkte berücksichtigen:

- Halten Sie den Kontakt zum Arbeitgeber und zu Vorgesetzten, um Schwierigkeiten bei der Wiedereingliederung zu entgehen. Zwar besteht grundsätzlich ein Anspruch, dass mit Ende der Elternzeit das alte Arbeitsverhältnis wieder auflebt und wie bisher fortgeführt wird. Jedoch hat sich nicht nur Ihr Leben in dieser Zeit verändert, auch im Unternehmen hat es Veränderungen gegeben. Vielleicht können und möchten Sie auch nicht mehr in Vollzeit zurück in den Beruf. Ihr Anspruch besteht jedoch nur auf die vorher ausgeübte Position, die Sie sich hoffentlich in einem Zwischenzeugnis haben bestätigen lassen. Sonst dürfte ein Nachweis schwierig werden. Besser, Sie bleiben in Kontakt und planen gemeinsam Elternzeit und Wiedereinstieg in den Beruf sowie Möglichkeiten für beide Seiten. Die Rückkehr wird so einfacher und Sie haben die Möglichkeit, frühzeitig auf Veränderungen zu reagieren.
- Es empfiehlt sich, anfangs zwei Jahre Elternzeit zu beantragen und das dritte Jahr später zu nehmen, da Sie heute noch nicht wissen, wie sich Ihr Leben entwickeln wird. Das Leben mit Kindern und auch die heutige Wirtschaftslage sind immer für Überraschungen gut. Bis zu zwölf Monate der Elternzeit können Sie auch zwischen dem dritten und achten Lebensjahr des Kindes nehmen, wenn Sie diese nicht zwischen Geburt und drittem Lebensjahr genommen haben. Diese Regelung ist jedoch Zustimmungspflichtig durch Ihren Arbeitgeber.

8.3.2 Checkliste Antrag Elterngeld

Die folgende Checkliste gibt Ihnen einen Überblick darüber, was Sie beim Antrag auf Elterngeld beachten müssen.

Was?	Wann?	erledigt
Geburtsurkunde des Kindes mit Vermerk Elterngeld.		
Einkommensnachweise der vergangenen zwölf Monate vor der Geburt bzw. bei Selbstständigen ist der letzte abgeschlossene steuerliche Veranlagungszeitraum maßgeblich. In der Regel ist hier das letzte Kalenderjahr vor der Geburt des Kindes relevant.		
Bescheinigung der Krankenkasse über das Mutterschaftsgeld		
Bescheinigung über den Arbeitgeberzuschuss zum Mutterschaftsgeld.		
Bestätigung des Arbeitgebers über die Arbeitszeit bei Teilzeitarbeit im Bezugszeitraum des Elterngelds oder eine Erklärung über die geplante Arbeitszeit im Bezugszeitraum bei selbstständiger Arbeit.		
Von beiden Elternteilen unterschriebener Antrag auf Elterngeld (bei alleinigem Sorge- oder Aufenthaltsbestimmungsrecht für das Kind genügt die Unterschrift des alleinerziehenden Elternteils).		

Anhang

Das folgende Musterschreiben können Sie verwenden, um Ihre Mitarbeiterin zum Mitarbeitergespräch einzuladen:

Einladung zum Mitarbeitergespräch

Sehr geehrte Frau …,
es gibt nichts Wertvolleres auf dieser Welt als menschliches Leben, und so ist die Geburt eines Kindes ein unermessliches Geschenk. Wir wünschen Ihnen und Ihrem Ehepartner, dass Sie viel Freude an und mit Ihrem neuen Familienmitglied haben und sich durch das bedingungslose Vertrauen Ihres Kindes in Sie als Eltern beschenkt wissen.
Wir freuen uns mit Ihnen und wünschen Ihnen und Ihrer Familie ein glückliches Gedeihen.
Die *Firma* möchte optimale Arbeitsbedingungen für Sie.
Als familienfreundliches Unternehmen möchten wir Sie unterstützen. Bei allen Anstrengungen, die das Unternehmen für Sie leistet, ob am Arbeitsplatz, in der Arbeitsorganisation oder in der Mitarbeiterführung, niemand weiß besser als Sie, wo es hakt und was zu tun ist. Daher möchten wir Ihnen auch während Ihrer Schwangerschaft möglichst optimale Arbeitsbedingungen bieten und über die Elternzeit hinaus gerne mit Ihnen zusammenarbeiten.
Lassen Sie uns ins Gespräch kommen, denn es ist uns ein wichtiges Anliegen, Ihnen unsere familienfreundlichen Angebote vorzustellen und gemeinsam mit Ihnen Lösungen zur Gestaltung unserer Zusammenarbeit in der Elternzeit und darüber hinaus zu finden.
Wir laden Sie deshalb zu einem ersten Informationsgespräch am … in den Raum … ein.
Gerne können wir bei Bedarf weitere Themen zum Inhalt unseres Gespräches machen. Denn auch von Ihren Wünschen und Anregungen hängt der Erfolg der weiteren Zusammenarbeit ab. Aus diesem Grund ist die Vorbereitung von uns beiden für ein gutes Gelingen wichtig.

Ich freue mich auf den Dialog.

Viele Grüße

Ablaufplan

Die folgende Übersicht zeigt zusammenfassend, wie Sie den beruflichen Aus- und Wiedereinstieg strukturiert gestalten können.

Auf einen Blick: Elternzeit und beruflicher Wiedereinstieg

Vor der beruflichen Auszeit:

- Bekanntgabe der Schwangerschaft
- 1. informelles Gespräch zwischen Mitarbeiterin und Vorgesetztem
- Rechtliche Informationen (siehe Teil für die Mitarbeiterin in Stufe 1)
- Antragstellung auf Elternzeit durch die Mitarbeiterin
- Das Auszeitgespräch: Berufliche Pläne nach der Elternzeit besprechen

Während der beruflichen Auszeit:

- Glückwünsche zur Geburt
- 1. Kontakthaltegespräch durch den Paten
- 1. Kontakthaltegespräch mit der Mitarbeiterin, dem Mitarbeiter
- Einladung zu Betriebsfeiern, Ausflügen etc.
- Weitergabe relevanter Informationen an die Mitarbeiterin in Elternzeit
- Weiterbildung oder Qualifizierung
- beruflich am Ball bleiben durch Teilzeittätigkeit oder Übernahme von Krankheits-oder Urlaubsvertretung, Projektarbeit
- Wiedereinstiegsgespräch mit der Mitarbeiterin, dem Mitarbeiter

Nach der Rückkehr in den Job:

- Rückkehrgespräch zwischen Vorgesetztem und Beschäftigter
- Einbindung in die Abteilung
- Stressmanagement —Beruf und Familie in Balance (siehe Teil für die Mitarbeiterin in Stufe 4)

Abb. 3: Den beruflichen Aus- und Wiedereinstieg strukturiert gestalten

Danksagung

Als ich 2012 mit dem Thema Vereinbarkeit von Beruf und Familie begann, stieß ich in den Unternehmen auf Unverständnis. »Brauchen wir nicht« war eine sehr häufige Antwort. Inzwischen ist der Fachkräftemangel angekommen, auch in Bayern. Damit rücken gerade Frauen verstärkt ins Auge der Arbeitgeber und Personaler. Heute rufen mich große Konzerne an und bitten um Unterstützung ihrer Mitarbeiterinnen beim beruflichen Wiedereinstieg nach der Elternzeit oder beim täglichen Spagat zwischen Job, Kind und Privatem.

Firmen schauen heute mehr auf ihre Mitarbeiter und auch die Wichtigkeit von Frauen als Teil der Belegschaft ist erkannt worden. Gleichzeitig wandelt sich unsere Firmenwelt hin zu einer Dienstleistungsgesellschaft und damit hin zu den Wirtschaftszweigen, in denen Frauen schon seit langem präsent und gut sind. Das Neue ist, dass sie Bedingungen fordern können, die ihnen entgegenkommen.

Neben dem Wandel hin zu einer Dienstleistungsgesellschaft und dem demografischen Wandel kommt noch etwas auf die Unternehmen zu: Viele Männer würden gern kürzer treten und ein Großteil der Frauen würde gerne länger arbeiten. »Wenn die teilzeitbeschäftigten Frauen ihre Verlängerungswünsche verwirklichen könnten, entspräche das einem Potenzial von fast einer Million Arbeitsstellen«, sagt Eugen Spitznagel vom Institut für Arbeitsmarkt- und Berufsforschung. Dienstleistungsberufe und auch die Gesundheitsbranche werden immer wichtiger in unserer Wirtschaft. Das sind Bereiche, in denen Frauen schon heute präsent sind. Dann dürften sie dort auch aufsteigen und die Arbeitswelt wird sich damit weiter verändern.

Mit diesem Buch gehen wir wieder einen Schritt auf diesem Weg.

Mein Dank gilt allen Menschen, die mich auf diesem Weg begleitet haben, für den anregenden Austausch und die Unterstützung. Den Unternehmen, die mit immer neuen Ideen auf mich zukamen und meine aufgegriffen haben.

Ein besonderer Dank gilt der Haufe Gruppe, die mich schon 2013 bat, meine Erfahrungen aufzuschreiben und sich dann für dieses besondere Thema begeistern konnte. Ganz besonders meiner Produktmanagerin Jutta Thyssen möchte ich danken, die mich wunderbar unterstützt und vorangetrieben hat. Und meinem Lektor Helmut Haunreiter für die wunderbare Begleitung dieses Buchprojekts. Durch konstruktive Kritik und den Blick fürs Wesentliche trug er maßgeblich dazu bei, die »Ecken und Kanten« dieses Buches zu runden.

Auch David Siekaczek von Sira Munich und Claudia Obert vom Staatsanzeiger für Baden-Württemberg GmbH möchte ich danken – zum einen für die Praxisbeispiele, die Sie für das Buch verfasst haben, und zum anderen dafür, dass sie mir Einblick in ihre Firmen und den Umgang mit dem Thema Elternzeit und beruflicher Wiedereinstieg gaben.

Ich danke vor allem meinem Mann Matthias, der mich mit seinem Humor und seiner Unterstützung geduldig ermutigt und immer an mich geglaubt hat.

Wenn Sie mit mir in Kontakt treten möchten, wenn Sie Feedback oder ergänzende Ideen haben oder eine Frage offen geblieben ist, dann schreiben Sie mir:

Silke.Mekat@Soulution-Coaching.de. Ich freue mich auf Ihre Nachricht.

Silke Mekat

Empfehlungen zum Weiterlesen

Hüther, Gerald (1997). Biologie der Angst. Göttingen: Vandenhoeck & Ruprecht.

Kaluza, Gert (2014). Gelassen und sicher im Stress. Berlin, Heidelberg: Springer.

Info Recht — Elternzeit und Berufsrückkehr — Leitfaden für Personalverantwortliche bayme vbm vbw — Juni 2011.

Familienbewusste Arbeitszeiten — Leitfaden für die praktische Umsetzung von flexiblen, familienfreundlichen Arbeitszeitmodellen. Bundesministerium für Familie, Senioren, Frauen und Jugend (BMFSFJ).

KONZ eBook »Spar- und Steuer-Tipps zum Elterngeld«.

Elterngeld, Elterngeld Plus und Elternzeit, Bundesministerium für Familie, Senioren, Frauen und Jugend (BMFSFJ).

Elterngeld Plus mit Partnerschaftsbonus und einer flexibleren Elternzeit, Bundesministerium für Familie, Senioren, Frauen und Jugend (BMFSFJ).

Stichwortverzeichnis

Exklusiv für Buchkäufer!

Ihre Arbeitshilfen zum Download:

mybook.haufe.de

▶ **Buchcode:** VQR-5808